Chuck Spezzano
50 Wege loszulassen und glücklich zu sein

AF201830

Verlag Via Nova

Chuck Spezzano

50 Wege
loszulassen und
glücklich zu sein

Wegweiser, Vergangenes loszulassen
und glücklich in der Gegenwart zu leben

Verlag Via Nova

Übersetzung aus dem Amerikanischen:
Ulrike Kraemer

Originaltitel:
50 Ways To Let Go and Be Happy
Copyright © Chuck Spezzano

Zuerst erschienen bei
Hodder and Stoughton
A division of Hodder Headline
338 Easton Road
London NW1 3BH

---

2. Taschenbuchauflage 2018, 10. Auflage gesamt
Verlag Via Nova, Alte Landstr. 12, 36100 Petersberg
Telefon: (06 61) 6 29 73
Fax: (06 61) 96 79 560
E-Mail: info@verlag-vianova.de
Internet: www.verlag-vianova.de
Umschlaggestaltung: Guter Punkt, München
Satz: Sebastian Carl, Amerang
Druck und Verarbeitung: C.H. Beck, 86720 Nördlingen

ISBN 978-3-86616-432-1

Widmung

Dieses Buch ist meiner Schwester Kathy
und meinem Schwager Bill gewidmet.
Ihr seid die Engel, als die wir Euch erleben.

Inhaltsverzeichnis

Vorwort

Ich habe aufgehört zu zählen, wie oft mir der Gedanke gekommen ist: „Hätte ich das nur gewusst, als ich jünger war." In meinen Seminaren und in meiner Beratungsarbeit mit Einzelpersonen und Paaren habe ich im Laufe der Jahre viele Prinzipien der Heilung kennengelernt. Wenn ich selbst oder jemand anders litt, konzentrierte ich mich auf den Kern des Problems, um herauszufinden, wodurch es hervorgerufen wurde und wie es zu lösen war. Die meisten dieser Prinzipien lernte ich, während ich selbst diese Probleme durchlitt, und entdeckte, welche Lösungen funktionieren. Daraufhin setzte ich sie auch in meiner therapeutischen Praxis ein und stellte fest, dass sie universell anwendbar sind. Was ich lernte, trug entscheidend dazu bei, dass ich anderen Menschen helfen konnte, sich in kurzer Zeit selbst von ihren Problemen zu heilen. Diese Prinzipien sind in vielen Jahren praktischer Beratungsarbeit erprobt und überprüft, und ihre Gültigkeit geht weit über die Grenzen einzelner Kulturen hinaus. Ich habe sie sowohl in Nordamerika als auch in Europa und Asien gleichermaßen umfassend und erfolgreich eingesetzt.

Ich wünschte nur, ich hätte diese Prinzipien bereits gekannt, als ich meine eigenen Beziehungen einging, denn das hätte mir sehr viel Zeit, Ärger und Kummer erspart. Seit vielen Jahren erzähle ich Geschichten vom *Baca Sensei*. Im Japanischen bedeutet *Baca* dumm oder töricht, und *Sensei* ist der Lehrer. *Baca Sensei* war derjenige, der alle Fehler erst selbst machen musste, um dann andere die Lektionen lehren zu können, die er gelernt hatte. Dieser Lehrer bin ich. Es ist wirklich erstaunlich, wie sehr die Menschen sich über die Geschichten meiner Erfahrungen amüsieren können, während sie für mich der reinste Horror waren, als ich sie durchlebte.

Ich habe herausgefunden, dass das Prinzip des „Loslassens" eines der wichtigsten und entscheidendsten Prinzipien im Leben und in Beziehungen ist. Diese Lektion war nicht einfach für mich, denn im „Festhalten" habe ich olympische Rekorde aufgestellt. Ich fand heraus, dass meine südeuropäische Herkunft auf natürliche Weise dazu beitrug, die Grenzen zu verwischen und aus „Verschmelzung" (siehe Glossar) eine Gewohnheit zu machen, die jedes Problem nur noch weiter verstärkte.

Nachdem ich diese wichtigen Lektionen gelernt habe, möchte ich sie nun mit dir teilen. Wenn du ihnen ein wenig Verständnis entgegenbringst, wirst du feststellen, dass diese Prinzipien funktionieren, ganz gleich, ob du an sie glaubst oder nicht.

In diesem Buch geht es um das Glücklichsein und darum, wie wir es erreichen können. Es geht um das, was unserem Glücklichsein im Weg steht – ganz besonders das „Festhalten" an alten Beziehungen. Auf meinen Reisen durch Nordamerika, Europa und Asien stellte ich fest, dass zu den Problemen, die mir am häufigsten begegneten, emotionaler Schmerz und Schutt gehörten, die aus früheren Beziehungen zurückgeblieben waren. Das Problem, das mir am häufigsten begegnete, war das Fehlen eines Partners, dicht gefolgt von den Problemen, die mit dem Loslassen alter Beziehungen zu tun haben. Es war klar, dass zwischen diesen beiden Angelegenheiten eine Verbindung bestehen musste.

Dieses Buch konzentriert sich auf das, was schließlich das wichtigste Element in unserem Leben ist – das Glücklichsein. Indem wir lernen, wie wir die Verhaftungen und anderen Aspekte alter Beziehungen loslassen können, die uns heimlich oder auch nicht so heimlich daran hindern, in der Gegenwart zu leben, öffnen wir uns für eine neue oder eine tiefere Liebesbeziehung.

Die Entwicklung unserer Gesellschaft befindet sich in einer dramatischen Phase. Viele Menschen finden sich in den Fallen des Erfolges gefangen, ohne jedoch den Erfolg genießen zu können. Wir besitzen viele Dinge, von denen wir glaubten, sie würden uns glücklich machen, und doch sind wir nicht glücklich. Dies ist ein wichtiger Scheideweg, denn er zwingt uns, uns bestimmten Angelegenheiten zu stellen: Entweder kämpfen wir noch härter, geben auf und ändern unsere Ziele, oder wir lernen etwas über uns selbst, über Beziehungen und über die innere Erfahrung und den inneren Ausdruck des Lebens. Die Menschen arbeiten heute immer mehr und immer härter, nur um dort zu bleiben, wo sie sind – was ganz offenkundige Auswirkungen hat auf das Glücklichsein im allgemeinen, auf unsere Motivation und auf unsere Wahrnehmung von der Welt, die uns umgibt. An einem bestimmten Punkt unserer Entwicklung werden wir jedoch lernen, dass es die Entfaltung der Ausdrucksfähigkeit von Herz, Geist und Verstand ist, die uns glücklich macht, und nicht eine Ansammlung von „Dingen", Erfolg auf der Karriereleiter oder der Gewinn unter dem Strich. All das sind zwar gute Dinge, doch in hundert Jahren werden sie absolut keine Rolle mehr spielen.

Die Arbeit mit älteren Menschen hat mir gezeigt, dass es im Leben um so viel mehr geht als um materielle Errungenschaften. Diese Männer und Frauen gaben mir eindeutig zu verstehen, dass sie nicht das bedauerten, was sie in ihrem Leben getan hatten, sondern das, was sie nicht getan hatten. Zumeist kommt dieses Bedauern in den Bereichen von Beziehung und Familie zum Ausdruck. Wenn wir an der Vergangenheit festhalten – und das gilt ganz besonders für Beziehungen und Familie –, setzen wir unser Glücklichsein in der Gegenwart am ehesten aufs Spiel.

Wenn wir der Vergangenheit verhaftet sind – und letztlich ist jeder Schmerz ein Zeichen dafür, dass wir an vergangenem Schmerz festhalten –, dann bringt jeder Schmerz ein Muster zum Ausdruck, bei dem es um unerledigte emotionale Angelegenheiten und unerfüllte Bedürfnisse aus der Vergangenheit geht. Loslassen ist eines der mühelosesten Prinzipien der Heilung. Wir müssen nur den Mut haben, es anzuwenden. Der Mut und das Vertrauen, Vergangenes loszulassen, ermöglichen in unserem Leben eine Neugeburt. Sie geben uns die Chance, in der Gegenwart glücklich zu sein. Es ist an der Zeit, dass wir lernen, diesen Prozess zu verstehen, damit wir in diesem so überaus wichtigen Bereich des Glücklichseins in Beziehungen endlich Erfolg haben können.

Forschungen haben ergeben, dass fast alle Menschen eine Reihe emotionaler Krisen durchmachen, die zum Teil so schwerwiegend sein können, dass sie die Einweisung in ein Krankenhaus erforderlich machen. Eine der häufigsten Ursachen für solche Krisen ist ein Verlust. Auch wenn es in diesem Buch in erster Linie um den Verlust von Beziehungen geht, kann es ohne weiteres auch auf andere einschneidende Situationen unseres Lebens angewendet werden. Dazu gehört zum Beispiel der Tod eines geliebten Menschen, der Verlust des Arbeitsplatzes oder der Verlust von materiellem Besitz. In solchen Zeiten, in denen es so wichtig wäre, einen Therapeuten, Berater, Lehrer oder weisen Freund an der Seite zu haben, mit dem wir reden können, haben viele Menschen zu solchen Helfern keinen Zugang oder können sich diese Hilfe nicht leisten. Dieses Buch soll für alle, die ihn brauchen, dieser weise Freund sein. Es soll denen helfen, die wirklich professionelle Hilfe wollen, sie aber nicht finden oder sich nicht leisten können. Es soll den Menschen zu Hilfe kommen, die sich in ihrem Schmerz zurückgezogen haben und ihn auch allein bewältigen wollen.

Die Probleme, die dadurch entstehen, dass wir nicht loslassen, können ein Leben lang andauern. Ich habe allerdings die Erfahrung gemacht, dass die Lösung sehr schnell gefunden werden kann, manchmal sogar innerhalb weniger Stunden. Ich war schockiert, als mir vor ungefähr sechs Jahren jemand berichtete, ein herausragender Therapeut und Buchautor habe gesagt, zwei oder drei Jahre seien eine „normale" Zeitspanne, um ein bestehendes Problem zu heilen. Ich konnte mir einfach nicht vorstellen, dass es irgendein Problem geben sollte, dessen Heilung so lange dauert. Es mag durchaus sein, dass einige Probleme so lange – oder auch noch länger – dauern, doch ihr Heilungsprozess lässt sich beträchtlich beschleunigen, wenn man das Unterbewusstsein in die Arbeit einbezieht.

Mit der entsprechenden Bereitschaft und unter den richtigen Umständen kann ein Problem innerhalb von ein oder zwei Stunden geheilt werden. Ich habe beobachtet, dass chronische oder schwerwiegende Probleme – wie Krebs, Alkoholismus, die Unfähigkeit, Gefühle auszudrücken, furchtbare Alpträume, Borderline-Psychosen und sogar Allergien – innerhalb von nur einer Stunde aufgelöst wurden. Das vorliegende Buch ist zwar als 50-Wege-Prozess gestaltet, aber vollständige Heilung kann tatsächlich geschehen, wenn du eine einzige Lektion wirklich lernst. Du musst sie nur so gut lernen, dass die restlichen Lektionen zwar hilfreich, für deinen besonderen Heilungsprozess aber nicht erforderlich sind. Wenn das geschieht, empfehle ich dir jedoch trotzdem, auch die anderen Lektionen durchzuarbeiten und dir ihr Wissen anzueignen.

Sie runden deinen Heilungsprozess ab und werden dir helfen, auch andere Probleme zu heilen, die du jetzt hast oder vor denen du in der Zukunft möglicherweise stehst.

Dieses Buch ist nicht religiös, aber es basiert auf spirituellen Prinzipien. Im Laufe der Jahre habe ich festgestellt, dass höhere psychologische und spirituelle Prinzipien nur durch eine sehr dünne Grenzlinie voneinander getrennt sind. Ich hoffe, dass dieses Buch allgemein genug gehalten ist, damit diese Prinzipien auch in deinen eigenen religiösen oder spirituellen Rahmen passen. Ein solcher Rahmen kann in sehr großem Maße dazu beitragen, deinen Heilungsprozess zu beschleunigen.

Dieses Buch soll, wie ein langjähriger Freund, mehr als eine einmalige Erfahrung für dich sein. Du kannst immer und jederzeit zu ihm zurückkehren, und jedesmal wirst du ein wenig mehr lernen und ein wenig mehr Heilung erfahren. Es enthält Gelerntes und Weisheit aus mehr als dreißig Jahren, und es ist in „Schichten" geschrieben, so dass jeder, vom Anfänger bis zum altgedienten Therapeuten, etwas darin findet. Jedesmal, wenn du zu ihm zurückkehrst, wirst du neue Erkenntnisse gewinnen.

Das Leben ist bedeutend größer als jede Theorie. Prinzipien, die auf langjährigen Erfahrungen aus erster Hand beruhen, sind nur so gut wie der Künstler, Wissenschaftler oder Autor, der sie zu beschreiben versucht. Dieses Buch hat nicht den Anspruch, alles zu enthalten, was es über das Loslassen zu wissen gibt. Es soll vielmehr einen Weg durch jede Herausforderung darstellen, vor der du möglicherweise stehst. Möge es ein Schritt sein, der dir eine neue und bessere Gegenwart und Zukunft eröffnet. Möge es dir den Weg weisen, damit du von neuem in wahrer Liebe glücklich und froh sein kannst.

Ich bin das Glücklichsein

Ich bin das Glücklichsein.
Wenn du mich jagst, wirst du mich niemals fangen.
Wenn du mich mehr willst als alles andere, gehöre ich dir.
Wenn du erwartest, dass ich eine Form habe, werde ich dich enttäuschen.
Wenn du mich in einer Form findest, werde ich gehen, während du schläfst.

Wenn du ein wahrer Suchender sein willst, dann gehe über dein Selbst hinaus.

Wo Frieden und Unschuld wohnen, dort will ich mein Zelt errichten.
Liebe ist der einzige Kelch, aus dem ich trinke.
Du kannst mich nicht nehmen – ich kann nur empfangen werden.
Du kannst mich nicht kaufen – ich kann nur gegeben werden.

Nur wenn du mich vergisst, kann ich kommen.

Ich bin niemals allein, sondern werde immer geteilt.
Ich füge die Hände zusammen, die vertrauen.
Wenn Wahrheit die Waffe ist, wird es in meinem Namen keine Gefallenen geben.
Ich nehme keine Gefangenen.

Entscheide dich für mich.

Du kannst nicht recht haben und gleichzeitig glücklich sein.
Kein Opfer kennt mich.

Hast du mich nicht für 30 Stücke Schmerz verkauft, weil ich fort bin, wenn du zurückgezogen und verletzt bist?

Recht haben ist nur der Versuch, zu verbergen, wie sehr im Unrecht du dich fühlst.

Wenn du dich im Unrecht fühlst, bestrafst du dich selbst und andere. Jedes Opfer bekommt recht – manchmal todsicher recht, immer eine Sackgasse.[1]

Das Opfer und der Peiniger sind nur zwei Seiten derselben Münze.

Beide suchen an all den falschen Orten nach Liebe.

Ich bin von der Aufopferung gekreuzigt, aber ich bin das immerwährende Versprechen der Auferstehung.

Wenn der Tod dich aufhalten kann, dann glaubst du, dass ich außerhalb von dir bin.

Wenn du mit nicht mehr als deinem kleinen Selbst zufrieden sein kannst, dann kennst du die wahre Bedeutung des Ghettos – und was soll ich mit dieser Heldentat an das Universum anfangen?

Entscheide dich für mich.

Es ist niemals eine Frage des Könnens; es ist immer eine Frage des Wollens.

Du entscheidest dich für den Tod wie die Lemminge; ich bin die Pforte des Lebens.

Ergib dich, ich habe dich umzingelt.

---

1 Anm. der Übersetzerin: Der Verfasser benutzt hier ein Wortspiel in Verbindung mit dem Wort „dead" = tot, das sich in dieser Form nicht ins Deutsche übertragen lässt. Der Begriff „dead right" bedeutet völlig oder todsicher recht haben. Der Begriff „dead end" (wörtlich übersetzt: totes Ende) bezeichnet eine Sackgasse.

Du bist in der Unterzahl.

Ich bin einer – du bist fünf Milliarden.

Willst du mich schwach, schaue dich außerhalb deiner selbst
um.
Willst du mich stark, schaue nach innen.
Warum wählst du eine Zeit, die dir immer davonläuft?
Ich bin jetzt bei dir.

Entscheide dich für mich.

Vergleiche, und ich verliere mich im Gemisch der Formen.
Wetteifere, und du glaubst an Verlust.
Der Verlust der anderen ist dein zukünftiger Schmerz.
Du siehst das, was du glaubst.

Gewinnen und verlieren fördert den Glauben an Mangel.
Nicht ich komme aus deiner Fülle, sondern sie kommt aus
mir.
Wenn du für etwas eintrittst, bist du ein Leumundszeuge.
Das ist nur eine der Rollen, die du im Gerichtssaal spielst.
Richter, Geschworene, Anklage, Verteidigung.

Ich bin nicht da.
Wenn das Glücklichsein nicht dafür eintritt, warum solltest
du?
Niemand macht mich.
Du kannst mich nicht erschaffen.

Ich BIN zu jeder Zeit.

In deiner Schöpfung aber erhebst du Anspruch auf mich.
Ich bin niemals Tun, ich bin immer Sein.
Wenn du mich nicht finden kannst, schaue mit Augen, die
vergeben.

Was immer du willst, gib es fort, so dass du es als das Deine haben kannst.

Entscheide dich für mich.

Wenn du in Versuchung bist, glaubst du, dass ich eine Form habe.
Wenn du in Versuchung bist, glaubst du, dass ich außerhalb von dir bin.
Wenn du in Versuchung bist, sitzt du nur deine Zeit ab.
Nur was dich in Versuchung führt, kann dich töten.
Deine Versuchung ist nur eine weitere Methode, um alten Schmerz zu verbergen.

Spüre die Versuchung:
Sie glänzt, aber sie ist kein Gold. Spüre das Glücklichsein:
Wie lange kannst du zulassen, dass ich dich liebe, ohne dich abzuwenden?

Entscheide dich für mich.

Ich bin hier, jetzt, in dir, dich liebend.
Wohin läufst du denn schon wieder?
All dein Suchen wird mich nur dort finden, wo du begonnen hast.
Wie lange muss ich warten?

Dass du eine Gewohnheitskreatur bist, macht dich zu einer Kreatur.

Eine neue Suche, zu der du dich aufmachen musst, eine neue Frage.
Wirst du dem Hier und Jetzt jemals näher kommen?
Die Worte „Es ist nur eine Frage der Zeit" können entweder die letzte Hoffnung oder das Todesurteil sein.

Was sind sie in DEINEM Leben?

Es ist niemals eine Frage der Zeit, es ist immer eine Frage
des Mutes.
Wenn du die Zeit hast, habe ich den Mut.
Wenn du die Verfolgung aufnimmst, kannst du niedergeschlagen sein, bevor oder nachdem du Erfolg hattest.

Die Gründe dafür sind unterschiedlich.

Wenn du niedergeschlagen bist, welchen Verlust hast du nicht
losgelassen?
Sind Werturteile und Trauer besser als das Glücklichsein jetzt?
Ich bin hier, jetzt, und ich warte.

Entscheide dich für mich.

Wunsch und Desillusionierung liegen nahe beieinander.
Wenn Desillusionierung sich einstellt, glaubst du, das Leben
ist hart und du stirbst.
Suche nicht nach mir, wo ich nicht gefunden werden kann.
Suche nach mir in tausend und abertausend Dingen.

Ich bin nicht da.

Kannst du die Enttäuschung ertragen?
Versprichst du, nicht an gebrochenem Herzen zu sterben?
Schwörst du, dass ich dich im Stich ließ, obwohl ich dich hier
niemals allein gelassen habe?
Doch ein neuer Kreuzzug kommt deines Weges, um mich zu
verfluchen, wenn du gehst.

Entscheide dich für mich.

Du musst lernen, dass ich nichts bin als alles.
Welche Identität würde dich von mir fernhalten?

Nur Desperados brauchen eine Maske.

Stelle dich selbst – und nimm deine Belohnung in Empfang.

Entscheide dich für mich.

Die Feuerprobe für das Glücklichsein besteht darin, ob es an den Worten vorbeikommt: „Du kannst mich nicht mit dir nehmen."

Nur das, woran du im Angesicht des Todes festhalten kannst und das den Tod entschwinden lässt, trägt zu deinem Glücklichsein bei.

Wenn du nicht glücklich bist, was ist wichtiger für dich als ich?

Du hast immer noch die Wahl.

Entscheide dich jetzt für mich, denn ich bin das Geschenk, das der Himmel dir gemacht hat.

Entscheide dich jetzt für mich, denn ich bin das Geschenk des Lebens selbst.

Entscheide dich jetzt für mich, denn ich bin dein Geburtsrecht.

Entscheide dich jetzt für mich, denn ich bin das Geschenk der Liebe, die gibt, um zu lieben.

Entscheide dich jetzt für mich, denn ich bin die Erinnerung an den, der du wirklich bist.

Es ist so einfach.

Trotz allem.

Entscheide dich JETZT für mich.

Ich bin das Glücklichsein.

Weg 1
Glücklichsein ist die beste Vergeltung

Glücklichsein ist alles, worum es im Leben geht. Es ist der Himmel auf Erden, wenn auch nur für einen Augenblick. Glücklichsein ist das Element in unserem Leben, das am meisten unserer Aufmerksamkeit und Konzentration bedarf. Alles andere sind Dinge, die unser Ego ganz geschickt in die Wege geleitet hat, um seine eigene Position zu stärken. Es gaukelt uns diese Dinge vor und verspricht uns, sie würden uns glücklich machen. Werden diese Anforderungen nicht erfüllt, geraten wir in einen Teufelskreis aus Schmerz, Sichgehenlassen und Mangel (siehe Glossar), der unsere Trennung von Liebe und Wahrheit noch weiter verstärkt.

Wenn wir erwachsen werden, bauen wir unser Ego auf, um in der Welt zurechtzukommen. Wenn wir uns dann in Richtung Partnerschaft entwickeln, beginnen wir, die Barrieren des Ego zu verschieben. Das Ego will uns beibringen, dass Selbsterhöhung – der Wunsch, dass man uns als etwas Besonderes behandelt und dass alle sich der Erfüllung unserer Bedürfnisse widmen – Liebe ist und dass es wichtiger ist, andere zu besiegen, als gemeinsam mit anderen zu gewinnen. Das Ego verbirgt Angst und unterstützt Schuld, und keines von beiden ist auch nur im Entferntesten hilfreich. Das Ego plant Feldzüge von Leid und gebrochenen Herzen, es festigt unsere Rolle als Opfer oder Peiniger, und wenn wir durch falsche Ziele schließlich hinreichend enttäuscht und desillusioniert sind, plant es unseren Tod. Verglichen mit der Erfahrung des Glücklichseins wäre es verrückt, dem Weg des Ego zu folgen, denn er birgt unendlich viele Fallen, dunkle Geschichten, Verschwörungen, Schattenfiguren und falsche Götter, die alle ein Mittel der Täuschung sind, damit wir nicht dem Weg des Lebens, sondern dem Weg von Vergeltung und Rebellion folgen.

An dieser Stelle möchte ich dich mit dem Begriff der Vergeltung bekanntmachen. Du solltest dich davon nicht entmutigen lassen, denn Vergeltung ist eine der am tiefsten verborgenen Dynamiken bei jedem Problem. Du musst dieses Konzept auch nicht jetzt sofort in seinem vollen Umfang begreifen, doch irgendwann solltest du es verstehen und dir seiner bewusst werden. Die Tatsache, dass wir nicht glücklich sind, ist Beweis dafür, dass die Vergeltung das Kommando in unserem Leben übernommen hat. Wenn wir nach und nach mehr über Vergeltung lernen und uns dabei ertappen, wie wir diesen Fehler begehen, wird unser Leben sich in vielen Bereichen verbessern. Hier sind nun einige der Hauptgründe, warum wir die Vergeltung am Leben erhalten. Versuche nicht, alles sofort zu verstehen. Die meisten Menschen brauchen ihr ganzes Leben, um es zu lernen.

Vergeltung rührt von einer Zurückweisung oder einem Herzensbruch her, den wir selbst auslösen, um eine Schuld zu bezahlen, um Dinge so zu tun, wie wir es wollen, und um uns vor unserer Lebensaufgabe zu verbergen, während wir behaupten, wir seien zu klein, um unser Potential und das, was wir auf einer Seelenebene versprochen haben, zu erfüllen. Vergeltung ist eine Sackgasse, die auf Machtkämpfen und Schmerz aufbaut. Sie rührt immer von einer Vergeltung gegenüber unseren Eltern her, und sie ist gleichzeitig eine Vergeltung gegenüber Gott, mit der wir Ihm die Schuld an einer

Welt geben, die wir selbst erschaffen haben, und an Umständen, die unser Ego erschaffen hat, um etwas zu bekommen. In dieser Verschwörung gegen unsere Eltern und Gott werden wir letztlich zum verlorenen Kind, treffen falsche Entscheidungen, verschwenden unser Erbe, ertragen Leid und Unabhängigkeit und sind die ganze Zeit zu stolz, Hilfe zu erbitten. Wir haben unsere Rebellion zu neuen Höhen geführt und projizieren unsere Gefühle und Fehler auf Gott. Dann aber leugnen wir Ihn, wenn nicht durch das, was wir sagen, dann durch das, was wir tun. Dies ist nicht nur eine Metapher. Es ist der tiefgründigste Ausdruck für die Fallen, die unser Verstand uns stellt. In Weg 49 werden wir uns näher mit diesem Thema befassen.

Die eigentliche Frage ist nicht, wie wir so töricht sein konnten, solche schlechten Investitionen zu tätigen, sondern warum wir so töricht sind, sie auch weiterhin zu tätigen, wenn doch das Glücklichsein auf uns wartet. Es gibt einen Weg zum Glücklichsein, der auf alle Menschen allgemein und auf uns im Besonderen zutrifft. Warum sind wir nicht neugieriger, etwas darüber zu erfahren? Kann das Glücklichsein wirklich so einfach und wahr sein? Dieser Weg des Glücklichseins könnte den alles entscheidenden Unterschied in unserem Leben bewirken. Er könnte uns von dem Weg des Schmerzes fortführen, von dem das Ego uns einreden wollte, dass er uns durch Vergeltung glücklich machen würde. Warum wollen nicht mehr Menschen diesen Weg finden, um sich aus ihren Fallen zu befreien? Anstatt den Weg zum Glücklichsein einzuschlagen, entscheiden wir uns auch weiterhin für die beschwerliche Straße des Todes.

Das Glücklichsein nimmt keine Geiseln und schleppt kein beschwerliches Gepäck. Es lebt im Hier und Jetzt. Es führt keine Akten und Aufzeichnungen über die Menschen, und es erlaubt ihnen auf ewig, sie selbst zu sein, statt sie auf eine vergangene Leistung oder deren Nichterfüllung zu degradieren. Glücklichsein ist nicht naiv, sondern bewusst. Es täuscht weder sich selbst noch andere. Es will nicht nehmen, sondern nur geben, und daher ist es fähig, so fröhlich zu empfangen und zu ernten, wie es sät. Das Glücklichsein erkennt aus der Vergangenheit und in dem, was kommen wird, nur Segnungen. Dennoch weiß das Glücklichsein, dass es der ganz einfachen Entscheidung entspringt, in Gnade zu empfangen. Glücklichsein ist einfach und unkompliziert. Es will geteilt werden, um sich zu vermehren. Es ist ein Geschenk, das wir allen Menschen machen können, die um uns sind. Es sagt Gott, unseren Eltern, unseren Partnern, Ehegatten, Freunden und Kindern, dass sie uns niemals im Stich gelassen haben, weder jetzt, noch zu einer anderen Zeit. Das Glücklichsein ist der Teil der Gegenwart, der wie die Ewigkeit ist. Es ist das Geschenk eines liebenden Gottes und eine Frage der Entscheidung. Das Glücklichsein meidet das Werturteil, denn es weiß, dass das Werturteil Schuldgefühle verbirgt, die ihrerseits Groll und unglückliche Muster hervorbringen, und dass es uns in das Problem einsperrt, statt uns Lösungen zu bringen, die uns zur Unschuld führen würden.

Das Glücklichsein bringt uns in unsere Mitte zurück, und es fordert nicht mehr als die Entscheidung, glücklich zu sein. Für das Glücklichsein müssen wir nichts tun, denn es ist bereits in uns vorhanden. Wir müssen lediglich das loslassen, was im Weg steht. Glücklichsein und Vergebung sind die besten Freunde: Das eine führt immer zum anderen. Das Glücklichsein hält an nichts fest, denn es weiß, dass Verhaftung das Empfangen auf einer höheren Ebene blockiert. Durch unsere Verhaftung daran, wie gut oder wie schlecht die Dinge waren, verlieren wir die Gelegenheit, jetzt glücklich zu sein.

Glücklichsein rührt von einer Erkenntnis von Fülle, Liebe und Kreativität her, die geteilt werden will. Es ist einfach und profund, offen und klar, stark und zärtlich. Glücklichsein ist eine Party, die alle einlädt, denn es weiß, dass Freude durch Einbeziehung wächst. Es weist keine Schuld zu, und darum ist es frei von Schuld. Das Glücklichsein empfängt alle guten Dinge, und es entscheidet sich immer dafür, die lichten Seiten des Lebens zu sehen. Auf dem Weg des Glücklichseins werden wir durch Zeichen eines umfassenderen Glücklichseins geführt.

Das Glücklichsein weiß, dass Vergeltung eine Sackgasse ist. Vergeltung kann uns niemals glücklich machen. Wenn wir das Glücklichsein umarmen, umarmen wir unser Schicksal, und wir erkennen, wer wir auf dieser Erde sein wollen. Wenn wir glücklich sind, behandeln wir uns selbst außerdem so, wie wir andere behandeln. Glücklichsein gibt die Rebellion auf und hört auf die Wahrheit.

Das Glücklichsein wünscht sich, dass wir an ihm teilhaben sollen, wenn wir ihm nur zuhören würden.

Übung

Unterziehe dein Leben einer Prüfung, insbesondere in den Bereichen, in denen du nicht glücklich bist. Das sind die Orte, an denen du Vergeltung übst, sowohl gegenüber allen, die an der jetzigen Situation beteiligt sind, als auch gegenüber den Menschen aus der Vergangenheit, einschließlich deiner Eltern und Gott. Du denkst, dass die Menschen dich im Stich gelassen haben, und deshalb glaubst du, dass du unabhängig sein und die Dinge für alle Zeiten so tun kannst, wie du willst. Irgendwie hast du gedacht, Fortlaufen würde dich eher glücklich machen als Heilung. Du dachtest, dass eine Entscheidung für etwas anderes als das Glücklichsein, in diesem Fall für Vergeltung oder Rebellion, dich in diesen Situationen glücklich machen würde.

Entscheide dich wieder neu für das Glücklichsein – jetzt, heute und jeden Tag. Es kann sein, dass du komplizierte Fallen aufgestellt hast, die aus einer Reihe von Schichten bestehen. Sie haben dich unglücklich gemacht, aber jede Entscheidung bringt dich dem Glücklichsein eine Schicht näher. Umarme dein Glücklichsein jetzt und für alle Zeiten. Wenn dein Glücklichsein einmal erkannt wurde, dann will es, dass andere Menschen an ihm teilhaben, damit auch sie die Freude empfinden. Auf diese Weise wird es sich weiter vermehren.

Weg 2
Wenn du glücklich sein willst, lasse los

Stellen wir uns der Tatsache, dass es viele Gründe gibt, unglücklich zu sein – genug Gründe für ein ganzes Leben. Die Erfahrung, die wir im Leben machen, hängt jedoch in sehr großem Maße von unserer Einstellung ab und davon, was wir wirklich wollen und welche Entscheidung wir treffen. Dazu gehört auch, wie wir uns einem Verlust stellen. Letzten Endes entscheiden wir selbst, was geschieht und welche Auswirkungen dies auf unser Leben hat. „Was dich nicht umbringt, das macht dich stärker." Und so entscheiden wir selbst, welche Bedeutung eine Erfahrung für uns hat.

Denke über den Verlust nach, den du erlitten hast. Was sollte deinem Willen nach geschehen? Was, hoffst du, wird das Endergebnis dieses Verlustes sein? Willst du, dass es dein Ende ist, oder soll es der Beginn einer ganz neuen Ebene sein? Soll dein Leben hier enden, oder willst du die damit verbundene Lektion lernen, damit du erfolgreicher und liebevoller werden kannst? Soll dein Schmerz ein Denkmal für die Beziehung und ihr Ende sein? Oder willst du die Liebe, die dir gegeben wurde, empfangen und zulassen, dass das Glücklichsein zu deiner Lebensweise wird? Wird diese Angelegenheit zu einem Problem, das du niemals überwinden wirst, oder wird sie zum Sprungbrett für eine ganz neue Ebene in deinen Beziehungen? Willst du für den Rest deines

Lebens ein langes Gesicht machen, das sagt: „Ich bin so, wie ich bin, weil dieser Mensch mir das angetan hat. Unter den Händen dieses Menschen bin ich zerbrochen?" Das ist deine Vergeltung: Du bleibst in deinen Gefühlen verletzt, und du sagst, dass derjenige, der dich verletzt hat, einfach kein guter Mensch sein kann, wenn er bereit ist, dich so einsam und verzweifelt zurückzulassen. Willst du dir wirklich selbst wehtun, nur um Vergeltung zu üben? Wäre es nicht in jeder Beziehung wirkungsvoller, wenn du dich stattdessen dafür entscheidest, glücklich zu sein?

Übung

Stelle dir die Frage, was du beweisen willst, indem du zulässt, dass der Prozess des Loslassens sich so entfaltet, wie er es tut. Wenn du deine Antwort bekommst, dann frage dich, was du damit beweist. Wenn du deine Antwort auf diese Frage erhältst, dann frage dich wieder, was du damit beweist. Stelle diese Frage bei jeder neuen Antwort, die sich dir offenbart. Du kannst dreißig bis vierzig Minuten lang damit fortfahren – oder bis du an einen Ort der Glückseligkeit gelangst. Jede Antwort offenbart dir eine Kompensation (siehe Glossar). Wenn du zur nächsten und tieferen Antwort gelangst, fällt die vorherige Schicht von dir ab. Dies ist eine sehr einfache Methode, um zahlreiche Selbstkonzepte zu überwinden und loszulassen. Vertraue dem, was dir in den Sinn kommt.

Was du beweisen willst, ist nichts anderes als das Selbstkonzept oder die Identität, die du stützen willst. Es ist eine Kompensation – etwas, das du beweisen willst, an das du aber nicht wirklich glaubst. Statt etwas beweisen zu wollen, könntest du dich auch dafür entscheiden, glücklich zu sein, denn das Glücklichsein umfasst bereits alles, was du dir wünschen kannst. Es ist wichtig, zu erkennen, dass jedes Problem und jeder Prozess des Loslassens aus einer ganzen Reihe von Schichten bestehen kann – manchmal sind es mehrere hundert. Jede Entscheidung führt dich aber durch eine oder mehrere Schichten hindurch zum Glücklichsein hin.

Weg 3
Die Geschichte deines Lebens

Menschen sind Geschöpfe, die Geschichten erzählen. Auf den tiefsten Ebenen des Geistes gibt es Energie, und der Geist unterscheidet dann nach Symbolen, Archetypen, Mythen und Geschichten. Wir geben unserem Leben eine Bedeutung, und daher erzählen wir eine bestimmte Geschichte darüber. Zudem erzählen wir sie aus einem bestimmten Grund. Unsere Geschichte begründet die uranfänglichsten Muster unseres Lebens, und diese Muster sind nicht nur elementarer als Familienmuster – sie erzeugen diese auch. Da die größten Fallen in Lebens-, Beziehungs- und Opfermustern durch Familienmuster erzeugt werden, ist die erschaffende Wirkung, die die Handlung unserer Geschichte auf unser Leben hat, enorm stark. Sie ist ein Seelenmuster.

Denke nun einmal darüber nach, wie dein Verlust in deine Geschichte hineinpasst. Spielt er in deiner Lebensgeschichte nur eine Nebenrolle? Ist er nur ein Schritt auf dem Weg zum höchsten Erfolg? Ist er nur eine weitere Tragödie in einer langen, tragischen Geschichte? Ist er der Wendepunkt in der Geschichte, zum Guten oder zum Schlechten? Was geschieht danach? Ist er der Höhepunkt oder nur die Eröffnungshandlung? Dieser letzte Verlust ist ein Kapitel in deiner Geschichte. Welche Überschrift hat das Kapitel? Welchen Namen wird das nächste Kapitel tragen? Wie wirst du die Fortsetzung dieser Geschichte erzählen? Bei all diesen Fragen liegt es an dir, die Entscheidung zu treffen. Was willst du in deinem Leben? Eine glückliche Geschichte, eine Liebesgeschichte, eine Abenteuergeschichte oder eine Entdeckergeschichte?

Die höchste Kraft, die wir besitzen, ist die Kraft, uns jetzt und immer wieder für die Geschichte zu entscheiden, die wir wirklich wollen. Die Entscheidung für das, was wir wollen, wird uns zu ihm hinführen. Entscheidungen, die fortwährend in eine ähnliche Richtung getroffen werden, werden zu einer Geisteshaltung.

Übung

Wenn dein Leben ein Film wäre, welchen Titel hätte er? Was für eine Geschichte würde der Film erzählen? An wem würdest du durch diesen Film Vergeltung üben?

Nimm ein Blatt Papier zur Hand und schreibe in einer Art „Bewusstseinsstrom" die Geschichte deines Films auf. Lasse sie so schnell aus dir herausströmen, wie du nur kannst. Du kannst auch ein Tonband nehmen und die Geschichte aufzeichnen. Unterziehe das, was in deinem Leben geschehen ist und gerade geschieht, und die Geschichte, die du als deinen Film aufgezeichnet hast, einer Prüfung. Wo sind sie sich ähnlich? Denke darüber nach, auf welche Weise das Muster deines Films sich in deinem Leben manifestiert, wenn du berücksichtigst, dass deine Geschichte das Muster deines Lebens und deiner Erfahrung festlegt. Welchen Zweck hat diese Geschichte oder dieser Verlust in deiner Geschichte? Für welche Geschichte würdest du dich jetzt entscheiden?

Weg 4
Glücklichsein ist das Ziel

Das Glücklichsein muss unser Ziel sein, wenn wir uns und das, was wahr ist, nicht inmitten unseres arbeitsreichen Lebens verlieren wollen. Weil unsere Verbundenheit in der Kindheit zerbrochen ist, sind auch unser Blickwinkel und unsere Prioritäten in Bezug auf das, was wichtig und wahr ist, verzerrt, zerbrochen und verloren. Als Folge davon ist der Antriebsmotor unseres Lebens nicht das Glücklichsein, sondern das Adrenalin. Wir sind in Geschäftigkeit, Konsum, Leblosigkeit, Rückzug, Aufopferung, Sichgehenlassen, Unabhängigkeit, Trennung und stiller Verzweiflung gefangen. Wir erschaffen ein Drama oder sogar Gewalt, damit wir in unserem Leben überhaupt etwas fühlen.

Wenn wir erkennen, dass Glücklichsein das Ziel und zugleich der beste Weg ist, um das Ziel zu erreichen, dann wissen wir, dass wir die richtige Richtung eingeschlagen haben. Wenn unser Ziel etwas anderes als das Glücklichsein ist, wenn wir etwas anderes als Glücklichsein fühlen, dann müssen wir unseren Kurs ändern, um wieder in die Mitte unseres Lebens zurückzugelangen. Unsere Mitte ist kein Ort der Selbstbezogenheit; sie ist ein Ort der Verbundenheit und der wahren Perspektive. Wir tragen immer profundere Aspekte unserer Mitte in uns, die uns zu immer größerem Glücklichsein und Verständnis führen. Als Folge unserer verlorenen Verbundenheit stecken wir uns viele falsche Ziele, die uns nicht zufriedenstellen werden. Ohne Glücklichsein wird unser Leben zu einem Teufelskreis, zu einer immer engeren Spirale aus Sichgehenlassen, Aufopferung, um die Schuld für das Sichgehenlassen zu bezahlen, erneutem Sichgehenlassen in dem Versuch, das „Burnout"[2] der Aufopferung zu lindern, dann wieder Aufopferung, um diese Schuld zu bezahlen, und so fort.

Glücklichsein, Liebe, Geben und Empfangen, Kreativität, Wahrheit, Gleichgewicht, Verbundenheit, Zentriertheit und die Fähigkeit des Loslassens sind alle auf eine ähnliche Weise miteinander verbunden. Wenn wir in Richtung Glücklichsein gehen, wissen wir, dass wir uns endlich auf dem Weg zur Wahrheit befinden. Wir alle glauben, dass wir bei allem, was wir tun, tatsächlich auf dem Weg zum Glücklichsein *sind*, doch im Hinblick auf die Dinge, von denen wir glaubten, sie würden uns glücklich machen, haben wir bei unseren Entscheidungen häufig schwerwiegende Fehler gemacht. Wenn wir ein Problem haben oder uns in einer unglücklichen Situation befinden, ist das ein sicheres Anzeichen dafür, dass wir hinsichtlich dessen, wovon wir dachten, es würde uns glücklich machen, einen Fehler begangen haben. Diese Entscheidungen können im Bruchteil einer Sekunde getroffen werden. Dann verdrängen wir sie und können uns möglicherweise gar nicht mehr daran erinnern, dass wir sie überhaupt getroffen haben.

Mit Bewusstheit können wir uns „ertappen", ehe wir uns irrigerweise für Schmerz, Probleme, Krankheit, Versagen, Vergeltung oder Verlust entscheiden. Das gibt uns die Möglichkeit, uns wieder neu für die Wahrheit und das Glücklich-

---

2 Anm. der Übersetzerin: Als „Burnout" bezeichnet man ein Gefühl der völligen Erschöpfung (Burnout-Syndrom). Man fühlt sich – im wahrsten Sinne des Wortes – „ausgebrannt".

sein zu entscheiden. In jeder problematischen Situation oder schmerzlichen Zwangslage können wir uns wieder neu für das Glücklichsein entscheiden. Wir können zugeben, dass wir im Hinblick auf die Dinge, von denen wir unser Glücklichsein erwarteten, unrecht hatten, und wir können den Himmel bitten, uns den Weg zurück zum Glücklichsein zu zeigen.

Lasst uns alle gemeinsam Schüler in der Schule des Glücklichseins sein. Wenn wir lernen, was uns wirklich glücklich macht, schreiten wir von einer Stufe der Evolution zur nächsten voran. Glücklichsein ist die einzig gültige Messlatte für unser Leben. Wenn es fehlt, ist etwas nicht im Lot. Wir haben unser Gleichgewicht und unsere Perspektive verloren. Glücklichsein lebt weder in der Zukunft noch in der Vergangenheit, sondern im Hier und Jetzt. Wenn Glücklichsein in der Summe unseres Lebens fehlt, müssen wir uns ändern, um glücklich zu sein. Wenn wir uns immer wieder neu für das Glücklichsein entscheiden, lernen wir, dass wir unsere Vergangenheit und unsere Verhaftungen, unser Sichgehenlassen und andere vorgetäuschte Formen des Glücklichseins immer wieder neu loslassen müssen. Wenn Glücklichsein unser Ziel ist und wir seinem sich entfaltenden Weg folgen, nehmen unser Wissen und unsere Klugheit zu. Wir können im Jetzt und in jedem zukünftigen Jetzt immer größeres Glücklichsein erfahren. Mit der Zeit bringen wir mehr Glücklichsein in unser eigenes Leben und in das anderer Menschen hinein.

Übung

Beurteile dein Leben heute dahingehend, wie viel Glücklichsein es im Allgemeinen und im Besonderen gibt. Wie gut bist du darin, glücklich zu sein? Betrachte die Bereiche, in denen

deine Ergebnisse schlecht sind, als Bereiche falscher Ent-
scheidungen, wenn es um das Glücklichsein geht. Verpflichte
dich dem Glücklichsein. Bitte darum, dass dir der Weg ge-
zeigt wird. Nimm dir für den Rest deines Lebens mindestens
einmal in der Woche Zeit, und wiederhole diese Übung. Wenn
du dich dem Glücklichsein verpflichtest, bringt dich das auf
den richtigen Weg zurück, wenn vielleicht auch nur für eine
Weile. In einem bestimmten Bereich deines Lebens gibt es
möglicherweise viele Blockaden zwischen dir und dem Glück-
lichsein, aber jedesmal, wenn du dich ihm wieder neu ver-
pflichtest, bringt es dich deinem Ziel ein wenig näher.

Weg 5
Die Natur von Verlust und Loslassen

Bei meiner Arbeit mit Menschen habe ich verschiedene Prinzipien des Loslassens entdeckt. Das erste Prinzip ist, dass es eine Minute, ein Jahr oder ein Leben lang dauern kann, bis ein Trauerprozess abgeschlossen ist. Wie lange es dauert, ist nicht von äußeren Umständen abhängig. Wie lange es dauert, wie schnell oder langsam der Prozess abläuft, hängt von uns ab. Es ist unser Recht zu entscheiden, wie lange der Trauerprozess dauert, denn es ist unsere Erfahrung und unser Verlust. Ich habe erlebt, dass Menschen sich dafür entschieden, den Trauerprozess in einer Minute abzuschließen. Es war eine wunderschöne und mutige Minute, und als sie vorüber war, hatten sie die Erfahrung dieser Beziehung integriert und waren bereit, ihr Leben weiterzuleben. Ich habe auch Menschen erlebt, die sich loszulassen weigerten, die mit der Gegenwart haderten, die Zukunft hassten und nur den einen Wunsch hatten, dass alles wieder so sein sollte, wie es war. Zornig auf das Leben und auf Gott, auf denjenigen, der sie verlassen hatte, und letztlich auf sich selbst, verschlossen sie sich vor dem Leben und vor dem, was es ihnen zu bieten hatte. Wenn wir uns weigern loszulassen, nehmen wir eine dieser sinnlosen Rollen an: Abhängigkeit, Unabhängigkeit oder den unwahren Helfer.

Loslassen kann Monate oder sogar Jahre dauern, und in dieser Zeit fühlen wir uns deprimiert, ausgelaugt, melancholisch und traurig, und wir spüren nichts von unserem gewöhnlichen attraktiven Selbst. Bis wir loslassen, stehen wir – zumindest in unserer Vorstellung – immer noch in einer Beziehung zu unserem früheren Partner, und deshalb sind wir für niemand anderen offen. Manchmal schlagen wir aus Zorn oder Schmerz die Tür zu Beziehungen zu, und es hat den Anschein, als würde niemand in unserem Leben auftauchen, bis wir schließlich erkennen, was wir getan haben, und uns entscheiden, die Tür wieder zu öffnen.

Das machtvollste Prinzip, das ich entdeckt habe, wenn es um das Loslassen geht, ist folgendes: Wenn wir loslassen, dann wird etwas viel Besseres kommen, um den Platz dessen einzunehmen, was wir verloren haben. Dieses Prinzip gilt sowohl für Menschen als auch für Situationen. Wenn die Verhaftung oder die Phantasievorstellung losgelassen wurde, entsteht eine Leere, die nun wieder neu gefüllt werden kann. Es entsteht Raum für neues Leben. Die Natur verabscheut das Vakuum. Wenn wir loslassen, lassen wir zu, dass die Dinge wieder in ihre richtige Perspektive zurückkehren. Dann können wir wieder von neuem beginnen, indem wir in der Gegenwart leben.

Übung

I. Nimm dir heute ungefähr zehn Minuten Zeit, um über das Prinzip nachzudenken, dass, wenn du etwas loslässt, etwas Besseres kommt, um seinen Platz einzunehmen. Denke im Hinblick auf deine gegenwärtige Situation im Laufe des Tages hin und wieder darüber nach.

II. Gehe heute die Erinnerungsstücke der Beziehung durch – Briefe, Kleidungsstücke, Geschenke, Bilder oder andere Dinge. Bringe sie in Ordnung. Wirf die Dinge weg, die wegzuwerfen sind, und packe alles zusammen, was weggeräumt werden muss, um dir selbst die Möglichkeit zu geben, die Dinge in ihre gegenwärtige Perspektive zu bringen. Nimm deine Erfahrungen wahr, während du aufräumst und ausmistest. Das befreit die Vergangenheit und hilft dir, stärker in die Gegenwart zu kommen.

Weg 6
Die Phasen des Loslassens

Es gibt identifizierbare Phasen, die wir alle durchlaufen, wenn wir loslassen. Nutze, während du liest, die Beschreibung dieser Phasen, um zu erkennen, wo du stehst, und um dich auf den nächsten Schritt vorzubereiten. Du bist aufgefordert loszulassen. Das zeigt, dass du an Abhängigkeit und Bedürftigkeit arbeitest. Hier ist es ganz entscheidend, dass du ehrlich zu dir selbst bist, denn sonst wird dein Leugnen dir Schmerz bereiten. Wenn du diese Prüfungen des Loslassens bestehst, kannst du die Beziehung auf einer ganz neuen Ebene zurückgewinnen. Das Paradoxe dabei ist jedoch, dass du nicht loslässt, wenn du nur loslässt, um einen Partner „zurückzugewinnen". Du musst loslassen, als würde er niemals zurückkommen. Nur so funktioniert es, und all deine Stärke und Anziehungskraft kehren zurück. Es gibt einige Prinzipien, die besonders hilfreich sind, wenn eine Beziehung endet. Dazu gehört: „Rufe ihn (oder sie) nicht an." In dieser Situation wird deine Bedürftigkeit zu nehmen versuchen – und zwar in der Maske des Gebens. Wenn du den Telefonvampir spielst, schadest du nur deiner Sache und setzt deine Attraktivität herab. Du wirst wissen, wann du in der ersten Phase das Loslassen mit Erfolg bewältigt hast, nämlich dann, wenn er oder sie dich anruft. Hast du das Telefon hingegen missbraucht, wirst du erst nach der zweiten Phase angerufen werden.

In der ersten Phase des Loslassens geht es darum, dass du deinen Schmerz, deine Hoffnung, deine Bedürfnisse, Verhaftungen, Erwartungen, Pläne und Wünsche und deine Einsamkeit ganz und gar loslässt. Dies ist die allerschwierigste Phase. Wenn dein Partner anruft, hast du die erste Prüfung am Ende der ersten Phase erreicht. Er ruft dich an, weil er spüren kann, wie deine Attraktivität durch dein Loslassen wächst. In der Regel bist du noch immer in einer verwundbaren Phase, aber wenn du bewusst, entschlossen und ohne Bedürfnisse und Verhaftung im Gleichgewicht der Verbindung bleibst, kannst du dir eine ganze Stufe des Loslassens „auf die lange und harte Tour" sparen.

Bleibe so verbunden und losgelöst wie möglich. Verbunden heißt, dass du präsent und bereit bist, dich an dem Gespräch zu freuen, aber das ist auch alles. Losgelöst bedeutet, dass du keine Hoffnungen oder Phantasievorstellungen aufkommen lässt. Du genießt den gegenwärtigen Augenblick voll und ganz, aber du machst aus dem Anruf nicht mehr als das Vergnügen des Anrufs selbst. Wenn du nicht versuchst, dich deines Partners durch das Telefon zu bemächtigen, wenn du entspannt und frei von Bedürftigkeit bleibst, wirst du diese Prüfung bestehen. Wenn du diese erste Prüfung bestehst, wird dein Partner davon sprechen, dass er mit dir ausgehen will oder dich wieder anrufen wird; und das wird er auch tatsächlich in die Tat umsetzen, wenn du nicht daran festhältst, dass es geschieht. Wenn du durch die Prüfung fällst, stürzt du ab, verbrennst dich und kehrst an den Ort des Schmerzes zurück, an dem du begonnen hast. Außerdem musst du auch mit dem Loslassen wieder ganz von neuem beginnen. Du kannst nicht lügen, wenn es darum geht, wie gut du in dieser ersten Prüfung abgeschnitten hast. Wenn du erfolgreich warst, fühlst du dich gut, und dein Partner ruft wieder an.

Wenn du besonders erfolgreich warst, erhältst du eine Einladung zu einem Rendezvous an einem öffentlichen Ort. Er wird dich bitten, dich an einem öffentlichen Ort mit ihm zu treffen, weil er sich immer noch nicht sicher ist, ob du ihm eine Szene machen wirst oder nicht. Die Wahrscheinlichkeit, dass der Abend normal verläuft, ist in der Öffentlichkeit am größten.

Wenn du die Phase erreicht hast, in der du eine solche Verabredung akzeptierst, stehst du vor der Prüfung am Ende der zweiten Phase des Loslassens. Da du bei der ersten Prüfung – in der es darum ging, den Anruf zu genießen, ohne dir Sorgen darum zu machen, ob etwas dabei herauskommt – so gut abgeschnitten hast, kannst du sofort zur zweiten Prüfung gelangen. Wenn das nicht geschieht, du aber die erste Prüfung bestanden hast, dann musst du erst all den Schmerz und Verlust loslassen, den du in der zweiten Phase erfährst. Sie ist genau wie die erste Phase, zumeist jedoch weniger intensiv und schmerzlich. Wenn dein Partner verspricht, sich mit dir zu treffen oder dich wieder anzurufen, dann wird es geschehen, doch nur – und nur – dann, wenn du das **Bedürfnis**, dass es geschehen soll, zuvor losgelassen hast. Wenn du daran festhältst, dass er dich anruft oder sein Versprechen einhält, sich mit dir zu treffen, wird es nicht geschehen. Sobald du abhängig wirst oder festhältst, wirst du wieder in die erste Phase zurückgeworfen. Er wird das Treffen absagen. Wenn du nur ein wenig festhältst, wird er es verschieben. Es wird nur dann stattfinden, wenn du ganz und gar loslässt. Denke immer daran, dass dein Partner, ganz unabhängig von der Entfernung, die euch trennt, fühlen kann, wie sehr du festhältst und wie groß deine Verhaftung ist.

Loslassen ist besser als Umformen. Es ist ein machtvolles Werkzeug, um all deine Attraktivität zu dir zurückzubringen. Wenn du einen Menschen ganz und gar loslässt, ist das zugleich ein starkes Aphrodisiakum. Der andere wird das Gefühl haben, dass er dich einfach haben und wieder mit dir zusammen sein muss.

Wenn du festhältst, dann ist das so, als würdest du „Hässlichkeitspillen" schlucken – du bleibst ganz und gar unattraktiv. Ich habe unzählige Male erlebt, wie es über den „Äther" funktioniert... In einem meiner Seminare ließ ein Freund in einer sehr kraftvollen Übung des Loslassens zwei ehemalige Ehefrauen und fünf frühere Freundinnen los. Am nächsten Tag wurde er von allen sieben Frauen kontaktiert, die ihm zu verstehen gaben: „Hallo, alter Junge, komm mich doch mal besuchen, wenn du wieder zu Hause bist..." Er war aus den USA nach Tokio gekommen, um dort an meinem Seminar teilzunehmen, und diese Frauen setzten alles daran, um festzustellen, wo er war, weil sie genau spürten und erkannten, dass seine Attraktivität zurückgekehrt war. Nach der Heimkehr aus Japan machte er sich glücklich auf, um sie alle zu besuchen.

Wenn du mit deinem ehemaligen Partner ausgehst, liegt der Schlüssel darin, dass du losgelöst, aber verbunden bleibst. Genieße es und bleibe unbeschwert. Wenn Bedürfnisse auftreten, lasse sie los. Jedesmal, wenn du das tust, steigt der Kurswert deiner Aktien ein wenig höher. Wenn du durch die Prüfung fällst, erlebst du einen emotionalen „Absturz", musst wieder ganz von vorn anfangen und alles noch einmal neu loslassen. Wenn du nur zum Teil durchfällst, wird dein Partner dir versprechen, dass er dich anruft. Wenn du die Prüfung bestehst, bist du in der dritten Phase, und er wird eine neue Verabredung mit dir treffen. Er wird diese Verabredung sogar einhalten, wenn du dich darin übst, noch mehr loszulassen. Wenn du die Prüfung mit Bravour bestehst, wird er dich an diesem Abend einladen, mit ihm nach Hause zu kommen. Wenn du nur mittelmäßig gut bist, wird er versprechen, dich anzurufen. Wenn du durch die Prüfung fällst, wird er versuchen, so schnell wie möglich wegzukommen. Du stürzt ab, verbrennst dich und musst wieder ganz von vorn anfangen – wie bei der Telefonprüfung, falls du sie nicht bestanden hast. Wenn du mit ihm nach Hause gehst, genieße alles, was geschieht, aber halte nicht daran fest, und bilde dir nicht ein, es würde etwas anderes geschehen als das, was tatsächlich dann und dort geschieht. Mache kein Aufhebens darum, dass du mit ihm nach Hause gehst, und nicht einmal darum, dass du mit ihm schläfst. Genieße es, aber bleibe dabei so losgelöst, wie du es bei einem Abenteuer wärst, das nur eine Nacht lang dauert. Wenn du losgelöst bleibst und es so genießt, als gäbe es kein Morgen, dann könnte es zu einer regelmäßigen Angelegenheit werden, dass du mit ihm nach Hause gehst.

Deine Beziehung kann einen neuen Anfang finden, wenn du lernst, auch das letzte Quäntchen von Verhaftung an die Beziehung, wie sie bisher war, loszulassen. Wenn du in dieser Phase nur zum Teil losgelassen hast, dann hat dein früherer Partner in der Regel einen anderen Partner, will sich gleichzeitig aber auch mit dir treffen. An diesem Punkt bist du einem Erfolg auf ganzer Linie äußerst nahe. Höre jetzt mit dem Loslassen nicht auf. Wenn du zustimmst, dich mit deinem früheren Partner zu treffen, während du dich gleichzeitig mit jemand anderem triffst, gerätst du in eine Dreiecksbeziehung. Sie ist eine der ganz großen Fallen, die Intimität, Liebe und Weitergehen verhindert. Lasse dich nicht auf das Dilemma ein, dich zwischen zwei Menschen entscheiden zu müssen. Das ist eine Falle. Entscheide dich für die Wahrheit, und verpflichte dich dem nächsten Schritt. Lasse beide los. Denke daran, dass dein wahrer Partner in der nächsten Phase zu dir kommen und die Qualitäten beider Menschen mitbringen wird. Dann wirst du wissen, dass das, was geschehen ist, in dieser Weise geschehen sollte. Wenn du noch weiter loslässt, wird entweder dein früherer Partner vortreten, um zu deinem wahren Partner zu werden, oder ein neuer Partner wird diese Rolle einnehmen, weil du erfolgreich losgelassen hast.

Die Phasen des Loslassens

Phase 1: Loslassen
Prüfung: Dein Partner ruft an.

Phase 2: Weiter loslassen
Prüfung: Verabredung

Phase 3: Weiter loslassen
Prüfung: Nach Hause ins Bett

Phase 4: Loslassen
Prüfung: Dein Partner hat einen anderen Partner.

Phase 5: Das endgültige Loslassen, das zur Erneuerung der Beziehung auf einer höheren Ebene *oder* zu einer neuen Beziehung auf einer höheren Ebene führt.
Wenn du bei einer dieser Prüfungen besonders erfolgreich loslassen kannst, wirst du unmittelbar zum nächsten Schritt geführt.

Übung

Erstelle eine Graphik der verschiedenen Phasen und markiere darauf, wo du stehst. Auf diese Weise kannst du dir der Phasen besser bewusst werden – und auch der Chance, die du hast, um von einer Prüfung zur nächsten zu springen und so viel Zeit zu sparen. Außerdem ist die Graphik eine Hilfe, indem sie dir sagt, was auf dich zukommt. Überlege, an welcher Stelle dieser Phasen du dich befindest und warum. Verpflichte dich dem Erfolg, nicht nur in der Phase, in der du dich gegenwärtig befindest, sondern auch in den Phasen, die darauf folgen.

Weg 7
Glücklichsein ist eine Entscheidung

Jeden Tag verarbeitet unser Verstand viele tausend Gedanken, die nicht nur unsere Wahrnehmung beeinflussen, sondern die Welt, die wir sehen, tatsächlich darstellen oder „erschaffen". Unser Verstand enthält viele tausend Glaubenssätze, die alle die Kraft der Entscheidung besitzen, wie wir unsere Welt betrachten. Unsere Glaubenssätze bestehen aus alten Entscheidungen, Mutmaßungen und Werturteilen über die Welt, die uns umgibt, und sie diktieren unsere gegenwärtige Wahrnehmung. Andere Faktoren, die bestimmen, was mit uns geschieht oder welche Erfahrungen wir machen, sind die Geschichten, die wir ständig über unser Leben erzählen. Einige sind dunkle Geschichten, die meisten sind vergessen, doch sie alle werden zu den Drehbüchern, nach denen wir leben.

Außerdem haben wir Verschwörungen angezettelt, um im Verborgenen zu bleiben, hauptsächlich wegen unserer Angst davor, wer wir wirklich sind und was unsere Aufgabe im Leben ist. Verschwörungen sind Fallen, die das Ego so geschickt aufgestellt hat, dass es scheint, als könnten wir uns niemals daraus befreien. Andere Komplikationen, die uns zurückhalten, sind unsere Schwelgereien, Süchte, Idole und falschen Illusionen darüber, dass etwas außerhalb von uns selbst uns Glück bringen kann. Wir tragen Schattenfiguren, negative Selbstkonzepte und Bereiche von Selbstangriff und Selbsthass in uns. Das alles sind Abwehrstrategien gegen unsere wahre Großherzigkeit und Ganzheit. Es sind falsche Entscheidungen, von denen wir glaubten, sie würden uns Glück bringen. Jedes negative Ereignis in unserem Leben ist eine falsche Entscheidung für etwas, von dem wir glaubten, es würde uns glücklich machen.

Es ist Zeit, dass wir uns unserer Entscheidungen bewusst werden, insbesondere der Entscheidungen, die im Bruchteil einer Sekunde getroffen und dann verdrängt werden. Wenn wir nicht die Verantwortung für unsere Entscheidungen übernehmen, werden wir auch niemals die Verantwortung für unser Leben oder unser Glücklichsein übernehmen. Wir werden glauben, das Leben sei etwas, das uns geschieht. Wenn wir nicht glücklich sind, dann glauben wir, das Glück habe sich uns irgendwie entzogen. Wenn wir nicht die Verantwortung für unser Glücklichsein übernehmen, indem wir stärken, was funktioniert, und heilen, was nicht funktioniert, ist die Chance, dass wir glücklich sein werden, nicht sehr groß. Wenn wir nicht immer in Richtung Glücklichsein gehen, es nicht immer als unser Ziel und unsere Messlatte betrachten, dann können wir ganz schnell vom Weg des Glücklichseins abkommen. Dann können wir auf unser Leben und unsere Geschichte des Unglücklichseins zurückblicken. Dies sind all die Fehler, die wir gemacht haben, als wir an all den falschen Orten nach dem Glücklichsein gesucht haben.

Es ist Zeit, dass wir uns Tag und Nacht für unser Glücklichsein entscheiden. Es ist Zeit, dass wir uns dem Glücklichsein verpflichten und erkennen, dass es das Wichtigste in unserem Leben ist. Glücklichsein muss uns in das Leben einbeziehen. Glücklichsein ist nicht die fehlgeleitete Vorstellung, dass wir uns jetzt aufopfern und später glücklich sind. Glücklichsein lässt die Dinge ehrlich bleiben. Wenn wir jetzt nicht glücklich sind oder dabei sind, uns zu heilen, um glücklich zu werden, begehen wir einen Fehler. Trotz der schweren Herausforderungen, vor denen wir manchmal stehen, weist die Entscheidung für das Glücklichsein auf den erfolgreichen Ausgang dieser Herausforderungen hin. Die Evolution misst, welches Maß an Liebe und Glücklichsein wir trotz alledem haben. Wie könnte es auch anders und doch Evolution sein? Wie könnte es anders und doch Liebe, Licht, Spiritualität und das Vermächtnis des Einsseins sein?

Glücklichsein ist eine Entscheidung, auf die wir uns konzentrieren müssen. Nichts anderes wird wirklich funktionieren. Wenn wir Fehler machen, ist es von entscheidender Bedeutung, dass wir aus ihnen lernen, denn sonst werden wir noch mehr leiden. Wenn wir nicht die Verantwortung für unser Glücklichsein übernehmen, sind wir der Gnade einer gnadenlosen Welt ausgeliefert. Wir schauen auf die Welt und erkennen nicht, dass das, was wir sehen, von den Entscheidungen herrührt, die wir getroffen haben und jetzt noch treffen. Dann sind wir für alle Zeiten Opfer und gelangen über diese machtloseste aller Einstellungen im Leben nie hinaus. Wenn wir nicht glauben, dass wir Macht im Hinblick darauf besitzen, wie die Welt ist, dann können wir auch gleich den Ball flach halten und versuchen, uns selbst und alle, die wir lieben, vor den Unwägbarkeiten des Schicksals zu bewahren. Wenn wir versuchen, uns zu verbergen, dann leben wir so, als ob wir in Folie eingeschweißt seien: Wir leben defensiv statt expansiv. Glücklich können wir aber nur dann sein, wenn wir expansiv leben.

Wenn wir nicht glücklich sind, dann ist etwas anderes uns wichtiger geworden als das Glücklichsein. Wir haben uns für etwas entschieden, von dem wir glaubten, es würde uns glücklich machen, und nicht für das Glücklichsein selbst. Wofür wir uns entschieden haben, hat uns nicht glücklich gemacht, obwohl wir glaubten, dass es das tun würde. So viele Dinge, von denen wir glaubten, dass sie uns glücklich machen würden, von denen unser Ego uns eben dies versichert hat, haben einfach nicht funktioniert.

Aus vielen Entscheidungen, die einen unglücklichen Ausgang genommen haben, können wir lernen. Wir können sie korrigieren, damit wir nicht länger dieselben Fehler begehen. Wir können lernen, dass wir die Macht haben, uns unserer Gedanken bewusst zu werden, so dass wir die Entscheidung treffen können, unsere falschen Entscheidungen zu erkennen, sie uns einzugestehen und aus ihnen zu lernen. Wir können lernen, dass wir die Macht besitzen, für uns selbst eine Entscheidung zu treffen und unsere Erfolgsgeschichte im Glücklichsein zu verbessern.

Wenn wir vor herausfordernden Situationen stehen, ist es wichtig, dass wir uns für das Glücklichsein entscheiden und um innere Führung bitten, die uns zum Glücklichsein hinführt, durch die Herausforderungen und Versuchungen hindurch, die uns zurückhalten sollen. Wenn wir bereit sind, uns zu ändern, wird es immer einen Weg geben. Wenn wir unglücklich sind und uns nicht dafür entscheiden, uns zu ändern und die Angst zu heilen, beginnen wir zu sterben. Glücklichsein bringt uns Leben, das wir auf natürliche Weise mit anderen teilen wollen.

Übung

Mache das Glücklichsein zum wichtigsten Kriterium in deinem Leben. Untersuche die Vorkommnisse in deinem Leben unter dem Aspekt, dass sie mehr sind als etwas, das dir einfach „geschehen" ist.

Stelle dir vor, du hättest dich für diese Dinge entschieden. Zu welchem Zweck hätten sie dir gedient? Was wolltest du bekommen, indem du sie hast geschehen lassen? Was konntest du ihretwegen tun? Was brauchtest du nicht zu tun? Wen wolltest du dadurch bezwingen? Was wolltest du beweisen? Welche Ausrede haben sie dir geliefert? Dies sind nur einige der vielen falschen Wünsche und Entscheidungen, die wir treffen, wenn wir glauben, dass etwas anderes als das Glücklichsein selbst uns glücklich machen kann.

Wünsche dir das Glücklichsein von ganzem Herzen. Wähle Glücklichsein für die Menschen, die du liebst, ganz besonders für die, die dich brauchen. Die Menschen in deiner Umgebung, die unglücklich sind, spiegeln verborgene Bereiche deines Geistes wider, die noch immer im Unglücklichsein gefangen sind. Wenn du für diese Menschen das Glücklichsein wählst, hilfst du euch beiden.

Entscheide dich jeden Abend, bevor du schlafen gehst, dafür, dass du am nächsten Tag glücklich sein willst. Triff dieselbe Entscheidung noch einmal, wenn du aufwachst. Entscheide dich immer dann für das Glücklichsein, wenn du daran denkst. Entscheide dich dafür, wenn du unglücklich bist. Entscheide dich für das Glücklichsein trotz der Umstände und aus keinem besonderen Grund. Es ist die höchste Wahrheit, und es wird dir das Gefühl geben, zu Hause zu sein, während es dir den Weg nach Hause zeigt.

Weg 8
Emotionen „verbrennen" als eine Form des Loslassens

Es gibt eine einfache Methode der Heilung, eine einfache Form des Loslassens, der meine Frau Lency, die diese Methode erkannt, benannt und verfeinert hat, den Namen „Verbrennen" gegeben hat. Es ist eine passende Bezeichnung. Mit einem gewissen Maß an Bereitschaft ist diese Methode einfach und wirkungsvoll. Wir nehmen unsere Gefühle einfach wahr. Während wir unsere Gefühle erfahren, zu denen Schmerz, Schuld, Leere, Schwärze, Leblosigkeit, Taubheit oder blockierte Gefühle gehören, beginnt die Situation sich zu entfalten, in der Regel hin zu noch tieferen und schlimmeren Gefühlen. Wenn wir den Mut aufbringen, nehmen wir diese Gefühle wahr und gehen durch sie hindurch, um schließlich erst zu neutralen und dann zu freudvollen Gefühlen zu gelangen.

Statt zu einer wechselseitigen Abhängigkeit führen unterdrückte Emotionen uns zu Unabhängigkeit und Trennung. Unterdrückte Emotionen werden automatisch zu Stress. Wenn wir Emotionen unterdrücken, wird die Emotion selbst zu verlorener Energie, und wir brauchen *zusätzliche* Energie, um die Emotion unterdrückt zu halten. Dieser Verlust an Energie kann dazu führen, dass wir müde oder depressiv werden und es auch bleiben. Von den Menschen, mit denen ich gearbeitet habe, trug die große Mehrzahl derjenigen, die an einer wirklich schlimmen Krankheit litten, große heimliche Bestände vergrabener Emotionen in sich. Es wird uns nicht umbringen, wenn wir diese Energie freilassen, aber es könnte uns durchaus umbringen, wenn wir es nicht tun.

In unserem Inneren sind diese Emotionen in Schichten angelegt wie Tunnel, die immer tiefer hinabführen, bis wir schließlich über die schmerzlichen Gefühle hinaus zur Freude gelangen. Zu einem späteren Zeitpunkt können wir allerdings über eine weitere Schicht oder einen weiteren Tunnel von Gefühlen stolpern. Es ist wichtig zu wissen, dass das Wahrnehmen oder Erfahren von Emotionen ein Ende hat, dass es nicht für immer und ewig weitergeht. Wenn wir unsere Emotionen verbrennen, hat das außerdem den Vorteil, dass wir, während wir sie verbrennen, uns wieder neu mit unseren Gefühlen verbinden. Wenn wir in tiefere Schichten vordringen, verbinden wir uns nicht nur wieder neu mit unseren Gefühlen, sondern auch mit unserem Körper, unserer Sexualität und unserer Spiritualität. Wenn wir uns dem Fühlen öffnen, öffnen wir uns in gleichem Maße auch dem Empfangen und der Beziehung.

Nach einem Verlust erfahren wir eine Flut von Gefühlen. Es ist eine sehr gute Zeit, um uns wieder mit den schmerzlichen Gefühlen zu verbinden, die wir empfinden. Nimm einfach wahr und grabe nach unten, um zu fühlen, was es dort zu fühlen gibt. Übertreibe die Gefühle und lehne dich in sie hinein, damit du in beschleunigtem Tempo weitergehen kannst. Jedes Gefühl, das nicht ganz und gar freudvoll ist, kann uns voranbringen. Wir müssen nur den Mut aufbringen, unsere Gefühle wahrzunehmen, und dann beginnen wir, Fortschritte zu machen.

Übung

Bringe heute so viel Zeit wie möglich damit zu, deine Gefühle zu erfahren. Du kannst Emotionen verbrennen und fast alles andere gleichzeitig tun. Das Verbrennen von Emotionen kann also ein Hintergrund oder ein Unterton von allem anderen sein, das du tust, wie zum Beispiel essen oder arbeiten. Du kannst dir sogar sagen, dass du auch im Schlaf damit weitermachen wirst. Das Verbrennen von Emotionen ist eine sehr gute elementare Heilmethode. Einige Menschen meinen sogar, dass es die beste Methode sei. Mit ein wenig Bereitschaft und Mut bringt sie alles in Bewegung, und mit zunehmendem Verlauf scheint es eine natürliche Entwicklung hin zu Gnade und Liebe zu geben.

Weg 9
Ziele setzen und vertrauen

Ziele setzen ist eines der Gegenmittel, die das Festhalten erleichtern und befreien. Wenn wir uns Ziele setzen, nimmt das den Druck der Erwartungen oder Forderungen fort, die wir an uns selbst stellen. Außerdem bringt es die Dinge ins Fließen, um uns von dem Ort fortzubringen, an dem wir durch unser Festhalten steckengeblieben sind. Wir setzen uns Ziele im Hinblick darauf, wo wir in einem Jahr, in sechs Monaten, in drei Monaten, in einer Woche oder sogar morgen sein wollen. Wir bewegen uns auf dieses Ziel zu, so gut wir können. Wenn wir feststellen, dass wir unser Ziel verfehlt oder nicht erreicht haben, dann setzen wir unser Ziel einfach neu fest. Wo willst du morgen sein? Was willst du bis dahin fühlen? Wie soll die Welt für dich aussehen? Was sollen andere sehen, wenn sie dich anschauen? Wärst du gern fähig, deinen früheren Partner zu segnen, wenn du an ihn denkst, statt das Messer in deinem Herzen zu spüren? Wenn du deinen früheren Partner segnen kannst, dann bist du gleichfalls gesegnet, und dein Leben wird vorangebracht.

Vertrauen ist eines der Kernprinzipien der Heilung. Es hilft dir sowohl beim Setzen von Zielen als auch beim Loslassen. Vertrauen heißt, dass wir die Kraft unseres Geistes anerkennen. Unser Geist ist so gestaltet, dass er seine Kraft für etwas einsetzen muss, und die Entscheidung, wofür er sie einsetzen soll, liegt bei uns. Vertrauen bedeutet, dass wir unsere Energie bewusst für etwas einsetzen und wissen, dass sie zu unserem Wohl arbeitet, ganz unabhängig davon, wie die Situation im Augenblick scheinbar ist. Die Kraft unseres Geistes kann in Richtung Angst oder Misstrauen gehen, wenn wir sie in diese Richtung lenken. Sie kann sich jedoch auch in Richtung Vertrauen bewegen, so dass die Situation sich unmittelbar zu unserem Wohl entfaltet.

Wenn wir uns ein Ziel setzen, dann trägt die Kraft unseres Geistes dazu bei, dass wir dieses Ziel mit Leichtigkeit erreichen. Möglicherweise brauchen wir nicht mehr als ein paar Minuten der Konzentration, in denen wir uns die Verwirklichung unseres Ziels vorstellen und unsere Energie dafür einsetzen. Das bedeutet, dass wir es so vor unserem inneren Auge sehen oder erfahren, als ob es bereits erreicht sei. Beim Loslassen hilft das Vertrauen uns auf ähnliche Weise, den Augenblick mit Leichtigkeit zu ertragen, wenn wir mit leeren Händen dastehen, unmittelbar nachdem wir losgelassen haben. Da die Natur das Vakuum jedoch verabscheut, werden unsere leeren Hände schon bald auf glückliche Weise neu gefüllt. Vertraue dem Loslassen. Vertraue auf das, was als Nächstes kommen wird. Wenn wir vertrauen, geschehen positive Dinge. Vertrauen ist keine Naivität, die über die Verleugnung hinwegsieht. Es unterstützt vielmehr die positive Entfaltung aktiv durch die Kraft unseres Herzens und Geistes.

Übung

Setze dir heute Ziele für das nächste Jahr. Unterziehe deine Ziele jeden Tag einer Prüfung, insbesondere das Ziel, das du dir für den jeweiligen Tag gesetzt hast. Erkenne, bis zu welcher Stufe du erfolgreich warst. Setze dann dein Ziel für

den nächsten Tag neu, und richte deine Aufmerksamkeit da-
bei ganz besonders auf das Loslassen. Bringe dein Vertrauen
ein, wenn du loslässt oder dir Ziele setzt. Vertraue dir selbst.
Vertraue deinem früheren Partner, und vertraue auch allen
anderen Menschen, die in deinem Drama eine wichtige Rolle
spielen.

Weg 10
Der Unterschied zwischen
Liebe und Bedürfnis:
Wenn es verletzt, ist es keine Liebe!

Wenn wir an einem gebrochenen Herzen leiden, weil wir einen Menschen verloren haben, dann benutzen wir meist das Maß unseres Leidens als Gradmesser für das Maß unserer Liebe. Doch das ist schlichtweg nicht wahr. Liebe verletzt nicht, Bedürftigkeit hingegen schon.

Wir alle haben Bedürfnisse, zumindest diesseits der Erleuchtung. Die Stufe, auf der wir mit unseren Bedürfnissen umgehen, spiegelt in der Tat die Stufe unserer Reife wider. Unreife Formen des Umgangs mit Bedürfnissen sind Zorn, Verletzung, emotionale Erpressung, Vergeltung, Ausschweifung, Sucht, Klagen, Angriff, Rückzug, Abhängigkeit, Unabhängigkeit, Bevollmächtigung, Getrenntsein, Schmollen, „Vampirismus", Nehmen, Manipulation, Nötigung, Kontrolle, Festhalten, Machtkämpfe, Wettstreit, Leblosigkeit, Wutanfälle und falscher Glanz (das, was Aufmerksamkeit erregt oder uns scheinbar zu etwas Besonderem macht, indem es versucht, mehr zu haben als unsere Mitmenschen, ob in positiver oder negativer Hinsicht). Jeder Verlust, den wir loslassen, trägt zu unserer Reife und Weisheit bei. Der kluge Umgang mit unseren Bedürfnissen – durch Offenheit, Kommunikation und die Fähigkeit, auf andere einzugehen – gibt uns die Möglichkeit, uns weiterzuentwickeln. Unersättlichkeit, Verleugnung oder Verlegenheit dagegen lassen kein Wachstum zu.

Es ist wichtig zu wissen, dass der leidende Aspekt des Verlustes, den du erfährst, nicht wahre Liebe, sondern der bloße Ausdruck deiner Bedürfnisse ist. Dies kann dir sowohl den falschen Glanz des Leidens als auch die Illusion von Liebe ersparen. Sehr häufig ist das, was wir in einer Beziehung als Liebe bezeichnen, nur „Selbsterhöhung". Wenn es verletzt, ist es dein Gefühl der „Selbsterhöhung", dein Gefühl, etwas Besonderes zu sein, das gelitten hat. In Wahrheit kann nur dein Ego leiden. Es ist nicht notwendig, dass du dich so fühlst. Wenn es schmerzt, dann bedeutet das lediglich, dass dein früherer Partner nicht nach dem Drehbuch gelebt hat, das du ihm zugedacht hattest. Er hat Regeln gebrochen, die du in der Beziehung für ihn aufgestellt hattest. Du kannst die Liebe und Verbindung empfangen und erfahren, die vorhanden sind, wenn du deine Bedürfnisse loslässt. Wenn du bedürftig bist, versuchst du zu nehmen, kannst aber nicht empfangen. Wenn du dich verletzt fühlst, weil dein Partner dich scheinbar grundlos von dir fortstößt, dann deshalb, weil du gibst, um zu nehmen. Wenn du nicht versuchst zu nehmen, kannst du nicht fortgestoßen werden, denn Liebe und Ganzheit stellen keine Forderungen.

Übung

Denke heute über deine gegenwärtige Situation nach, und berücksichtige dabei auch das Leiden, das du in deiner Familie und in deinen früheren Beziehungen erfahren hast. Benutze die Vorstellung von „Liebe" anstelle von „Bedürfnis", um dir einen Anreiz zu geben, möglichst viel von deinem ver-

gangenen und gegenwärtigen Leid loszulassen. Scheint die Vergangenheit immer noch schlecht oder schmerzlich zu sein, dann liegt der Schmerz nicht nur in der Vergangenheit, sondern wird in der Gegenwart weitergeführt. Du kannst dich ganz leicht und einfach davon befreien, wenn du loslässt, so dass etwas viel Besseres deinen Geist und dein Leben erfüllen kann. Lasse heute deine Bedürfnisse los, damit dein Leben von Liebe erfüllt sein kann.

Weg 11
Liebst du einen anderen Menschen genug, um ihn loszulassen?

Dies ist ein wahrer Test unserer Liebe: Lieben wir einen anderen Menschen genug, um ihn loszulassen? Liebe ist ein sich fortwährend ausdehnender Segen, ein ständiges Wohlwollen, das sich zu dem anderen hin erstreckt, sogar dann, wenn es scheinbar nicht zu unserem Vorteil ist. Liebst du einen anderen Menschen genug, um das Allerbeste für ihn zu wünschen, auch dann, wenn du selbst darin nicht eingeschlossen bist? Oder willst du ihn besitzen, ihn gegen seinen Willen als Geisel festhalten? Es braucht Vertrauen und Mut, um jemanden loszulassen. Dieses Vertrauen und dieser Mut entstehen durch deine Liebe.

Würdest du einem anderen Menschen Vorwürfe machen, weil er den Wunsch hat, woanders zu sein? Jemanden zu kontrollieren bedeutet zuzusehen, wie er sein Feuer und seine Anziehungskraft verliert. Dein einzig möglicher Weg nach vorn besteht darin, ihn loszulassen. Paradoxerweise ist es ihm nur so möglich, zu dir zurückzukehren. Du kannst nicht jemanden loslassen, um ihn zu dir zurückzubringen, denn Loslassen, um jemanden zurückzuholen, ist eine Form des Festhaltens. Es wird einfach nicht funktionieren. Wenn du loslässt, musst du es mit der Absicht tun, die Wahrheit zu leben, was bedeutet, stets in der Gegenwart zu leben und nicht zu versuchen, vorherzubestimmen, was die Wahrheit ist. Die

Möglichkeit, einen geliebten Menschen zurückzuholen, besteht nur dann, wenn du ihn loslässt, aber damit das geschehen kann, musst du ihn von ganzem Herzen loslassen, so, als wäre er für immer aus deinem Leben gegangen.

Es ist möglich, dass das beste Geschenk, das du deinem früheren Partner zu geben hast, darin besteht, dass du ihn loslässt. Anderenfalls würde deine Verhaftung ihn auf einer energetischen Ebene zurückhalten, während sie ihn paradoxerweise gleichzeitig von dir fortstößt. Mit einfachen Worten gesagt: Du benutzt ihn, um dich selbst zurückzuhalten. Dein früherer Partner wird zu deiner besten Ausrede, nicht weiterzugehen und etwas aus deinem Leben zu machen. Am Ende deines Lebens ist jedoch das daraus geworden, was du daraus gemacht hast, trotz der Herausforderungen. Am Ende deines Lebens werden deine Ausreden keine Rolle mehr spielen.

Welche wunderbaren Dinge diese Beziehung dir in deinem Leben auch geschenkt haben mag, willst du sie jetzt als Falle benutzen? Willst du aus dieser Zeit ein Denkmal für deinen Verlust errichten? Oder willst du diese Zeit benutzen, um die Geschenke und die Liebe zu ehren, die du empfangen hast, solange die Beziehung Bestand hatte? Deine Beziehung ist vorüber. Vielleicht wird es mit diesem Partner ein weiteres Kapitel geben, vielleicht auch nicht. Du musst aber akzeptieren, dass dieser Teil vorüber ist. Die einzige Möglichkeit, um festzustellen, ob dein früherer Partner in zukünftigen Kapiteln deines Lebens vorkommt, besteht darin, dass du dieses Kapitel loslässt. Ein Kapitel immer und immer wieder zu lesen – so gut es auch gewesen sein mag – hindert dich daran, zum nächsten Kapitel weiterzugehen. Und wenn du per Diktat bestimmst, dass dies das Ende deines Lebensbuches sein soll, dann machst du es zu einem ziemlich kläglichen Ende, ganz gleich, wie gut es vorher gewesen sein mag.

Übung

Schau dir heute einmal genau an, wie sehr du deinen früheren Partner liebst. Wenn du ihn liebst: Gib ihn frei. Wenn nicht, schaue dir an, wie sehr deine Bedürfnisse wollen, dass du ihn und dich selbst in etwas versklavst, das nicht mehr als der Abklatsch einer liebenden Beziehung ist. Heute hast du die Chance, dich entweder für Liebe oder für Neurose zu entscheiden. Liebe wird ihn loslassen. Was wirst du tun?

Weg 12
Glücklich sein oder stur sein

Glücklichsein ist ein Zustand des Geistes, der in Liebe, in unsere Aufgabe, Kreativität, Freude und den Himmel investiert wird. Sturheit ist ein misstrauischer Geisteszustand, der an Kampf oder Widerstand interessiert ist, bis er seine Angst überwindet oder seinen Willen bekommt. Sturheit ist eine abgemilderte Form des Wutanfalls. Sie stemmt ihre Hacken in den Boden, um für das zu kämpfen, was sie will. Während das Glücklichsein offen ist und die Wahrheit sucht, will die Sturheit einfach nur recht haben, und es ist unmöglich, gleichzeitig stur und glücklich zu sein.

Unsere Rechtschaffenheit ist gewöhnlich eine Kompensation, eine Abwehrhaltung gegen Schuldgefühle, und daher nehmen wir, was unseren Standpunkt betrifft, eine sehr sture Haltung ein. Weil unsere Schuldgefühle schon bei der geringsten Provokation aus ihrem Versteck hervorzukommen drohen, beschuldigen und verurteilen wir andere, oder wir fordern, dass unsere Vorstellung oder unser Ideal der richtige und der einzige Weg ist. Das Glücklichsein will ganz einfach nur den besten Weg herausfinden, und es ist immer glücklich, ganz gleich, wer die richtige Antwort hat. Wenn wir stur sind, identifizieren wir uns mit unserer Position, und wir fühlen uns angegriffen oder bedroht, wenn diese Position in Frage gestellt wird.

Wenn unsere Unnachgiebigkeit sich weiterentwickelt, nimmt unsere Sturheit die Form einer Rolle an oder steckt in einem Aspekt unseres Charakters fest. Zwar kann ein Charakteraspekt, wie hart arbeiten, nach außen hin sehr erfolgreich scheinen, da er aber eine Rolle ist, können wir nie eine Belohnung empfangen oder genießen. Unsere Rollen verbergen Grollgefühle, dass wir als Kind nicht besser umsorgt wurden. Diese wiederum verbergen tiefere Gefühle des Versagens und der Schuld in Bezug darauf, dass wir unsere Familie nicht gerettet haben. Die Aufgabe einer Rolle besteht darin, anderen zu zeigen, wie man uns richtig umsorgt hätte. Unsere Rollen sind darauf aus, etwas zu beweisen. Sowohl unsere Sturheit als auch unsere Rollen hindern uns am Empfangen, ganz gleich, wie hart wir auch arbeiten. Entweder blockieren wir das Empfangen jeglicher Belohnung, oder wir geben das, was wir empfangen, im Kampf gegen den Stress aus. Wenn wir Geld oder gute Dinge empfangen, gehen sie ebenso schnell wieder, wie sie gekommen sind, und bieten uns nur wenig Erleichterung oder Erfrischung. So war unser Charakter, den wir aus Rollen gebildet haben, scheinbar erfolgreich, als wir ein Kind waren. Je älter wir jedoch werden, um so unempfänglicher und unauthentischer wird er – hart und schwer wie eine Rüstung.

Rollen führen zu Schwierigkeiten. Wir haben das Gefühl, in einem Trott gefangen zu sein, was schließlich in einem „Burnout" endet. Das Glücklichsein erlaubt uns, durch unser Geben zu empfangen. Es ist ein Nebenprodukt von Geben und Liebe. Es erfrischt uns und erlaubt uns, das freudvolle Gefühl zu genießen. Sturheit hat eine Tagesordnung. Sie will beweisen, dass wir recht haben, damit wir uns nur ja nicht unserem Gefühl stellen müssen, dass wir unrecht haben. Diese Gefühle wiederum verbergen unsere Angst vor der Notwendigkeit, dass wir uns ändern müssen. Sobald wir uns in eine Tagesordnung oder eine Pflicht einbringen, sind

Liebe, Glücklichsein und Erfolg nicht mehr die wichtigsten Dinge. Die Pflicht, die wir übernommen haben, nimmt die erste Stelle ein, und das lässt nicht immer genug Zeit für die Liebe oder übersieht das Glücklichsein als zweitrangig gegenüber der Erfüllung der Pflicht. Der Erfolg geht verloren in unserem Wunsch, etwas von unserer Aufgabenliste streichen zu können. Irgendwie glauben wir, dass wir glücklich sein werden, wenn wir diese Aufgabe erledigt haben, während wir ständig beweisen, was unserer Meinung nach richtig ist, und unsere Sturheit und Angst verbergen. Wir müssen das, woran wir wirklich glauben, natürlich nicht beweisen, und Sturheit verbirgt unsere Angst vor dem Weitergehen.

Zuweilen führt diese Sturheit so weit, dass wir zum Opfer werden. Als Teil unserer Beweisführung, dass wir recht haben, werden wir in irgendeiner Weise verletzt. „Siehst du, das beweist, dass du ein schlechter Mensch bist." Oder: „Jetzt weiß ich ganz sicher, dass du mich nicht liebst." Oder: „Siehst du, ich habe dir doch gesagt, dass ich krank bin." Wir glauben, dass wir glücklich sein werden, wenn wir, zumindest unserer Meinung nach, erst einmal unwiderlegbare Beweise für unsere Rechtschaffenheit haben. Unsere Sturheit ist eine Form von Unflexibilität, eine Verhaftung, die loszulassen wir uns weigern, eine übermäßig belastende Loyalität, welche die Wahrheit ignoriert.

Schließlich kann Sturheit auch eine Geisteshaltung des Widerstands sein, die von Angst und einem Konflikt mit Autorität herrührt. Wie jede negative Geisteshaltung führt auch sie uns in Richtung Tod. Weil wir das ernten, was wir säen, wird unser Leben sauer und bitter statt großzügig und froh. Wir haben in die falschen Dinge im Leben investiert, und das hat zu Mangel (siehe Glossar) und Unglücklichsein geführt. Es ist an der Zeit, dass wir unser Leben neu bewerten und unsere schlechten Investitionen aufgeben. Wenn wir auf anmutige Weise zugeben können, wo wir Fehler gemacht haben, und die Verantwortung dafür übernehmen, dann gewinnen wir die Anziehungskraft zurück, die von Ehrlichkeit und der Fähigkeit, auf andere einzugehen, herrührt. Wir lassen den Fluss der Dinge zu, die uns wirklich glücklich machen. Unsere Fähigkeit, auf die Wahrheit, andere Menschen und das Leben einzugehen, erzeugt eine magnetische Anziehungskraft für Liebe, Freundschaft, Erfolg und all die anderen guten Dinge des Lebens. Sturheit dagegen legt unseren Geist still, bringt den Fluss aus Spaß und Chancen zum Stillstand, lässt Partner oder potentielle Partner „abdrehen" und schließt uns vom Erfolg aus. Weil die Sturheit schon alle Antworten kennt, will sie nicht durch Tatsachen verwirrt werden. Die meisten sturen Menschen betrachten sich selbst als willensstark, während andere wohl eher der Meinung sind, sie seien das südliche Ende eines Maultiers, das in nördliche Richtung läuft. Sturheit schließt uns von Gnade, innerer Führung oder Anregungen von außen aus. Sie weigert sich zu fragen, zu untersuchen oder zu forschen, und daher ist sie vom Leben ausgeschlossen.

Übung

Wo hältst du stur an einer Art oder Weise, Dinge zu tun, fest, die dir schadet? Wenn du dir einen Bereich, in dem du keinen Erfolg hast, einmal genau anschaust, wirst du sie finden. Du kannst jetzt die Entscheidung treffen, diese Sturheit loszulassen.

I. *Finde einen Bereich, in dem du feststeckst, dich leblos fühlst oder Schwierigkeiten hast. Das ist ein weiterer*

Bereich, in dem du dich stur weigerst, weiterzugehen, und in dem du an einer überlebten Rolle oder Form von Aufopferung festhältst. Das ist ein Fehler, und du kannst deine Investition in diesen Fehler aufgeben.

II. Schau dir einen Bereich an, in dem andere Menschen gegen dich kämpfen oder dir Widerstand leisten. Das wird dir genaue Hinweise auf einen Bereich liefern, in dem du immer noch stur festhältst. Du kannst eine andere Entscheidung treffen.

III. Überprüfe alle Bereiche, in denen du glaubst, die Menschen hätten unrecht, seien schlecht oder böse, würden in die Hölle kommen oder sollten „hinausgeführt und erschossen werden". Dies zeigt Bereiche von Unflexibilität und Abwehr, offenbart in erster Linie jedoch Gefühle von Schuld oder Versagen. Diese Gefühle sind nicht die Wahrheit, doch das Ego wendet eine List an, damit du steckenbleibst. Du kannst die Wahrheit bitten, dich zu dem Fehler hinzuführen, und ihn korrigieren, um deine Unschuld zurückzugewinnen. Dann wirst du erkennen, dass andere um Hilfe rufen, statt zu glauben, dass sie die Hölle verdienen. Das Glücklichsein weiß, dass du alles, was du anderen wünschst, auch dir selbst wünschst.

Weg 13
Den ersten Schritt tun

Der erste Schritt im Prozess des Loslassens kann zuweilen der schwerste sein, doch danach werden die Dinge gewöhnlich leichter. In der Regel wirst du feststellen, dass du eine bestimmte Form des Loslassens bevorzugst. Auch wenn eine allgemeine Methode uns gute Dienste leisten mag, stellen wir möglicherweise fest, dass andere Übungen und Methoden gleichermaßen hilfreich sind. Der Schmerz kommt Schicht um Schicht hervor, und es ist möglich, dass nach einem Intervall des Friedens eine noch größere Schicht von Schmerz zutage tritt. Nach einem Durchbruch, bei dem wir in immer tiefere Schichten des Schmerzes vordringen, scheint die Situation manchmal schlimmer und nicht besser geworden zu sein. Das kann bei Jahrestagen von wirklich großen Verlusten der Fall sein, und daher kann sich sechs Monate, ein Jahr, zwei Jahre, fünf oder zehn Jahre später eine neue Schicht zeigen. Wenn wir in einer schlechten Gemütsverfassung sind, aber nicht erkennen können, wo sie herrührt, können wir unserem inneren Heilungsmechanismus vertrauen, dass er den richtigen Zeitpunkt findet. Wenn wir unsere Intuition fragen, was der Schmerz in unserem Leben mit diesem schlechten Gefühl zu tun hat, werden wir eine Antwort finden. Möglicherweise entdecken wir, dass in jeder neuen Entwicklungsphase, die wir erreichen, eines der schmerzlichen Ereignisse unseres Lebens zutage tritt, um auf unterschiedlichen Ebenen geheilt zu werden.

Häufig treten immer wieder neue Schichten eines Schmerzes zutage, nicht so sehr deshalb, weil es so viel Schmerz gibt, sondern weil der betreffende Mensch Angst vor neuem Leid hat und eher bereit ist, dem Teufel zu vertrauen, den er kennt, als dem, der ihm unbekannt ist. In seiner Angst, zu vertrauen und im Leben voranzugehen, benutzt er diesen „vorgefertigten" Schmerz als Mittel, um sich selbst zurückzuhalten. Es ist wichtig zu erkennen, dass eine solche Weigerung, wenn sie bei uns abläuft, von einer Angst herrührt, im Leben voranzugehen. Kein noch so großes Maß an Therapie oder anderen Methoden scheint zu helfen, denn wir stellen den Schmerz genauso schnell her, wie die Therapie oder der Prozess des Loslassens ihn zu klären versucht. Dies ist die Zeit, in der wir die verbindliche Entscheidung treffen sollten, den ersten Schritt zu tun. Wenn wir entdecken, dass wir so tun, als ginge es uns schlechter, als es tatsächlich der Fall ist, dann ist es wichtig, dass wir uns Ziele für das Loslassen setzen. An einem sehr schlechten Tag kann das Ziel ruhig sehr klein sein. Jedesmal, wenn wir ein Ziel erreichen, werden wir von neuer Energie erfüllt und einen Schritt vorangebracht.

Übung

I. Jeder Groll hält dich durch Zorn, Rückzug und unterbewusste Schuld zurück. Und jeder Verlust ist mit Groll verbunden, denn Traurigkeit und Schuld gehen Hand in Hand. Sprich deshalb laut:
„Ich vergebe dir (Name der Person) für meinen Groll. Ich werde ihn nicht benutzen, um mich zurückzuhalten."
Wiederhole diesen Satz im Hinblick auf deine Grollge-

fühle gegen eine bestimmte Person immer wieder. Mög-
licherweise stellst du fest, dass dir andere Menschen in
den Sinn kommen, damit du ihnen ebenfalls vergibst:
frühere Beziehungen, Eltern, Freunde und so fort. Führe
diese Übung auch mit ihnen durch.

II. *Sortiere die Erinnerungsstücke einer Beziehung aus, die*
nun nicht länger in dein Leben passt. Es kann wichtig
sein, dass du alle Bilder abhängst, auf denen du mit die-
sem Menschen zu sehen bist, zumindest so lange, bis der
Prozess des Loslassens abgeschlossen ist. Miste deine
Handtasche aus, deine Aktentasche, Schubladen, Vor-
ratskammern, Kleiderschrank und so fort. Wenn es dir
dadurch leichter fällt, kannst du auch jemanden bitten,
dir dabei zu helfen.

III. *Erstelle eine Liste nicht abgeschlossener Projekte. Lasse*
die Projekte los, die nicht länger in dein Leben passen.
Setze dir neue Ziele für die Projekte, die noch einen Platz
in deinem Leben haben.

Weg 14
„Ja" zum Leben sagen

Angesichts eines schlimmen Verlustes ist unsere Enttäuschung oft so groß, dass wir uns vom Leben zurückziehen. Das kann sogar so weit gehen, dass wir das „Selbst" oder die „Persönlichkeit", die den Befehl über unseren Geist hatte, töten. Wenn das geschieht, ist der Geist so „fruchtbar", dass ein neues Selbst kommen wird, um den Platz des alten einzunehmen. Doch wir sind dann auch geschwächt und in viel größerem Maße von uns selbst abgeschnitten. Das heißt, unsere Fähigkeit, Erfolg zu haben, Dinge zu empfangen und Vergnügen zu empfinden, ist sehr stark eingeschränkt.

Wenn ein Verlust uns übel mitgespielt hat, beschließen wir, uns zurückzuziehen. Unser Rückzug führt zu einem Verlust an Kontakt und Freude. Wir fühlen uns unwürdig, schuldig und deprimiert. Das Maß unseres Rückzugs wird zum Maß unserer Angst. Auf der anderen Seite jedoch ist die Kraft unserer Zuversicht das Maß, in dem wir wahrhaft verbunden sind. Jeder Schritt nach vorn baut Zuversicht auf. Wenn wir nicht loslassen, hinken wir durch das Leben als ein Schatten unseres früheren Selbst.

Wenn wir „ja" zum Leben sagen, ist das ein Zeichen unserer Bereitschaft, dass das Leben sich entfalten kann. Es ist eine Einladung, dass der nächste Schritt beginnen kann. Den nächsten Schritt tun heißt weniger, dass wir im wörtlichen Sinn einen Schritt nach vorn tun, als vielmehr, dass wir bereit sind, das Leben in seiner nächsten Phase zu uns kommen zu lassen. Wenn diese Bereitschaft vorhanden ist, scheint das Leben um uns herum sich in bedeutsamer Weise zu verändern, in der Regel innerhalb eines Zeitraums von zwei Wochen. Der nächste Schritt im Leben ist immer besser! Auch wenn wir nicht wissen, worin der nächste Schritt besteht, wird unsere Bereitschaft ihn zu uns bringen.

Übung

In dieser Situation erwartet der Entschluss, eine völlig neue Ebene oder ein ganz neues Kapitel in deinem Leben zu finden, nicht mehr als ein aufrichtiges und von Herzen kommendes „JA" zum nächsten Schritt, eine Bereitschaft deinerseits, auf das Leben und die Liebe zuzugehen anstatt auf den Tod.

Liste die drei wichtigsten Ereignisse in deinem Leben auf, die zu einem gebrochenen Herzen geführt haben. Frage dich intuitiv, auf einer Skala von 1 bis 100, welcher Anteil dieses Problems ungelöst geblieben ist. Der Prozentsatz, den du nicht gelöst hast, spiegelt das Maß an Verlust oder Bedürfnis wider, das noch in dir ist; es ist ein Ort des Rückzugs und des fortgesetzten Schmerzes. Du kannst dich noch einmal entscheiden. Du kannst in diesen Situationen „ja" zum Leben sagen, und indem du das tust, kannst du neue Aspekte in deinem Leben gewinnen, die lediglich auf deine Einladung gewartet haben, um zu dir zu kommen.

Weg 15
Den Mut haben, zuzulassen, dass das Gefühl sich ändert

Ein Verlust ist eine wichtige Chance, um einen Schritt nach vorn zu tun. In einer Situation der Trauer wollen viele Menschen sich nicht verändern oder bewegen, weil sie Angst haben, dass die intensive Liebe, die sie für denjenigen empfinden, den sie verloren haben, sich in irgendeiner Weise ändern könnte. Es ist jedoch wichtig, einige Prinzipien zu erkennen, die uns beim Weitergehen behilflich sein können. Zum einen ist eine sehr tiefe, intensive und leidenschaftliche Liebe zumeist weniger eine Erfahrung der Liebe als vielmehr eine Erfahrung, bei der es um Bedürfnis, Verlangen und Begehren geht. Liebe ist eine sich stetig verströmende und sich fortwährend vertiefende Erfahrung. Zweitens müssen diese intensiven Gefühle sich ändern, wenn es für die Beziehung eine Hoffnung für die Zukunft oder zumindest eine Möglichkeit geben soll, wieder neu Zeit mit diesem Partner zu verbringen.

Sogar die traurigen Gefühle müssen sich so ändern, dass sie unbedingte Klarheit und Erwartung gegenüber dem Leben verströmen, und nicht eine Erwartung gegenüber dem früheren Partner. Möglicherweise stellen wir sogar fest, dass wir weniger der Person dieses früheren Partners verhaftet sind als vielmehr unseren Gefühlen im Hinblick auf diese Person, einschließlich unserer Traurigkeit.

Ich habe mit vielen Klienten gearbeitet, die sich von ihrem Partner getrennt hatten und nun in tiefster Trauer waren. Die Tatsache, dass sie selbst die Trennung herbeigeführt hatten oder dass sie auf Gegenseitigkeit beruhte, schienen sie vergessen zu haben. Einige Wochen nach der Trennung fingen sie plötzlich an, die Geschichte von der Trennung in ihrer Vorstellung zu verändern. Sie fühlten sich von ihrem Partner verlassen.

Auch hier ist ein gewisses Maß an Mut notwendig, damit die Gefühle ihren Zyklus vollenden und schließlich in ein Gefühl des Friedens einmünden können. Wenn Frieden und ein Gefühl der Losgelöstheit erreicht sind (beispielsweise: „Es ist in Ordnung, wenn es funktioniert, und es ist auch in Ordnung, wenn es nicht funktioniert, aber es wäre mir lieber, wenn es funktioniert.“), dann bereitet das Leben sich darauf vor, uns die nächste Lektion in punkto Beziehung zu servieren. Wenn eine neue Beziehung oder das nächste Kapitel in der jetzigen Beziehung beginnt, stellen sich auch Gefühle von Romantik und Intensität auf ganz natürliche Weise neu ein.

Übung

Benutze deine gegenwärtigen Emotionen als Treibstoff für diese Übung. Es spielt keine Rolle, wie positiv, negativ, empfindsam oder leblos sie scheinbar sind. Schaffe ein Kunstwerk, das deine Beziehung symbolisiert. Das kann ein Gedicht, eine Collage, ein Lied, ein Gemälde, eine Geschichte, eine Zeichnung oder ein Tanz sein. Es soll die Form haben, die du ihm gern geben möchtest. Wenn du es fertiggestellt hast und es sich um ein Objekt handelt, dann verbrenne es, und behalte nur ein Photo oder eine Kopie, wenn du das willst. Ist es ein wirkliches Kunstwerk, dann verkaufe oder verschenke es lieber, statt es zu verbrennen. Du kannst diese Übung wiederholen, wenn du dich inspiriert fühlst.

Weg 16
Die Aufgabe und die Dauer
der Beziehung

Jede Beziehung hat eine Aufgabe. Ein Teil dieser Aufgabe werden die Lektionen sein, die in der Beziehung gelernt wurden. Die Hauptaufgabe jeder Beziehung besteht darin, glücklich zu sein. Wenn wir in unserer Beziehung nicht glücklich sind, dann wird Heilung zu ihrer Aufgabe. Zwischen uns und unserem Partner werden alle Blockaden zutage treten, die zwischen dem Hier und der vollkommenen Erleuchtung liegen. In dem Maße, in dem unsere Heilung voranschreitet, treten weitere Dinge zutage, die gleichfalls der Heilung bedürfen. In dem Maße, in dem unsere Zuversicht wächst, nehmen unsere Intimität, unser Erfolg und unser Glücklichsein auf natürliche Weise zu, und wir erlangen die Fähigkeit, mit größeren Problemen in stetig wachsender, gemeinsamer Kreativität umzugehen.

Zusätzlich zur Heilung der Blockaden in unserem Geist scheint es eine besondere Aufgabe zu geben, die jede Beziehung erfüllen kann – ihr ganz eigener Beitrag zur Welt. Außerdem scheint in jeder Beziehung die Macht vorhanden zu sein, die Welt zu retten. Beziehungen sind ein Kontinuum von Heilung und Glücklichsein. Die Entwicklung, die in einer Beziehung stattfindet, hilft einer immer größeren Zahl von Menschen und schenkt ihnen Inspiration. Die Heilung, die zwischen zwei Menschen geschieht, und die Liebe, die zwischen ihnen wächst, tragen dazu bei, dass neue Antworten entstehen. Liebe ist einer der besten Zündfunken für Kreativität. Je größer die Fortschritte sind, die wir in unserer eigenen Heilung machen, um so mehr wird uns der Weg zu unserer natürlichen Führerschaft gezeigt.

Jede Beziehung auf dieser irdischen Ebene hat ein Ende. Eine Beziehung kann nur kurze Zeit oder auch ein Leben lang andauern. Lebenslange Beziehungen finden in der Regel dann statt, wenn wir einen geeigneten Partner finden, mit dem zusammen wir eine Lektion nach der anderen lernen können. Dann gibt es noch die Beziehungen, deren Dauer kürzer ist, vielleicht, um eine bestimmte Lektion zu lernen oder um eine bestimmte Zeit gemeinsam zu genießen. Außerdem gibt es noch die anscheinend zufälligen und kurzen Begegnungen, die, auch wenn sie kurzlebig sind, trotzdem eine Aufgabe haben.

Manchmal besteht die Aufgabe einer Beziehung nur darin, uns mit einem Konflikt oder einer verborgenen Blockade in Berührung zu bringen. Zu anderen Zeiten kann eine Beziehung einfach nur den Zweck haben, uns auf eine andere, lebenslange Beziehung vorzubereiten, die noch vor uns liegt.

Übung

Frage deine Intuition, worin die Aufgabe deiner Beziehung bestand, und vertraue dem, was dir gerade in den Sinn kommt.

Wenn dir nichts in den Sinn zu kommen scheint, denke im Laufe des Tages weiter über die Möglichkeiten nach.

Bitte dein höheres Bewusstsein (siehe Glossar) heute darum, dir zu zeigen, worin die Aufgabe deiner Beziehung

bestand. Bitte es darum, dir bei der mühelosen Vollendung
aller nicht erledigten Aufgaben zu helfen, die von dieser Be-
ziehung herrühren.

Weg 17
Abschied nehmen

Es ist sehr hilfreich, wenn man sich mit einem früheren Partner austauschen und sich von ihm verabschieden kann. Es ist auch sinnvoll, die Beziehung insgesamt in einer Perspektive zum Kontext des eigenen Lebens zu betrachten. Es hilft uns, wenn wir einem Menschen sagen können, was eine Beziehung für uns bedeutet hat, auch wenn uns die Möglichkeit zu dieser Kommunikation durch den Tod oder einen anderen plötzlichen Fortgang manchmal genommen wird. Ich möchte an dieser Stelle noch einmal betonen, dass es nicht empfehlenswert ist, einen Menschen anzurufen, der sich von dir getrennt hat. Du könntest versuchen, ihn unter dem Deckmäntelchen des Loslassens „auszusaugen", wirst aber wegen deiner Leugnung nicht erkennen, warum der Anruf nicht funktioniert hat. Wenn dein ehemaliger Partner keinen Kontakt zu dir aufgenommen hat, ist es am besten, wenn du versuchst, diesen Teil des Loslassens allein zu bewältigen. Vor über 25 Jahren, nachdem eine Freundin ihren geliebten Mann durch Krebs verloren hatte, hatte ich eine Inspiration, die seither sehr vielen Menschen bei diesem Prozess, die Beziehung abzuschließen, geholfen hat. Wenn du keine Möglichkeit einer direkten Kommunikation mit deinem früheren Partner hast, möchtest du ihm vielleicht einen Brief schreiben oder bei Kerzenschein ein Bad nehmen und laut oder in Gedanken zu ihm sprechen. Vielleicht stellst du fest, dass es dir in einer meditativen Stimmung mit leiser Hintergrundmusik am leichtesten fällt.

Übung

Ganz unabhängig davon, welche Umgebung und welches Medium du gewählt hast, um diese Übung durchzuführen, schreibe deinem ehemaligen Partner oder sage ihm laut oder in Gedanken, was du an ihm geliebt und geschätzt hast. Oft ist es hilfreich, wenn du dir vorstellst oder das Gefühl hast, dass er anwesend ist, während du ihm diese Dinge sagst.

Nun sage ihm, was für dich nicht in Ordnung war, wo du zornig bist, oder wo du dich unvollständig fühlst.

Nun sage ihm, was das Beste an der Beziehung war, oder was das Beste war, das in der Beziehung geschehen ist.

Teile mit ihm den schmerzlichsten Teil der Beziehung und
… das Lustigste daran.
… das Traurigste oder den größten Verlust, den du erfahren hast.
… die glücklichste Zeit in der Beziehung.
… was er dir gab, was dir noch nie zuvor jemand gegeben hat.
… den schönsten, zärtlichsten Teil der Beziehung für dich.
… den schlimmsten Teil der Beziehung für dich.
… welches Geschenk er in dir inspiriert oder zum Vorschein gebracht hat, von dem du nicht wusstest, dass du es in dir trugst.
… welche Lektion du mit ihm gelernt hast.
… welchen vergangenen Schmerz oder welche alte Angst du durch eure Beziehung heilen konntest.

Stelle dir nun vor, du seiest Autor, Regisseur und Haupt-darsteller in der Beziehung gewesen. Welche Szene in der Beziehung würdest du umschreiben, um sie zu verbessern, und wie würdest du sie umschreiben? Gibt es noch andere Szenen, die du auf diese Weise gerne umschreiben würdest, wenn auch nur auf einer Gefühlsebene?

Welches war der Teil, den du am meisten bedauert oder dessentwegen du dich am schuldigsten gefühlt hast?

Was war das Schwierigste, durch das du deinem Partner hindurchgeholfen hast, und was war das Schwierigste, durch das er dir hindurchgeholfen hat?

Wofür möchtest du ihm danken, und im Hinblick worauf möchtest du Gott für ihn danken?

Weg 18
Das Leben ist,
was du daraus machst

In gleicher Weise, wie wir mit bestimmten körperlichen Merkmalen auf die Welt kommen, werden wir auch mit bestimmten Verhaltensmustern geboren, die entweder von unseren Ahnen an uns weitergegeben wurden oder die unsere Seele mitgebracht hat, um bestimmte Lektionen zu lernen. Außerdem werden wir mit bestimmten Geschenken, Begabungen und Bewusstseinsstufen geboren, die unsere Seele in ihrem Rucksack mit sich gebracht hat, um uns zu helfen, mit den Herausforderungen, Lektionen und Fallen umzugehen, denen wir uns stellen und die wir transformieren wollen. Wenn wir unsere Muster heilen, können wir unsere Aufgabe erfüllen, indem wir unsere ganz besonderen Geschenke überreichen, die unter diesen Mustern verborgen waren, um unserer Familie und der Welt zu helfen.

Doch unser Ego hat andere verborgene Tagesordnungen. Mit deren Hilfe will es seine eigene Macht stärken, uns zu etwas Besonderem machen, auf jeden Fall gewinnen und mehr haben als alle anderen – auch wenn das bedeutet, dass wir leiden und scheitern. Oft scheitern wir kläglich oder erleiden unsägliche Schrecken, nur um Aufmerksamkeit zu bekommen oder uns auf irgendeine Weise einen Namen zu machen. Wir müssen uns zwischen unserer Tagesordnung, bei der es um Heilung geht, und der Tagesordnung des Ego, bei der es um seine Erhöhung oder Erniedrigung geht, entscheiden.

Damit wir ein glückliches Leben führen können, müssen wir diese frühen Muster überwinden, und wir müssen erkennen, dass die Pläne des Ego einfach nicht funktionieren werden. Wenn wir nicht das haben, was wir wollen, wenn unser Leben nicht das zu sein scheint, was wir uns wünschen, dann ist es Zeit, dass wir uns der verborgenen Strategien des Ego bewusst werden, die uns am Erfolg hindern, und neue Entscheidungen treffen. Das Ego besteht aus den Prinzipien von „Selbsterhöhung", Trennung, Wettstreit, Angst, Schuld und Autoritätskonflikt. Wir können nur dann Liebe finden und Freude und Glück in unser Leben bringen, wenn es uns gelingt, das Ego zum Schmelzen zu bringen. Das Ego beschwört unsere Angst herauf und behauptet, dass sein Verlust unseren Tod bedeuten wird, doch in Wahrheit stirbt bloß das Ego. Erfolg und Fülle sind nur durch Frieden und Zuversicht zu erreichen, und das ist das Gegenteil von dem, worauf das Ego aufbaut – nämlich Selbstgerechtigkeit, Beherrschung, Abwehr, Uneinigkeit, Aggression, Konflikt und Gewinnsucht. Das Ego redet uns ein, dass wir uns mit unserem Körper als unserem Selbst identifizieren sollen. Das führt dazu, dass wir Angst vor dem Tod bekommen und davor zurückschrecken, unser Leben wirklich zu leben.

Um glücklich zu sein, müssen wir Verantwortung übernehmen. Unser Leben ist, was wir daraus machen, und auch unser Glücklichsein ist das, was wir daraus machen. Wenn wir nicht glücklich sind, liegt es an uns, etwas daran zu ändern. Natürlich können wir weiter jammern, doch das wird nichts ändern. Das Leben konfrontiert jeden von uns mit Herausforderungen, Problemen und Schmerz. Wir alle haben ungelernte Lektionen und alle möglichen Begrenzungen. Doch wir alle sind gekommen, um glücklich zu sein. Es ist die Erfahrung unseres Geistes, der das Licht, die Liebe und das köstliche Glück ist, nach dem wir in Wirklichkeit doch alle suchen. Das Glück in unseren Beziehungen ist nicht mehr als ein Echo dessen, was uns zugänglich ist, wenn wir den Geist in uns allen erfahren.

Es gibt Prinzipien, die zum Glücklichsein führen, die das Ego schmelzen lassen, uns für die Liebe öffnen und uns vor Freude und Glückseligkeit taumeln lassen. Auf der anderen Seite gibt es dunkle Geschichten, die wir erfinden und von denen wir glauben, dass sie uns glücklich machen. Dazu gehören Geschichten, in denen es darum geht, dass wir nicht geliebt werden, und Drehbücher, die von Tragödien, Vergeltung, gebrochenen Herzen, Schuld, Märtyrertum, Wutanfällen, Sichgehenlassen, Boshaftigkeit und vielen anderen Dingen handeln. Unterziehen wir diese Geschichten bewusst einer Prüfung, dann sehen wir, dass sie ganz offensichtliche Fehler sind. Neben diesen dunklen Geschichten gibt es irreführende Leidenschaften und Verschwörungen, mit deren Hilfe wir uns selbst und unsere Lebensaufgabe verbergen. Wir haben Schattenfiguren (siehe Glossar), die wir benutzen, um unsere wahre Güte, unsere Macht und unsere Unschuld zu verbergen, und so lassen wir unsere Bestimmung im Stich und scheitern bei unserer Suche nach dem Glück.

Dabei ist Glücklichsein so einfach. Es ist das Mittel und das Ziel. Es ist, wie viel wir geben und in welchem Maße wir mit anderen teilen. Es ist unsere Entscheidung, ob wir den Herausforderungen entgegentreten, die Lektionen lernen und in unserem Leben nichts Geringeres akzeptieren als die Wahrheit des Glücklichseins. Glücklichsein rührt daher, dass wir offen sind, dass wir bereit sind, uns mit unserem Partner zu verbinden, dass wir Gnade empfangen, dass wir mit unserem Verstand, Herz, Körper und Geist in Kontakt sind, dass wir die Hand ausstrecken, um unsere Geschenke zu geben, dass wir uns anderen, der Wahrheit, dem Leben und Gott hingeben. Glücklichsein rührt daher, dass wir offen sind, die Kraft der Kreativität zu empfangen, wenn sie uns durchströmt, dass wir bereit sind, loszulassen, zu vertrauen und weiterzugehen. Glücklichsein rührt auch daher, dass wir Freude am Lernen haben und die Freiheit besitzen, das wieder zu verlernen, was uns im Schmerz festhält. Es rührt von der Verbundenheit her, die uns Freunde gibt, und von der Wahrheit, die uns in einer Welt voller Lügen einen Sinn gibt.

Glücklichsein besagt, dass wir ernten, was wir säen, nicht nur durch unsere Taten, sondern auch durch unsere Gedanken. Wenn wir positiv und klug investieren, können wir gar nicht anders, als glücklich zu sein. Alles andere offenbart, dass wir unklug in das investieren, was wir denken, glauben, wertschätzen, fühlen und tun. Auch wenn unsere Welt unsere fehlgeleiteten Entscheidungen widerspiegelt, kann all dies geändert werden. Wir können unseren Geist ändern, wir können lernen, wo wir fehlgeleitet sind, und neue Entscheidungen treffen. Statt unsere negativen Emotionen zu verdrängen oder an anderen auszulassen, können wir sie als Hinweis darauf benutzen, dass wir einen Fehler machen. Wir sollten jede schmerzliche Situation benutzen, um die fehlgeleiteten Entscheidungen und falschen Investitionen zu finden, die wir getroffen haben, damit wir sie korrigieren können.

Schuldzuweisungen und Groll gegen andere zeigen unsere verborgene Schuld und mangelnde Bereitschaft, Verantwortung zu übernehmen und uns zu ändern. Wir wollen, dass andere sich ändern, damit wir uns besser fühlen, doch das wird nicht funktionieren. Verantwortung und die Fähigkeit, auf andere einzugehen[3], sind zwei der Prinzipien, die für das Glücklichsein notwendig sind. Das Maß für unser Glücklichsein ist die Fülle, mit der wir uns selbst umarmen und lieben, mit der wir unsere Bestimmung und unser Leben umarmen. Wir sollten uns selbst weniger ernst nehmen und auch den Humor im Leben sehen. Das Ego hasst das Lachen – es sei denn, es ist Hohnlachen –, doch wahres Lachen heilt, gleicht aus und vermittelt uns eine wahre Perspektive. Um unser Glücklichsein zu vermehren, müssen wir es mit anderen teilen.

Übung

I. *Bewerte dich selbst ehrlich im Hinblick auf folgende Punkte:*
- *Wie glücklich bist du?*
- *Welche Entscheidungen würden dir jetzt dabei helfen, glücklicher zu werden?*

II. *Untersuche heute eine schmerzliche Situation:*
- *Welche fehlgeleiteten Entscheidungen hast du getroffen?*
- *In welche negativen Glaubenssätze hast du investiert?*
- *Welches sind die Werte, die dir nicht dienen?*
- *Welche Selbstkonzepte haben zu dieser Situation geführt?*
- *Welche negativen Geschichten erzählst du mit dieser Situation?*

---

3 Anm. der Übersetzerin: Der Verfasser spielt hier mit den Wortformen „responsibility" und „response ability", die im Englischen fast gleich ausgesprochen werden. „Responsibility" ist die Verantwortung, und „response ability" ist, wörtlich übersetzt, die Fähigkeit zu antworten, zu reagieren oder auf andere einzugehen.

- *Spielen Verschwörungen (siehe Glossar) eine Rolle, Fallen, die so effektiv sind, dass du dich niemals aus ihnen befreien können sollst? Auf welche Weise dienen sie dir deiner Meinung nach?*
- *Was versuchst du von der Person oder Situation zu bekommen, die dir diesen Schmerz bereitet?*
- *Was fürchtest du dich zu empfangen, das all diese Dinge klären würde?*
- *Welche fehlgeleitete Schuld glaubtest du bezahlen zu können, indem du diese Sache geschehen ließest?*
- *An wem, außer deinem früheren Partner, willst du noch Vergeltung üben, indem du diese Sache geschehen lässt?*
- *Wen willst du bezwingen, indem du diese Sache geschehen lässt, und auf welche Weise?*
- *Was willst du in dieser Situation beweisen? Im Hinblick worauf willst du recht haben?*
- *Lasse alle diese fehlgeleiteten Entscheidungen und Investitionen los.*
- *Welche Entscheidung würdest du nun für dein Glücklichsein treffen?*
- *Welche Entscheidung würdest du nun für dein Leben treffen?*

Weg 19
Dieser Verlust verbirgt
einen größeren Verlust

Je größer der gegenwärtige Verlust ist, um so mehr verbirgt er einen älteren, noch tieferen Verlust. Dieser alte Verlust war die Wurzel, die zur Frucht dieses gegenwärtigen Verlustes erblüht ist. Es ist oft sehr schwer, einen Verlust loszulassen, weil er nicht nur ein einzelner Vorfall, sondern ein ganzes Muster ist. Genau aus diesem Grund besitzen wir aber auch die Fähigkeit, das gesamte Muster zu heilen, indem wir auf eine effektive Weise mit dem jetzigen Verlust umgehen.

Bei meiner Therapiearbeit mit dem Unterbewussten hat sich immer wieder gezeigt, dass Traumata in unserem Leben nicht einfach geschehen. Sie haben eine Vorgeschichte. Je größer das gegenwärtige Problem ist, um so größer war außerdem der ursprüngliche Verlust.

Es braucht ein großes Maß an Bewusstheit und Reife, um zu erkennen, dass alles zum Besten geschieht, insbesondere in unserem eigenen Leben, in dem wir nach einem Verlust zuerst einmal zu Gefühlen von Depression, Wertlosigkeit, Angst, Selbstangriff, Versagen, Schuld und Traurigkeit neigen. Dies sind genau die Gefühle, die zum größten Teil bereits in uns vergraben sind und auf eine Gelegenheit warten, endlich transzendiert zu werden. Zu den überraschendsten Dingen, die ich in der Therapie gelernt habe, gehört, dass gegenwärtige Gefühle von Schmerz im Unterbewussten gewöhnlich schon vorhanden waren. Die gegenwärtige Situation war lediglich der Auslöser, um sie zum Vorschein zu bringen. Tatsächlich rührt nur ein sehr geringer Teil der Emotion aus der gegenwärtigen Situation her.

Wenn wir uns dessen, was im Unterbewusstsein geschieht, ganz und gar unbewusst sind, werden wir alle vergangenen und auch gegenwärtigen Gefühle unter dem Schild des gegenwärtigen Verlustes betrauern. Wir brauchen jedoch ein großes Maß an Bewusstheit und Reife, um das zu erkennen. Ein Weg, es zu erkennen, besteht darin, den Prozess des Loslassens zu vollenden. Dadurch verstehst du auf natürliche Weise, was Vergangenheit und was Gegenwart ist, und die nächste Stufe deines Lebens kann beginnen.

Übung

Denke über deinen gegenwärtigen Verlust nach: Wenn dir nicht schon ein früherer Verlust in den Sinn gekommen ist, frage dich intuitiv, in welchem Alter dieser frühere Verlust geschehen sein könnte. Frage dich, wer anwesend war, als der Verlust geschah. Dann frage dich, was geschehen sein muss, damit du ein solches Verlustmuster erzeugen konntest. Frage dich, was alle an der ursprünglichen Szene Beteiligten gefühlt haben müssen, um sich so zu verhalten, wie sie es taten. In der Regel gibt es ein schmerzliches Kerngefühl, das alle geteilt haben. Es ist dasselbe Gefühl, das nun Teil deines Musters ist. Schaue nun jeden, der an der ursprünglichen Szene beteiligt war, an, und frage dich, wie lange er dieses Muster schon hat, wann es für ihn begann und wie es sich in seinem Leben gezeigt hat – als Schmerz, als Abwehr gegen Schmerz oder beides.

Weg 20
Die Weigerung loszulassen

Wenn wir uns dem Loslassen verweigern, ist das oft ein Hinweis darauf, dass wir an mehr als nur an einem Menschen festhalten. Es kann bedeuten, dass ein Traum oder ein Selbstkonzept zerstört wurde oder dass Verschmelzung oder ein gebrochenes Herz ähnliche Erfahrungen aus der Kindheit widerspiegeln.

Die Weigerung loszulassen bedeutet, dass wir uns krank stellen. Wir benutzen den gegenwärtigen Verlust als Ausrede, damit wir nicht weitergehen müssen. Dieses Muster liegt an der Wurzel unserer Verschwörung gegen unser wahres Selbst, unsere Größe und unsere Lebensaufgabe. Es benutzt unser Opfersein als Ausrede, um in einem bestimmten Bereich, der uns Angst macht, nicht weitergehen zu müssen. Wir sind besorgt, weil wir absolut keine Möglichkeit haben herauszufinden, worin der nächste Schritt besteht oder wie wir ihn bewältigen können. Doch das liegt nicht in unserer Verantwortung. Unsere Verantwortung ist die Bereitschaft. Wenn wir bereit sind, werden wir nach vorn gebracht, unsere Angst wird transzendiert, und der nächste Schritt kommt zu uns. Wir müssen nicht alles ganz allein herausfinden. Das soll uns bloß aufhalten, denn es ist nur eine andere Form von Widerstand und Kontrolle.

Wenn wir bereit sind, wird alles durch uns vollbracht, aber nicht von uns. Alles, was wir selbst zu tun versuchen, tun wir schwerfällig und ohne Gnade. Mit der Haltung „nicht von uns, sondern durch uns" brauchen wir uns nur zu zeigen. Alles, was wir sagen oder tun müssen, wird uns gegeben. Dadurch wird Gnade möglich, und die Kontrolle, die durch Angst, alten Herzensbruch und Autoritätskonflikt erzeugt wurde, wird umgangen. Unser Streben nach Leistung, unser Perfektionismus, unser Gefühl der Unzulänglichkeit, unser Mangel an Vertrauen, der zu Kontrolle und Angst führt, jeder Wettstreit und alle Gefühle des Versagens, die die Leblosigkeit in unserem Leben verbirgt – sie alle werden beantwortet und transzendiert, indem wir die Dinge nicht selbst tun, sondern durch uns geschehen lassen. Je mehr wir versuchen, alles selbst zu tun, desto mehr Stress, Probleme und unnötige harte Arbeit werden erzeugt. Je mehr wir versuchen, die Dinge selbst zu tun, um so mehr Angst haben wir im Hinblick auf die Zukunft, und um so mehr Gefühle von Schuld oder Versagen haben wir im Hinblick auf die Vergangenheit.

Übung

Wenn du dich unglücklich fühlst, ist das immer ein Zeichen dafür, dass du versucht hast, etwas zu tun. Zeiten, in denen du emotionalen Schmerz fühlst, kannst du als eine Chance nutzen, um ein ganzes Muster des „Tuns" loszulassen. So können die Dinge in einer inspirierten Weise geschehen. Sei heute bereit, jeden Bereich zu ändern oder für dich ändern zu lassen, an dem du in deiner letzten Beziehung festgehalten hast.

Erstelle eine Liste der Dinge, die du in deinem Leben zu „tun" versuchst. Punkte auf dieser Liste spiegeln Bereiche von Schuld, Schmerz, Versagen, Angst, Unsicherheit, Man-

*gel, Schwierigkeit und mangelndem Erfolg wider. Das „Tun"
blockiert Inspiration, Kreativität, Leichtigkeit, Freiheit und
Vision. Sei bereit zu schauen, was das Loslassen dieses
„Tuns" bewirkt. Alles kann mit Gnade vollbracht werden –
durch dich, nicht von dir.*

Weg 21
Festhalten als ein Deckmantel
für Angst

Das Festhalten an einem gebrochenen Herzen kann ein Deckmantel für Angst sein. Wenn wir Angst haben weiterzugehen, wenn uns die Zuversicht für den nächsten Schritt fehlt, wenn wir Angst vor Erfolg, Sex, Intimität oder der Ehe haben, dann können wir all das verbergen, indem wir an dem Partner festhalten, den wir gerade verloren haben. Ganz gleich, ob dieser Mensch das Beste war, was uns je geschehen ist, oder ob wir ihm nur kurze Zeit nahe waren – wir neigen dazu, unsere Gefühle im Hinblick auf die Beziehung zu idealisieren. In der Tat kann das Maß an Schmerz, Kummer und Verhaftung, das wir erfahren, eine Überreaktion sein, und die Angst, die sich unter all den anderen Gefühlen verbirgt, ist möglicherweise das stärkste Element, das an unserem Festhalten beteiligt ist. Wenn wir erkennen, dass die Angst vor Veränderung und davor, dass wir die machtvollen Gefühle verlieren könnten, die wir für jemand anderen empfinden, die Schlüsselelemente unseres Festhaltens sind, werden wir uns dessen, womit wir fertigwerden müssen, wenn wir weitergehen, wesentlich deutlicher bewusst. Wenn wir diese Angst, die das zugrundeliegende Problem und der Grund für unser Festhalten ist, nicht bewältigen, werden wir nicht erfolgreich loslassen können.

Die Angst vor Veränderung und davor, weiterzugehen, ist nicht nur eine beliebige Angst. Sie liegt an der Wurzel jedes

Problems, das wir haben. Wenn wir ganz besonders große Angst vor dem Weitergehen haben, weil wir befürchten, dass wir etwas verlieren könnten, dass der nächste Schritt schlimmer sein könnte oder dass man etwas von uns fordern könnte, mit dem wir nicht umgehen können, dann decken wir unsere Angst vor dem Weitergehen mit einer Form des Festhaltens zu. Das kann sogar chronisch werden, wenn wir das wahre Problem so gut verborgen haben, dass wir uns nicht wirklich damit auseinandersetzen. In der gleichen Weise haben wir Angst davor, dass die kraftvollen und intensiven Gefühle, die wir unserem früheren Partner gegenüber empfinden, sich ändern könnten. Wir wollen ihn und dieses Gefühl als zentralen Teil unseres Lebens behalten. Wenn wir weitergehen, wird dieses Gefühl sich ändern. Es wird weit weniger einen Teil des drängenden Vordergrundes, sondern vielmehr einen natürlichen Hintergrund bilden. Wenn wir bereit sind, ganz und gar loszulassen, wird sogar jemand, der weitaus besser zu uns passt, den Platz desjenigen einnehmen, den wir losgelassen haben. Obwohl kein Zweifel daran besteht, dass wir auf lange Sicht glücklicher sein werden, ist es trotzdem schwer, in die Zukunft zu vertrauen, wenn wir in der Gegenwart tiefe Gefühle erfahren (auch wenn sie nicht authentisch sind). Wenn wir nicht loslassen, behalten wir vielleicht drängende Gefühle im Hinblick auf unsere Träume und Erinnerungen, unseren idealen Partner werden wir jedoch nicht finden, denn unsere abhängigen Gefühle schlagen ihn in die Flucht.

Wenn wir einmal erkannt haben, was uns so große Angst macht, können wir damit beginnen, es loszulassen. Angst hat immer ein Objekt. Wenn wir Angst vor Veränderung und vor der Zukunft haben, bleiben wir in der Vergangenheit stecken, und unser Leben wird niemals funktionieren. Nur unsere Bereitschaft, weiterzugehen, wird Erfolg haben. Andere Wege, um Angst zu überwinden, sind Liebe, Vertrauen, Entscheidung, die Angst in Gottes Hände legen, Vergebung, unsere Bedürfnisse loslassen, Werturteil, Angriff und Selbstangriff aufgeben. Angst kann auch dann geheilt werden, wenn wir erkennen, dass wir nicht allein sind, dass Gott an unserer Seite geht, wo immer wir hingehen.

Übung

Beurteile heute eine Problemsituation als eine Situation, in der du festhältst. Ist die Verhaftung verborgen oder sichtbar? Wenn sie verborgen ist, dann versuche intuitiv zu entdecken, um was es sich handeln könnte. Erkenne, wenn du dir ihrer bewusst wirst, dass sie nicht erfolgreich war und dich nicht glücklich gemacht hat. Wenn du bereit bist, dann triff die Entscheidung, sie jetzt loszulassen. Wenn du sie loslässt, wirst du paradoxerweise in den Fluss des Lebens geführt und kannst wieder neu empfangen.

Erkenne, dass die Angst vor dem nächsten Schritt in Wahrheit durch Groll erzeugt wird, den du gegen einen Menschen hegst, dem du nicht vergeben hast. Schon während du diese Zeilen liest, wirst du wissen, wer es ist. Vergib ihm, damit du frei sein kannst. Bitte um seinen Segen, während du an ihn denkst. Das wird euch beide befreien.

Angst vor dem nächsten Schritt ist das Resultat von etwas, das du hast und das du in der Vergangenheit nicht erfolgreich bewältigt hast. Deshalb wird dein Versuch, in die Zukunft zu stürmen, erst dann Erfolg haben, wenn du den Anker der Vergangenheit lichtest. In die Zukunft zu stürmen ist ein Weg, deine Angst vor der Zukunft zu verbergen. Es ist eine Kompensation, und es nimmt eine entgegengesetzte

Form zum Festhalten an, während sein Verhalten genau das verbirgt. Es hat dieselbe Dynamik wie jemand, der hinter einem Liebespartner herläuft, der ihn seinerseits aus Angst in die Flucht schlägt. Erkenne deine Art des Festhaltens: Neigst du zu Depressionen, stürmst du in die Zukunft, oder kompensierst du deinen Verlust, indem du deinen Gefühlen aus dem Weg gehst und anderen hilfst oder indem du bedürftig oder aus der Trennung heraus handelst, so, als ob du keine Bedürfnisse hättest? Was auch immer deine Methode ist, stelle dir vor, wie du all das in die Hände deines höheren Bewusstseins legst. Indem du das tust, kannst du das „Jetzt" loslassen, um weiterzugehen.

Wir können unsere Angst ganz leicht befreien, wenn wir erkennen, dass wir nicht allein sind, dass Gott an unserer Seite geht. Dann können wir uns allem stellen, und jede Situation wird einladender und weniger mühsam.

Ein anderer Weg, auf dem du weitergehen kannst, nachdem du deine Angst einmal entdeckt hast, besteht darin, sie so lange wahrzunehmen, bis sie dahinschmilzt. Erkenne, dass das Gefühl manchmal stärker wird, wenn du ihm deine Aufmerksamkeit widmest. Wenn du diese Gefühle jedoch verbrennst, bis sich Frieden einstellt, befreist du dich so weit, dass du fähig bist weiterzugehen. Möglicherweise treten noch weitere Schichten zutage, aber du kannst auf dieselbe Weise mit ihnen umgehen.

Auch unsere Bereitschaft, weiterzugehen, bringt uns voran. Schon ein Mindestmaß an Bereitschaft macht es möglich, dass unser höheres Bewusstsein uns befähigen kann, von neuem weiterzugehen.

Weg 22
Vergebung als eine Form
des Loslassens

Vergebung bringt unerledigte Geschäfte zu einem Abschluss. Sie verknüpft lose Enden miteinander und lässt einen Neubeginn zu. Vergebung befreit denjenigen, dem wir vergeben, und auch uns selbst. Sie befreit uns von der Lähmung, die Groll erzeugt. Sie befreit uns auch von der unterbewussten Schuld, die jeder Groll verbirgt und die unser Leben nicht vorankommen lässt. Es gibt praktisch niemanden, gegen den wir nicht einen Groll oder ein Werturteil hegen. Das Maß an Groll, das wir – bewusst oder unterbewusst – hegen, ist das Maß an Schmerz, fehlendem Erfolg und Mangel (siehe Glossar), das es in unserem Leben gibt.

Wenn wir vergeben, stellen wir fest, dass für uns selbst ein neuer Tag erwacht, dass ein neues Kapitel in unserem Leben beginnt. Wenn wir Groll vergeben, befreien wir die Vergangenheit und lassen zu, dass Wunder unser Leben transformieren können. Jedes Gefühl von Groll, das wir vergeben, befreit andere und uns selbst aus dem Gefängnis und dem Schmerz, in dem wir uns befinden.

Es scheint so, dass Vergebung für uns Menschen die am schwierigsten zu lernende Lektion ist. Um Vergebung akzeptieren zu können, müssen wir unsere Selbstgerechtigkeit loslassen. Die Selbstgerechtigkeit lässt unseren Zorn zu und gibt ihm eine Berechtigung, angeblich, um uns selbst zu verteidigen, aber in Wahrheit, um unsere Schuld und unseren Schmerz zu verbergen und uns eine Ausrede zu liefern, damit wir genau das tun können, was wir wollen. Doch unsere selbstgerechten und zornigen Reaktionen lassen nicht zu, dass die verborgene Schuld befreit werden kann, die sich unter jedem Groll verbirgt. Das kann nur die Vergebung bewirken.

Auf der tiefsten Ebene des Unterbewusstseins haben wir mit dem Menschen, gegen den wir den Groll hegen, eine heimliche Absprache. Auf einer bestimmten Ebene liefert sein Verhalten uns genau die Ausrede, die wir gewollt haben. Andererseits bietet es uns eine Möglichkeit des Selbstangriffs, der eine Form der Rebellion und der Vergeltung an Partnern, Eltern und Gott ist. Es kann zu unserer Heilung beitragen, wenn wir uns dieser heimlichen Verabredung bewusst sind, denn so können wir uns auch unserer verborgenen Tagesordnungen bewusst werden. Dadurch können wir uns den tief vergrabenen Gründen stellen, warum wir unseren eigenen Interessen scheinbar zuwiderhandeln. Wir können die Selbsttäuschung beenden und uns selbst befähigen, indem wir neue Entscheidungen treffen. Manchmal lassen wir es zu, dass wir zum Opfer gemacht werden, weil uns das eine Rechtfertigung gibt, etwas zu tun, was wir schon die ganze Zeit tun wollten, uns anders aber nicht erlaubt hätten. Hat unser Partner zum Beispiel eine Affäre, dann benutzen wir diese Tatsache als Rechtfertigung, um selbst eine Affäre zu haben oder um uns scheiden zu lassen, was wahrscheinlich genau das ist, was wir die ganze Zeit wollten. Wenn wir einmal erkannt haben, warum wir bestimmte Ereignisse gemeinsam erschaffen haben und welches unsere verborgene Tagesordnung dabei war, wird es viel leichter, uns selbst zu vergeben. In dem Maße, in dem wir vergangenen Schmerz ans Tageslicht bringen und loslassen, in dem Maße erkennen wir auch, wie wichtig es ist, alle unsere Konflikte zur Selbsterkenntnis und zur Heilung zu nutzen.

Vergebung bringt Dinge in Ordnung und öffnet die Tür zu einem erfüllten Leben. Sie öffnet uns von neuem dafür, die guten Dinge zu empfangen, die das Leben zu bieten hat. Durch Vergebung erlangen wir unser wahres Selbst zurück, befreit und erfolgreich, und nicht länger in bewusstem Groll und unterbewusster Schuld vergraben.

Unser Groll sperrt uns in eine Welt aus Schmerz und Vergeltung ein. Gefühle von Groll sind nichts anderes als unterbewusste Projektionen. Wir beschuldigen andere, das zu tun, was wir tun, auch wenn wir es vor uns selbst leugnen und unser Verhalten zuweilen in scheinbar genauem Gegensatz zu dem Verhalten steht, das wir verurteilen. Vergebung befreit uns von diesem Muster und bringt uns in die Gegenwart zurück. Sie hilft uns, mit unserem Leben klarzukommen, statt eine Vergangenheit zu bekämpfen, die es niemals wirklich gegeben hat, an die wir uns jetzt aber erinnern, weil sie einen bestimmten Zweck erfüllt. Diese Erinnerung ist unsere Ausrede, um unsere Ängste zu verbergen, damit wir uns ihnen nicht stellen müssen, ganz besonders der Angst vor unserer Lebensaufgabe.

Übung

I. *Stelle dir vor, dass der Mensch, gegen den du den Groll hegst, vor dir steht. Schaue nun über seine Fehler, seine Persönlichkeit und seinen Körper hinaus – sieh, fühle und spüre nur das Licht, das der Geist in seinem Inneren ist. Stelle dir vor, wie dein Licht sich mit dem seinen verbindet.*

II. *Gehe zu einem bestimmten schmerzlichen Ereignis in deinem Leben zurück, und wiederhole diese Übung mit den Menschen, die dort anwesend sind. Beginne mit den Menschen, die dir am nächsten stehen, und verbinde dein Licht nacheinander mit allen, bis du bei dem Menschen angekommen bist, bei dem die Trennung am größten ist.*

III. *Bitte dein höheres Bewusstsein darum, die Vergebung für dich zu vollbringen, die dir unmöglich erscheint, und dir den Frieden und das Verstehen zu schenken, die du brauchst, um weitergehen zu können.*

Weg 23
Glücklichsein ist das
Loslassen von Groll

Wir mögen glauben, bei Grollgefühlen gehe es darum, dass jemand etwas Falsches tut. In Wahrheit aber fällen wir ein Werturteil über einen anderen Menschen, weil er sich nicht so verhält, dass eines unserer eigenen Bedürfnisse befriedigt wird. Dieses Bedürfnis hat eine Geschichte. Wir haben ein Bedürfnis mit in die Gegenwart gebracht, das in der Vergangenheit nicht erfüllt wurde, und auch einen Konflikt, der auftrat, als das Bedürfnis begann. Würden wir noch tiefer gehen, dann würden wir feststellen, dass es sich bei dem Groll und dem Werturteil, das wir auf diesen Menschen beziehen, in Wirklichkeit um ein altes Werturteil handelt, das wir über uns selbst gefällt haben. Wir haben uns ähnlich verhalten und fühlen uns deshalb schuldig. Alle Grollgefühle, die wir in der Gegenwart empfinden, rühren von der Vergangenheit her. Wir wollen, dass jemand diesen alten Groll wiedergutmacht, ehe wir dazu bereit sind, ihn loszulassen. Natürlich können wir warten, bis wir schwarz werden, wenn wir jemanden – ganz gleich, wen – finden wollen, der uns für diesen alten Groll entschädigt.

Bei Grollgefühlen besteht ein großer Teil des Problems darin, dass wir diesen Groll in Wirklichkeit gegen alle Menschen hegen. Selbst die Menschen, die wir am meisten lieben, müssen für die Trennung, den Rückzug und den Angriff bezahlen. Durch Groll lassen wir andere – und letztlich alle – für unsere Vergangenheit bezahlen.

Zuweilen haben andere Menschen nicht die leiseste Ahnung davon, dass wir gegen sie einen Groll hegen, weil sie sich die größte Mühe geben. Groll lässt uns glauben, es sei die Aufgabe eines anderen, uns glücklich zu machen. In Beziehungen ist dies eine der größten Fallen, die es gibt. Die Strategie, andere dazu bringen zu wollen, dass sie unsere Bedürfnisse aus der Vergangenheit befriedigen, wird ganz einfach nicht funktionieren. Die einzige Ausnahme ist der extrem seltene Fall, dass jemand mit einer ganz neuen Stufe von Liebe und Verständnis auf uns zukommt. Wenn wir einen anderen Menschen mit unseren Bedürfnissen angreifen – ja, angreifen –, dann ist es nur eine Frage der Zeit, bis wir ihn entweder angreifen, weil er unsere Bedürfnisse nicht erfüllt (Er hat so viel, und ich nicht, und er enthält es mir vor, das ist ungerecht!), oder weil er es tut (Was glaubt er eigentlich, wer er ist, und weshalb tut er so, als sei er etwas viel Besseres als ich?!). Wegen vergangenem Groll betrügen wir uns um unser Glücklichsein in der Gegenwart. Wenn wir tiefer in die Vergangenheit oder in unser Unterbewusstsein hineingingen, dann würden wir herausfinden, dass unser Groll von dem herrührt, was wir glauben, getan zu haben, trotz der großartigen Geschichte, dass es in Wirklichkeit die Schuld anderer Leute war. Stattdessen könnten wir jetzt glücklich sein.

Wenn die Vergangenheit ein Problem wegen Grollgefühlen ist, wird die Zukunft zu einem Problem wegen Angst. Um glücklich zu sein, um uns geliebt zu fühlen, müssen wir die Grollgefühle loslassen, die uns in einer Vergangenheit festhalten, die es – außer in unserem Kopf – nie gegeben hat. In Wahrheit sind diese Grollgefühle eine Methode, um profunde Gefühle von Versagen und Schuld zu verschleiern, die ebenfalls ein Fehler sind. Versagen und Schuld sind Gefühle von Groll, die wir gegen uns selbst richten, und sie sind ebenso fehlgeleitet wie Grollgefühle gegen andere. Diese Stufe des Grolls gegen uns selbst soll unsere wahre Güte und Macht verbergen.

Zudem hält unsere Schuld uns in der Vergangenheit fest und lässt uns Angst vor der Zukunft haben, weil wir glauben, die Zukunft bringe ja doch nur mehr von dem, was wir schon haben. Darum ist es gut für uns, wenn wir unseren Groll loslassen. Wenn wir den Groll loslassen, den wir gegen andere hegen, lassen wir auch den Selbstangriff und den Groll los, den wir gegen uns selbst richten. Wir kommen zum Hier und Jetzt zurück und zu dem Glücklichsein, das im Zentrum des Lebens auf uns wartet. Jetzt haben wir ein rosigeres Bild von unserer Zukunft, und wir spüren ein Gefühl des Friedens im Hinblick auf unsere Vergangenheit. Dadurch öffnet sich die Gegenwart für die Ewigkeit.

Unsere Grollgefühle halten uns in unserer Selbstgerechtigkeit fest und verbergen unsere Schuld. All dies lässt uns verschlossen und besessen bleiben und hält uns in einer Vergangenheit fest, die niemals ganz so stattgefunden hat, wie wir sie empfunden haben. Wenn wahres Verständnis in der Vergangenheit stattfindet, gewinnen wir die verlorene Verbundenheit zurück, und der Schmerz löst sich auf. Unser Ego benutzt unseren Groll zur Kontrolle, und es macht ihm nichts aus, ein paar Tatsachen zu verdrehen oder eine tief vergrabene Emotion auszulösen, um uns zornig und selbstgerecht zu machen. Es will, dass wir unserer Gegenwart aus dem Weg gehen, denn als ein Ort der Liebe und des Glücklichseins lässt die Gegenwart das Ego schmelzen. Wenn wir in der Vergangenheit oder in der Zukunft leben, bleibt unser Ego stark. Wenn du nicht glücklich bist, lebst du nur in der Vergangenheit. Wenn wir im Hier und Jetzt leben, gibt es weniger Trennung, größere Intimität, und wir haben mehr Erfolg bei den Menschen, die um uns sind. Wir alle haben uns bis zu dem Ort entwickelt, an dem unser Ego stark ist. Nun ist es Zeit, dass wir lernen, es aufzulösen und es durch unser höheres Bewusstsein ersetzen zu lassen. Nur so können wir ganz und gar glücklich sein. Unser Ego ist nicht daran interessiert, ob wir glücklich sind, aber es setzt sich definitiv dafür ein, dass wir recht haben, und das lässt uns steckenbleiben.

Den Groll loszulassen bringt uns voran, über die Selbstgerechtigkeit hinaus und in das Empfangen hinein. Wenn wir die Tagesordnung des Ego, den Frieden zu bekämpfen und den Konflikt aufrechtzuerhalten, erkennen, dann erkennen wir ebenfalls, dass wir die Fähigkeit besitzen, diesen Plan zurückzuweisen und eine neue Entscheidung zu treffen. Wir können anderen und auch uns selbst vergeben, wenn wir die verborgenen oder nicht so verborgenen Elemente der Dinge erkennen, für die wir uns durch unseren Groll gegen andere die Schuld geben.

Unsere Grollgefühle sind Teil der Tagesordnung unseres Ego, durch die es seine eigene Stärke aufrechterhalten will. Es will uns davon überzeugen, dass Grollgefühle uns glücklich machen werden. Wenn wir aber schon einmal länger als fünf Sekunden damit zugebracht haben, über einen Groll nachzudenken, dann wissen wir, wie schlecht sich das anfühlt. Und je länger wir in einem Groll steckenbleiben, um so schlechter fühlen wir uns.

Übung

Es ist von grundlegender Bedeutung, welche Entscheidung wir treffen:

Wollen wir Grollgefühle oder Glücklichsein?

Wollen wir die Gegenwart verpassen, die unsere einzige Chance zum Glücklichsein ist?

Wollen wir vielleicht versuchen, immer wieder eine Neuauflage der Vergangenheit zu erschaffen? Wollen wir in die Zukunft stürmen und versuchen, sie besser zu machen, um so einer unglücklichen Vergangenheit zu entfliehen?

Triff heute die Entscheidung, die Grollgefühle zu erkennen, die dich daran hindern, Glück und Frieden zu empfinden. Achte stets auf den Groll, der sich unter jedem Problem verbirgt. Du kannst kein Problem haben, das nicht durch Groll hervorgerufen worden wäre, der dich in der Vergangenheit einsperrt, statt die Lösung zu finden, die im Hier und Jetzt auf dich wartet.

Wenn du jetzt bereit bist, die Antwort zu bekommen und glücklich zu sein, dann lasse den Groll los.

Wenn du jetzt bereit bist, einen Verbündeten zu gewinnen, statt einen Gegner zu behalten, dann lasse den Groll los und vergib.

Wenn du jetzt bereit bist, die Vergangenheit und die Zukunft aufzugeben und die Gegenwart anzunehmen, dann kannst du dein Glücklichsein und deine Leistungsfähigkeit zurückgewinnen.

Weg 24
Die Weigerung, loszulassen,
verbirgt die Angst vor der Angst

Wenn wir uns dem Loslassen verweigern, ist unser Festhalten nichts anderes als eine Maske und eine Abwehrhaltung, um unsere Angst zu verbergen. Dasselbe gilt, wenn wir an einem Trauma und alten Beziehungen aus der Vergangenheit festhalten. Mit den vielen Angelegenheiten, die wir aus der Vergangenheit mitbringen, können wir nicht nur unsere Angst verbergen, sondern auch unsere Angst vor der Angst selbst. Während Angst uns klein macht und uns lähmt, lässt die Angst vor der Angst uns davor zurückscheuen, uns mit dem auseinanderzusetzen, was uns gelähmt hat, wenn wir beginnen, uns mit der anstehenden Angelegenheit zu befassen. Die Angst vor der Angst macht es uns beinahe unmöglich, mit unserer Angst umzugehen, weil wir vor ihr davonlaufen. Das lässt uns nur wenige, unglückliche Entscheidungsmöglichkeiten übrig: Wir können aufgeben, die Hoffnung verlieren oder die Angst mit so viel Verleugnung und Tünche zudecken, dass es so ist, als würde die Angst für uns nicht existieren. Während die Angst vor der Angst uns also immer noch beeinflusst, bleibt sie in einem solchen Maße „kompensiert" (siehe Glossar) und verborgen, dass sie nur durch den Beweis offenbart wird, dass wir uns nicht vorwärtsbewegen. Die Alternative besteht darin, dass wir die Wahrheit finden, den Weg hindurch, die Heilung oder das Wunder, das es für jede Problemsituation gibt.

Einige Menschen können nicht erkennen, wie sich das heilende Prinzip des Loslassens vom bloßen Wegwerfen unterscheidet. Wenn wir Angst vor der Angst bekommen, dann ducken wir uns entweder und werden völlig abhängig – indem wir zum Beispiel krank werden –, oder aber wir werfen unsere Beziehung ganz plötzlich fort. Das Wegwerfen ist ein Akt der Abtrennung oder der Sabotage, bei dem wir alles wieder zunichte machen, was wir aufgebaut haben. Die Angst vor der Angst ruft immer wieder neue Angst hervor, die wir entweder benutzen, um unabhängig zu bleiben, oder die uns in solchem Maße handlungsunfähig macht, dass wir Hilfe von außen brauchen. Wenn wir unabhängig sind, glauben wir gewöhnlich, dass es nichts gibt, vor dem wir Angst haben. In Wahrheit trifft jedoch genau das Gegenteil zu, denn oft haben wir Angst vor Gefühlen, Emotionen, Bedürfnissen, Beziehungen, Intimität, uns selbst und unserer Aufgabe im Leben. Die Art und Weise, in der wir leugnen, wovor wir Angst haben, ist ein sicheres Zeichen dafür, dass wir Angst vor der Angst haben. All unser unnachgiebiges Festhalten rührt von unserer Angst her, uns zu ändern oder weiterzugehen. Je länger wir jedoch festhalten, desto mehr bleiben wir stecken, und schließlich bekommen wir Angst vor der Angst selbst. Sie zeigt sich in Form einer stark ausgeprägten Unabhängigkeit, Lähmung, Sturheit oder Unversöhnlichkeit – alles ziemlich gute Gradmesser für die Angst vor der Angst.

In dem Ausmaß, in dem unsere Angst uns tyrannisiert, ärgern wir uns über andere Menschen, die uns scheinbar tyrannisieren, indem sie uns auffordern, zu unserem eigenen Besten loszulassen und weiterzugehen. In Wahrheit projizieren wir jedoch unsere Selbst-Tyrannei auf sie. Wenn wir Angst haben, dann betrachten wir die Angst als real, und wir leben entsprechend. Doch Angst ist eine Illusion, die von verlorener

Verbundenheit und dem Quell der Traurigkeit in unserem Inneren herrührt. Sie führt dazu, dass wir denken, wir würden wieder verlieren, und so stemmen wir die Hacken in den Boden und scheuen vor der Zukunft, vor Beziehungen und vor uns selbst zurück. Unsere Verhaftung mag noch so chronisch sein – sie ist nicht mehr als ein Deckmäntelchen für unsere Angst vor dem Weitergehen. Wenn wir unseren Selbstangriff weiterhin aufrechterhalten, kann er sich ganz schnell in eine qualvolle Angst vor der Angst verwandeln. Wenn wir Angst vor unserer Angst bekommen, bekommen wir Angst davor, unseren Geist zu erforschen, mit unseren Ängsten umzugehen und sie als die Illusion zu sehen, die sie sind.

Angst ist eine Illusion, die von falschem Verständnis herrührt, verstärkt durch die Trennung und die falsche Wahrnehmung, die sie erzeugt. Wenn wir uns verbinden und Verbundenheit durch Verständnis, Loslassen, Geben, Empfangen oder Vergeben wieder neu herstellen, dann erkennen wir, dass es ein Missverständnis gegeben hat, das schnell aus der Welt geschafft werden kann. Da die Angst unter der Verhaftung verborgen ist, werden wir uns auf die falsche Sache konzentrieren, wenn wir Angst vor unserer Angst bekommen, denn unsere Angst schränkt unsere Bewusstheit ein. Je stärker wir uns dazu zwingen wollen, loszulassen, desto erfolgloser und verängstigter werden wir. Auf einer Stufe rührt die Angst von Selbstangriff her. Darum ist unsere Angst vor der Angst eine Stufe der Seelenpein und der Selbsttortur. Unsere Angst davor, unter unserer Angst zu leiden, wird so groß, dass wir völlig übersehen, dass wir ja bereits leiden und immer noch schreckliche Angst haben.

Wir müssen unsere Angst vor der Angst überwinden, bevor wir verstehen können, dass Angst das eigentliche Problem ist, und deshalb werden wir nur dann Erfolg haben, wenn wir uns mit ihr als der Hauptursache befassen. Mut wäre kein Mut, wenn wir nicht Angst hätten und uns trotzdem unserer Angst stellten. Wenn wir willens sind, uns nicht länger mit unseren angsterfüllten Gedanken anzugreifen, wird es uns leichter fallen, das Festhalten loszulassen, und wir werden mehr Erfolg darin haben, weil es nicht mehr als ein „Deckmäntelchen" war. Wir leugnen unsere Angst nicht länger, sondern behandeln sie als einen alltäglichen, wenn auch illusionären Teil unseres Lebens. Durch den Mut, uns unserer Angst bewusst zu stellen, werden die Unwilligkeit und die Sturheit geheilt, die von der Angst vor der Angst erzeugt werden.

Übung

Unterziehe dein Leben einer Prüfung. Gibt es in deinem Leben einen Bereich, den du abgeriegelt hast und mit dem du dich entweder ganz oder teilweise nicht befasst? Das kann Emotionen, Beziehungen, Sex, Erfolg, Geld, berufliche Laufbahn, Familie und viele andere spezielle Angelegenheiten betreffen. An was oder an wem hast du festgehalten? Hast du Angst davor, dich mit deiner Angst vor dem Weitergehen auseinanderzusetzen? Untersuche die größeren Rückschläge aus der Vergangenheit, an denen du immer noch festhältst und die deine Angst vor dem Weitergehen aufrechterhalten. Dazu gehören alle Probleme, Misserfolge, Verluste oder Todesfälle und alle wichtigen Beziehungen. Denke über die Menschen oder Situationen nach, an denen du festhältst, denn sie liefern dir eine gute Ausrede, um dich nicht deiner Angst stellen und weitergehen zu müssen. Wenn du bereit bist, dich deiner Angst zu stellen, dann gibt es einen einfachen Weg, es jetzt zu tun.

Wenn deine Angst zu groß ist, um dazu bereit zu sein, dann sei zumindest bereit, bereit zu sein. Dein „höheres Bewusstsein" (siehe Glossar) benötigt nicht mehr als ein Fünkchen Bereitschaft deinerseits, um dir beim Weitergehen zu helfen. Für alles andere wird es sorgen. Deshalb ist es das höhere Bewusstsein. Es soll unsere Probleme für uns erledigen.

Wähle einen geeigneten Raum, der groß genug für die Übung ist. Finde nun ein Symbol, etwas, das jeden Menschen oder schmerzlichen Verlust darstellen soll, an dem du festhältst. Lege diese Symbole in einer Reihe quer durch den Raum, ungefähr 60 cm voneinander entfernt. Lege sie in einer Reihenfolge aus, die du selbst bestimmt hast, zum Beispiel chronologisch, nach der Bedeutung, die diese Personen für dich hatten, oder nach dem Ausmaß, in dem du an ihnen festhältst. Schließe jede traumatische Situation ein, die dich möglicherweise immer noch zurückhält. Denke daran, dass Kampf und Groll gegen andere immer nur dazu dienen, auf negative Weise an jemandem festzuhalten. Sie verbergen immer noch deine Angst, und sie sind zu einer Ausrede geworden, um nicht weiterzugehen.

Manche Menschen meinen, dass allein die Suche nach dem perfekten Objekt, das jede Person darstellen soll, bereits hilfreich ist. Andere machen sich gar nicht erst die Mühe, nach Dingen zu suchen, und führen die ganze Übung in ihrer Vorstellung durch. Ganz gleich, ob du die Übung mit Symbolen oder in deinem Geist durchführst oder ob du die Menschen oder Ereignisse, die du loslassen willst, einfach nur visualisierst, lege etwas an das andere Ende der Reihe im Raum, das für dich Vertrauen symbolisiert. Nun stelle dir vor, dass alle diese Verhaftungen zwischen dir und dem Vertrauen stehen und dass das Loslassen dieser Verhaftungen deine Angst vor der Angst heilen wird.

Tritt vor und nimm das erste Objekt in die Hand, oder stelle dir einfach die Person oder Situation vor, an der du festhältst. Wenn du bereit bist, diese Person oder Situation nicht länger zu benutzen, um dich zurückzuhalten, dann stelle dir vor, wie du sie loslässt oder in Gottes Hände legst. Gehe dann zum nächsten Symbol, zur nächsten Person oder Situation weiter. Schaue dir mit deinem inneren Auge deine Verhaftung noch einmal an. Wenn du nicht länger bereit bist, sie zu benutzen, um dich zurückzuhalten, lasse sie los. Sie wird die richtige Perspektive in deinem Leben erlangen. Lasse jede Verhaftung los, bis du schließlich alles losgelassen hast, was zwischen dir und dem Vertrauen steht. Jede dieser Verhaftungen steht für einen Ort, an dem du Angst davor hattest, weiterzugehen. Jedes Loslassen heilt eine Stufe der Angst.

Während du das Vertrauen und sein Symbol umarmst, nimm wahr, wie seine Kraft dich erfüllt und dir den Mut verleiht, weiterzugehen.

Weg 25
Dieser Verlust verbirgt einen
Ort des Heiligen Feuers

Das Heilige Feuer ist ein Ort im Unbewussten, an dem starker Schmerz zwei große Bruchstellen des Geistes nicht zusammenwachsen lässt. Heiliges Feuer bezieht sich auf den herzzerreißenden Schmerz, der so weh tut, dass wir in Versuchung sind zu sterben. In Wirklichkeit kann dieser Ort großen Schmerzes mit Leichtigkeit zu hohen Stufen von Liebe, Kreativität und Kraft transformiert werden. Wie schon gesagt, rührt jeder größere Verlust zum Teil von einem Herzensbruch oder Verlust aus der Vergangenheit her, der so schwerwiegend und schmerzlich war, dass er uns in die Knie zwingen würde, wenn wir ihn noch einmal durchleben müssten. Diesen Bereich des Geistes nenne ich „Schmerz des Heiligen Feuers" oder „Reinigung durch das Heilige Feuer".

Menschen geraten eher in Wut, als zuzulassen, dass sie so viel Schmerz erfahren. Oder es findet das gewöhnliche Täuschungsmanöver statt, bei dem wir versuchen, davor zu fliehen, oder bei dem wir den Menschen angreifen, der uns am nächsten steht. „Wenn ich so sehr leide, muss das seine Schuld sein!" Letztlich werden diese Abwehrhaltungen nicht funktionieren, und wenn man ihn auf die richtige Weise betrachtet oder richtig mit ihm umgeht, dann signalisiert dieser Schmerz Geburt, nicht Tod.

Nun geschieht es, dass zwei größere Fragmente unseres

Geistes, die bei einem vergangenen Trauma zerbrochen sind, wieder zusammenkommen. Aller Schmerz, der sie getrennt gehalten hat, tritt jetzt zutage. Die schrecklichen Emotionen im Schmerz des Heiligen Feuers sind Herzensbruch, Eifersucht, Entsetzen, Zwecklosigkeit, Nutzlosigkeit, Hoffnungslosigkeit, Zorn/Wut/Gewalt, Verzweiflung, Verzagen, Nichts, Leere, Einsamkeit oder das Gefühl, vollkommen verloren und verflucht zu sein. Noch einmal: Der Schmerz des Heiligen Feuers ist am Ausmaß des Schmerzes zu erkennen. Wir haben das Gefühl, auf die Knie gezwungen zu werden. Bewusstheit ist einer der Schlüssel, mit dessen Hilfe wir diesem schrecklichen Schmerz entfliehen können. Sobald wir die einfache und doch profunde Lösung in die Tat umsetzen, wird der Schmerz transformiert. Das Ausmaß des Schmerzes ist so tief, so ablenkend und so allverzehrend, dass wir zuweilen sogar vergessen können, dass wir die Lösung wissen. In Wahrheit ist der Schmerz eine Form der Reinigung, die, wenn sie erfahren wird, die Integration der Teile des Geistes bewirkt, die aufgrund des Traumas zerbrochen sind. Nur die Menschen, die in ihrem emotionalen Reifeprozess bereits weit fortgeschritten sind, können sich durch diese Stufe der Emotion hindurchfühlen, bis sie zu einer neuen Geburt wird. Die meisten von uns finden einen Weg, sich von dem Schmerz abzuwenden, und so bleiben wir ungeboren, immer noch gebrochen und wieder einmal getrennt zurück.

Wenn wir geben, wird der Schmerz zu einer Geburt des Heiligen Feuers oder einer seiner anderen Formen transformiert. Dies sind Geschenke auf einer hohen Ebene wie Vision, Aufgabe, Kreativität, Kunst, Heilung, Sexualität, Schönheit, wahre Liebe oder bestimmte mediale Fähigkeiten. Sogar schamanische Heilungskräfte oder die Fähigkeit, einige Gesetze von Raum und Zeit zu transzendieren, können wir durch unser Geben erlangen. Von einem Ort des Rückzugs und der Beengtheit können wir eine neue Stufe der Zuversicht, Kraft und Größe erreichen.

Übung

Sobald du erkennst, dass du dich im Schmerz des Heiligen Feuers befindest, musst du nur geben oder durch deinen Schmerz hindurchgehen, um einem anderen Menschen zu helfen. Es hilft dir vielleicht, wenn du dir einen Ring aus Feuer vorstellst, durch den du hindurchgehst, um jemandem zu helfen. Vielleicht fragst du, wer deine Hilfe braucht, und stellst dir vor, dass er auf der anderen Seite des Feuerkreises steht.

Wärest du bereit, für ihn durch deinen Schmerz hindurchzugehen? Wenn es dieser Mensch ist, der dir erscheint, dann ist er wahrscheinlich in einer noch viel schlimmeren Situation oder erleidet noch viel schlimmeren Schmerz als du selbst, auch wenn dies auf einer offensichtlichen Ebene vielleicht verborgen ist. Wenn dein Wunsch, ihm zu helfen, wichtiger ist als dein Schmerz, dann gehe durch diesen Ring aus Feuer hindurch, um ihm zu helfen. Wenn du durch das Feuer hindurchgegangen bist, umarme ihn einfach, und nimm wahr, wie deine Liebe und Unterstützung in ihn einströmen. In der Regel reicht das aus, um allen Schmerz zu beenden. Wenn du noch Schmerz verspürst, frage noch einmal, und wiederhole die Übung.

Frage dich heute bei jedem Schmerz, den du spürst, wem zu geben du aufgerufen bist, und wie. Möglicherweise ist es ganz einfach das Aussenden liebevoller Gedanken oder Segenswünsche an einen anderen Menschen. Vielleicht sollst du einen Menschen anrufen oder auf andere Weise Kontakt zu ihm aufnehmen. Möglicherweise ist es aber auch ein kreatives Projekt, das für viele Menschen ein Geschenk wäre.

Dein Geben transformiert deinen Schmerz heute zu einer neuen Geburt der Liebe und der Kreativität.

Weg 26
Das Gute loslassen,
das Schlechte loslassen

In einer Situation des Loslassens lassen wir zuerst das los, was an der Beziehung schlecht war. Dann erst lassen wir das los, was an der Beziehung gut war. In erster Linie erkennen wir, dass wir an dem festhalten und in dem gefangen sind, was im Hinblick auf die Beziehung schmerzlich war. Wir arbeiten an den Problemen, den schlechten Gefühlen und den Gefühlen von Groll. Nach einer Weile scheinen diese jedoch in ihre Perspektive zu kommen und sind nicht länger so drängend und so schmerzlich wie zuvor. Wir sind durch unseren Schmerz hindurchgegangen und haben das, was uns zurückgehalten hat, irgendwie aufgelöst. Wenn die Beziehung nicht ganz und gar negativ war, dann ist das, was nun zutage tritt, jedoch etwas völlig anderes. Plötzlich stellen wir fest, dass wir über all die guten Dinge in der Beziehung nachdenken. Und in der Regel ist es schwerer und dauert länger, das loszulassen, was wir geliebt haben. Vielleicht liegt der Grund darin, dass wir so an die schlechten Dinge einer Beziehung gewöhnt sind, dass die guten Dinge scheinbar schwieriger zu erreichen sind. In den meisten Beziehungen ist es das Gute, an das man sich am stärksten klammert, noch lange, nachdem der andere Partner gegangen ist. Nach einem Todesfall idealisiert der zurückgebliebene Partner oft den verstorbenen Partner und erhebt ihn beinahe in den Rang eines Heiligen.

Manchmal wissen wir schon, welches Stadium im Prozess des Loslassens wir erreicht haben, wenn wir erkennen, ob wir daran arbeiten, die schlechten oder die guten Dinge einer Beziehung loszulassen.

Es ist aber nicht nur wichtig, das Negative aufzulösen und loszulassen, damit kein Muster entsteht, sondern es ist auch wichtig, das Gute loszulassen, damit es in künftigen Beziehungen wieder neu in Erscheinung treten kann.

Übung

Erstelle zunächst eine Liste aller schlechten Gefühle oder Situationen im Hinblick auf die Beziehung, an der du festhältst.

Erstelle im Hinblick auf deinen früheren Partner dann eine Liste der guten Dinge, an denen du immer noch festhältst.

Um diese Dinge loszulassen, lege sie in die Hände deines „höheren Bewusstseins" (siehe Weg 37). Solltest du einen anderen oder effektiveren Weg gefunden haben, den du lieber anwenden möchtest, um dies zu tun, dann wende ihn an.

Triff die Entscheidung, mit einer neuen und bereitwilligen Offenheit zu vertrauen und weiterzugehen.

Weg 27
Die Lektion einer Beziehung

Jede Beziehung hat eine entscheidende Lektion, die sie vermitteln will. Langfristige Beziehungen können eine ganze Reihe von Lektionen umfassen. Wenn wir die Lektion lernen, gelangen wir auf höhere Stufen von Liebe, Zuversicht, Verstehen, Selbstwert und Weisheit. Wenn wir die Lektion nicht lernen, kann dies zu schmerzlichen Erfahrungen und Gefühlen der Wertlosigkeit führen. Einige Lektionen haben eine so große Kraft, dass ihr Nichtbestehen dem Nichtbestehen einer Prüfung auf einer schamanischen oder einer Meisterschaftsebene gleichkommt, und das führt zu Herzensbruch, niederschmetterndem Versagen, Tragödie oder dem Gefühl, in der Hölle gefangen zu sein.

Jede Lektion, die wir in einer Beziehung lernen wollen, ist eine Lektion der Reife und der Liebe. Eine düstere Lektion wie „dem anderen Geschlecht kann man ohnehin nicht vertrauen" ist in Wahrheit eine ungelernte oder nur teilweise gelernte Lektion.

Die Lektionen, die wir in unseren frühen Beziehungen zu Eltern und Geschwistern oder in unseren späteren Beziehungen nicht lernen, tauchen immer wieder auf, und zwar so lange, bis sie gelernt werden. Wenn wir eine Lektion, vor der wir viele Male gestanden haben, nicht lernen, kann sie sich in eine Prüfung verwandeln. Einige der Prüfungen, die wir in unserem Leben durchmachen, sind nichts anderes als die

Lektionen, die chronisch geworden sind, weil sie nicht bearbeitet wurden.

Viele Lektionen, die wir in früheren Beziehungen nicht gelernt haben, können wir im Prozess des Loslassens vollenden. Wenn wir uns dem Loslassen hingeben, tragen die Lektionen, die endlich vollendet werden, dazu bei, dass wir in der Gegenwart offen und glücklich sein können.

Übung

Welches war die maßgebliche Lektion, die du in dieser Beziehung lernen wolltest? Auf welcher Stufe einer Skala von 100 würdest du sagen, dass du sie gelernt hast?

Welches waren die anderen Lektionen, die du in dieser Beziehung lernen wolltest? Bis zu welchem Maß oder welcher Stufe hast du sie deiner Meinung nach gelernt?

Was hättest du mit dem Wissen, das du heute besitzt, anders gemacht, um diese Lektionen zu lernen?

Welches war das Geschenk (siehe Glossar), das du deinem früheren Partner geben wolltest? Stelle dir vor, dass du dein Herz und deinen Geist auf einer völlig neuen Stufe öffnest, und schaue zu, wie du dieses Geschenk zu ihm hinströmen lässt.

Weg 28
Rollenspiele

Durch Rollenspiele können wir Verständnis erlangen und dadurch die Befreiung von Bedürfnis, Schmerz und Angst. Ein Rollenspiel kann erfolgreich eingesetzt werden, um die Vorteile entstehen zu lassen, die das Weitergehen uns bringt. Du kannst es bei allen Menschen einsetzen, mit denen du noch etwas zu erledigen hast, denn Verstehen bringt die Kraft der Befreiung mit sich.

Zunächst einmal geht es darum, dass du einen Freund oder jemand anderen bittest, dir zu helfen. Das Rollenspiel kann auch am Telefon stattfinden, es ist jedoch effektiver, wenn es auf einer persönlichen Ebene geschieht. Wenn du es nicht mit jemand anderem durchführen möchtest, empfindest du es vielleicht als hilfreich, deine Übung und deine Erfahrungen auf einer Audio- oder Videokassette aufzuzeichnen.

Übung

Der erste Teil beginnt mit einem Prozess, den du mit geschlossenen Augen allein durchführst. Denke an die Zeit zurück, in der du das allergrößte Missverständnis mit dem Menschen hattest, um den es jetzt geht. Stelle dir vor, dass du dieser Mensch bist, so, wie er damals war. Versuche zu erfahren, wie es sich anfühlt, seinen Körper zu haben, mit

all seinen Empfindungen. Wenn sich das vollständig anfühlt,
dann stelle dir vor, wie es sich anfühlt, seine Emotionen zu
haben. Was fühlt er? Nimm alle seine Empfindungen wahr.
Wenn auch das sich vollständig anfühlt, stelle dir vor, wie es
ist, zu denken wie er. Woran denkt er ständig? Nimm diese
Empfindung wahr. Nachdem du diese Übung abgeschlossen
hast, schreibe alle Erkenntnisse nieder, die du im Hinblick
darauf gewonnen hast, wie es war, er zu sein, und warum er
sich so verhalten hat, wie er es tat.

Im nächsten Teil dieser Übung wirst du noch einmal zu dei-
nem früheren Partner, und dein Freund oder deine Freundin
stellt dir Fragen im Hinblick auf alles, was du am Verhalten
oder an den Beweggründen deines ehemaligen Partners nicht
verstehst. Diese Übung kannst du auch allein durchführen,
wenn du niemanden hast, der dir dabei hilft. Versetze dich zu-
erst wieder in den Körper deines früheren Partners und versu-
che, seine Gefühle herzustellen und zu erfahren. Wenn du die
Übung allein durchführst, dann stelle dir die Frage, was dazu
geführt haben könnte, dass er sich so verhalten hat, wie er es
tat. Frage dich, wie lange er diese Gefühle bereits empfand,
die er damals fühlte, und wo der Ursprung dieser Gefühle lag.

Bitte nun deinen Freund, die Rolle deines früheren Part-
ners zu übernehmen. Bitte ihn zu hören, zu fühlen, zu sehen
und zu empfinden, wie das Leben und die Beziehung als dein
Partner für ihn waren. Bitte ihn, intuitiv die Erfahrungen zu
erspüren, die dein früherer Partner in der Situation gemacht
hat und die dazu geführt haben, dass er sich so verhalten
hat, wie er es tat. Der Freund, der dir hilft, soll nicht nur so
handeln und reden wie dein früherer Partner; er soll fühlen
und beschreiben, was vor sich ging – in der Rolle des frühe-
ren Partners. Er soll beschreiben, wie dein früherer Partner
sich in dieser Situation gefühlt hat.

Weg 29
Die Wahrheit

Beim Studium der Dynamiken, die den Prinzipien der Heilung zugrunde liegen, habe ich eine Reihe interessanter Aspekte entdeckt. Ein Aspekt war, dass die Dynamiken von Wahrheit, Verbindlichkeit, Freiheit und Leichtigkeit in ihren heilenden Wirkungen praktisch gleich sind. Ein anderer Aspekt war, dass sie alle zur Partnerschaft hinführen. Jesus stellte die natürliche Verbindung zwischen diesen beiden Heilungsprinzipien von Wahrheit und Freiheit fest, als er sagte: „Die Wahrheit wird euch befreien." In gleicher Weise besteht eine Verbindung zwischen Wahrheit und Leichtigkeit: Das Ausmaß der Wahrheit ist das Ausmaß der Leichtigkeit, mit der die Dinge geschehen. Wenn wir uns anschauen, was aus einigen unserer Beziehungen geworden ist, dann erkennen wir, dass entweder die Beziehung selbst oder die Art und Weise, in der wir sie gelebt haben, nicht wahr war. Wenn man das Prinzip der Wahrheit betrachtet, ist Schwierigkeit beim Prozess des Loslassens ganz einfach nicht die Wahrheit. In anderen Worten, Schwierigkeit weist darauf hin, dass du bei dem, was du tust, nicht aufrichtig bist, dass du dich nicht wirklich auf das Loslassen eingelassen hast.

In Wahrheit kann das Loslassen eine der leichtesten Heilmethoden sein, die es gibt: Wir halten einfach nicht länger fest. Wenn das geschieht, führt unser Loslassen zu einem Strom von bittersüßem Schmerz. Unser Herz öffnet sich, und ein überwältigendes Gefühl von Zärtlichkeit und sogar Hoffnung stellt sich ein.

Die Wahrheit in unserem Leben gibt uns ein Gefühl der Richtung und bringt die Dinge in ihre natürliche Perspektive. Festhalten gibt uns Schmerz – oder es gibt uns die Verhaftung, die zukünftiger Schmerz ist. Zudem bringt die Wahrheit uns die Freiheit, die wir vermisst haben. Wahrheit ist nicht einsam, sondern sie ist das, was zur Partnerschaft führt. Sie lässt zu, dass wir uns selbst geben und dass wir von anderen empfangen. Wenn wir eine schmerzliche Trennung durchleben, kann dies ein Zeichen sein, dass wir auf eine bestimmte Weise uns selbst oder unserem Leben gegenüber nicht aufrichtig waren, denn sonst würden wir diese Art von Schmerz nicht erfahren. Emotionaler Schmerz lässt uns in Wirklichkeit nur wissen, dass etwas nicht die höchste Wahrheit ist. Außerdem spricht dieser Schmerz von Selbsttäuschung und von Bereichen, in denen wir unsere Verhaftung irrigerweise für Liebe gehalten haben. Jede Verhaftung ist eine Form der Selbsttäuschung. Sie ist der Gedanke, dass etwas außerhalb von uns selbst uns glücklich machen kann. Die Wahrheit dagegen befreit uns, so wie das Loslassen uns zur Wahrheit hinführt. Schmerz lässt uns lediglich wissen, dass wir immer noch eine Wegstrecke zu gehen haben, dass wir noch eine Lektion zu lernen haben, um die Wahrheit erkennen zu können.

Übung

Bitte heute immer wieder darum, dass dir die Wahrheit geschenkt werden möge. Was ist für dein Leben in diesem Augenblick wahr? Handelst du auf eine wahre Weise?

Unterziehe eine für dich wichtige Beziehung einer Prüfung in Bezug auf Unehrlichkeit und Selbsttäuschung. Wenn diese Beziehung unehrlich war oder ist, spiegelt sie in der Regel Bereiche der Selbsttäuschung in dir selbst wider. Lasse alles los, woran du im Hinblick darauf vielleicht noch festhältst.

Meinst du, deine gegenwärtige Situation stellt die Wahrheit für dich dar? Wenn nicht, wie willst du dich ändern?

Bitte heute darum, dass dir die Wahrheit gezeigt werden möge. Lausche nach der Wahrheit. Fühle und spüre, was heute die Wahrheit ist. Wenn du heute um die Wahrheit bittest, kann ihr Überbringer alles mögliche sein, zum Beispiel eine Bemerkung oder der Standpunkt eines anderen Menschen, eine Stelle in einem Buch, eine Fernsehsendung, ein Gedanke, ein Traum oder ein Symbol. Bitte ganz einfach um die Wahrheit, und bitte darum, dass du sie als deine Botschaft erkennst, wenn sie zu dir kommt. Sei dir heute der Wahrheit bewusst, und sie wird dich befreien!

Weg 30
Niemand außer uns selbst
kann uns etwas nehmen

Wenn wir uns dem Loslassen verweigern, werden wir deprimiert. Diese Depression kann nur kurze Zeit, aber auch den Rest unseres Lebens andauern. Sie hat eine direkte Auswirkung auf unsere Gesundheit, und sie kann unserem Leben sogar ein Ende setzen. Die Weltgesundheitsorganisation hat kürzlich festgestellt, dass Depressionen das größte Gesundheitsproblem sind, das es auf der Welt gibt. Depressionen entstehen meist dann, wenn es einen großen Verlust gegeben hat, ganz besonders dann, wenn jemand stirbt, den wir lieben. Wenn wir um diesen Verlust trauern, kehren wir schließlich ins Leben zurück. Eine Depression birgt die Angst, dass wir einen weiteren Verlust erleiden werden, wenn wir ins Leben zurückkehren, und darum können wir auch gleich depressiv bleiben. Wenn wir uns dem Prozess der Trauer und des Loslassens verweigern, kann es geschehen, dass wir den Rest unseres Lebens in einem Wutanfall verbringen, weil wir das Gefühl haben, dass uns etwas genommen wurde, was wir haben wollten.

Es kann uns aber nichts genommen werden, wenn wir uns nicht dafür entschieden haben. Trotz unserer gegenteiligen Proteste haben wir letztlich selbst die Entscheidung getroffen, einen Menschen oder eine Situation aufzugeben. Aus einem bestimmten Grund haben wir einem Menschen keine umfassende Achtung entgegengebracht, wollten etwas beweisen oder wollten an einem Menschen Vergeltung üben, der wichtig für uns ist. Wir haben vielleicht jemanden „zu seinem eigenen Besten" gehen lassen, ungeachtet unserer eigenen Gefühle, oder wir hatten das Gefühl, dass wir „schlecht" für ihn waren oder dass er zu sehr gelitten hat. Dies sind nur einige der zahlreichen Gründe, warum wir uns dafür entscheiden könnten, jemanden gehen zu lassen oder eine Trennung herbeizuführen. Es kann sein, dass wir das Gefühl hatten, des anderen nicht würdig zu sein. Vielleicht haben wir aber auch einer Sache größeren Wert beigemessen als ihm, oder unsere Aufopferung oder eine andere Form der Schuldentilgung waren wichtiger für uns, als ihn zu behalten. Vielleicht hat auch eine Angst vor tieferer Intimität oder Bindung uns dazu gebracht, ihn gehen zu lassen, oder die Angst, Unabhängigkeit, Kontrolle oder Freiheit zu verlieren. Es kann einer dieser Gründe gewesen sein, oder alle bzw. noch andere.

Wenn wir uns unserer verborgenen Tagesordnungen bewusst werden, werden wir Dinge und Angelegenheiten entdecken, bei denen wir das Gefühl haben, recht haben zu müssen; wir werden Glaubenssätze sehen, deren Wahrheit wir zu beweisen versuchen. Das weist offensichtlich auf einen Konflikt hin, denn der Teil unseres Geistes, mit dem wir uns gegenwärtig am stärksten identifizieren, empfindet Verlust, zuweilen sogar einen Verlust, der so groß ist, dass wir uns weigern weiterzuleben, während der andere Teil in der Tat die Entscheidung getroffen hat, den Partner aufzugeben. Eine Möglichkeit, uns von diesem Gefühl zu befreien, dass das Leben uns zu einem Opfer macht, besteht darin, dass wir uns unserer verborgenen Tagesordnungen bewusst werden, der Seiten in uns, die wir permanent leugnen. Wenn uns bewusst wird, was wir bekommen wollten, indem wir diesen Verlust geschehen ließen, können wir eine andere Entscheidung treffen, oder aber wir können die beiden in Konflikt stehenden Seiten zu einem neuen Ganzen integrieren. Das bringt uns voran.

Wir haben versucht, ein Bedürfnis erfüllt zu bekommen, indem wir eine Situation erzeugt haben, die zu Verlust führt, und der Versuch, ein Bedürfnis erfüllt zu bekommen, setzt sich nun in unserem Festhalten fort. Es können dieselben oder andere Bedürfnisse sein, die in einem Konflikt zueinander stehen, aber wenn wir das Gefühl eines ungelösten Verlustes haben, sind wir in einem Konflikt im Hinblick auf das, was geschehen ist. Die beiden größten Konflikte, die letzten Endes zu Verlustgefühlen in der Kindheit führen, sind das fehlgeleitete Bedürfnis nach Unabhängigkeit und Gefühle von Schuld, weil wir die Aufmerksamkeit eines Elternteils gestohlen haben. Als Erwachsene übertragen wir diese unerlösten Muster in Verlustmuster, die dann als Bedürfnis nach Unabhängigkeit oder als Schuld im Hinblick auf den Sieg in einem Wettstreit, Sex oder Intimität erneut zutage treten.

Hier wird es nun wichtig, dass wir uns unserer Entscheidungen bewusst sind. Wenn wir uns dafür entscheiden, nicht der Selbsttäuschung zu unterliegen und einige unserer Entscheidungen und deren Beweggründe nicht zu verdrängen, dann können wir beinahe unmittelbar lernen, alle kriegsführenden Teile unseres Geistes und in Konflikt stehenden Wünsche zu integrieren und die Entscheidungen zu korrigieren, die zu nichts anderem als zu Schmerz führen können.

Übung

Auch wenn zumindest ein Teil von dir nicht wollte, dass dieser Verlust geschieht, wollen wir nun einmal so tun, als hätte ein anderer Teil von dir gewollt, dass er geschieht. Wenn du dazu bereit bist, kann es geschehen, dass alle möglichen Dinge zutage treten, die bisher verborgen waren.

Stelle dir nun vor, du hättest gewollt, dass dieser Verlust geschieht: Warum?

Welche Gedanken hättest du wohl haben können, die dazu geführt hätten, dass du wolltest, dass dies geschieht?

Welches ist der eine Teil dieses Verlustes, von dem du denkst, dass er zum Besseren sei?

Wenn du nun diese Gedanken findest, die du vor dir selbst verborgen hattest, hast du möglicherweise das Gefühl, dass sie gar nicht von dir stammen. Vielleicht hattest du diese Gedanken so gut verborgen oder abgespalten, dass du dir ihrer überhaupt nicht bewusst warst. Wenn du dir deiner verborgenen Entscheidungen bewusst wirst, möchtest du nun vielleicht neue, bewusste Entscheidungen treffen. Das wird dich voranbringen.

Weg 31
Lebensmuster verändern

Wir alle haben Muster in unserem Leben – Muster von Erfolg oder von Versagen. Wir wollen einmal beginnen, diese Muster in unseren Beziehungen zu untersuchen, denn von ihnen kann man auf andere Muster in unserem Leben schließen.

Zunächst einmal können wir uns darauf konzentrieren, wie unser Leben gewesen ist: Was denken oder sagen wir anderen Menschen über unsere Beziehungen? An den Wurzeln unserer traumatischen und oft verdrängten Erfahrungen liegen Muster, die sich wie ein Baum nach oben und außen verzweigen. Hast du dich je gefragt, warum deine Beziehungen scheinbar nie funktionieren? Oder warum es in deinem Sexualleben immer an Feuer fehlt, ganz gleich, wer dein Partner ist? Oder warum du immer verlassen wirst? Oder warum bestimmte Dinge scheinbar immer dir passieren?

Unsere Lebensmuster zeigen uns Aspekte sowohl unseres Bewusstseins als auch unseres Unterbewusstseins. Aber vergiss nicht: Unsere Muster sind aus einem bestimmten Grund da. Sie sollen uns vor unserer Angst schützen, das zu verlieren, was wir haben, vor unserer Angst vor dem Unbekannten. Sie sollen unsere Geschenke und Fähigkeiten blockieren, vor denen wir Angst haben. Sie sollen als Abwehr vor tieferem Schmerz und tieferen Mustern dienen, und schließlich sollen sie unsere Selbstverschwörungen am Leben erhalten. Unsere

Selbstverschwörungen sind da, um zu verhindern, dass wir uns selbst und unsere Größe erkennen, und um uns von unserer Lebensaufgabe abzuhalten. Aus all diesen Gründen ist ein sinnloses Muster nicht authentisch. Es kann beseitigt werden. Je mehr Mut du aufbringen kannst, dich dem nächsten Schritt zu stellen, desto leichter wird er sein. Ironischerweise scheinen wir vor den guten Dingen jedoch mehr Angst zu haben als vor den negativen. Es klingt vielleicht seltsam, aber ganz tief innen, unter allem anderen, verbergen sich in vielen von uns tiefsitzende Ängste davor, alles zu haben und glücklich zu sein, obwohl wir – oberflächlich betrachtet – glauben, dass wir genau dies zu erreichen hoffen.

Was unsere Blockaden betrifft (ich bezeichne sie als „die großen Ängste" für den „visionären" Bereich des Geistes), scheint die Angst vor dem Erfolg sogar noch größer zu sein als die Angst vor dem Versagen. In längeren Seminaren, in denen wir bis zu den Kerndynamiken des Lebens vorstoßen, tritt die Angst davor, alles zu haben – oder die Angst vor Gott oder dem Glücklichsein –, als die uranfänglichste aller Ängste überhaupt zutage.

Heute ist ein guter Tag, um die Entscheidung zu treffen, dich von der Vergangenheit und ihren Mustern nicht länger beherrschen zu lassen.

Übung

Erstelle eine Liste der Glaubenssätze und der Muster, die du bei dieser Trennung und/oder in deinen Beziehungen feststellst. Zum Beispiel:
- *Beziehungen funktionieren nie.*
- *Alle Männer sind …*

- *Alle Frauen sind …*
- *Sex ist nur …*
- *Ich werde immer verlassen.*

Für jeden Glaubenssatz, den du nicht länger behalten möchtest, weil er zulässt, dass ein sinnloses Muster unterstützt wird, sage: „Dieser Glaubenssatz ist nicht die Wahrheit. Dieser Glaubenssatz spiegelt ein Ziel wider, das mich von meiner Lebensaufgabe abhält. Ich entscheide mich jetzt dafür zu glauben, dass …"

Stelle dir nun vor, du hättest dieses Muster gewollt. Warum willst du es? Welchem Zweck dient es? Wenn du es hast, welcher Sache musst du dich dann nicht stellen, vor der du sehr große Angst hast? Was beweist es? An wem übt dieses Muster Vergeltung? Vor welchem Geschenk hast du Angst?

Weg 32
Festhalten als Wutanfall

Es gibt eine natürliche Periode der Trauer, die wir alle durchleben, wenn wir einen Menschen oder eine Sache verloren haben. Aber wir können selbst entscheiden, wie kurz oder wie lang diese Zeit sein soll. Wir können selbst entscheiden, wie lange wir trauern wollen. Festhalten ist eine Form von Wutanfall, bei dem wir die Vergangenheit nicht loslassen und mit der Realität nicht so umgehen wollen, wie sie ist.

Was ist ein Wutanfall? Er ist eine Entscheidung, bei der wir uns beschweren, uns zurückziehen, reaktiv sind oder uns selbst verletzen, wenn das Leben nicht so läuft, wie wir uns das bewusst wünschen oder erwarten. Er kann sich in jeder Form von Versagen, Unreife oder mangelndem Erfolg zeigen.

Wenn wir an einem Partner festhalten, der uns verlassen hat, dann sind wir von Ereignissen besessen, die in der Vergangenheit stattgefunden haben, und wir versuchen herauszufinden, wo wir etwas falsch gemacht haben, fürchten uns gleichzeitig aber vor den Antworten. Wir versuchen mit aller Kraft, unsere Freunde davon zu überzeugen, wie gut wir waren, wie schlecht oder unbegreiflich es von unserem früheren Partner war, sich so zu verhalten, wie er es getan hat, und wie sehr wir noch eine Chance verdienen. Wir arbeiten an den vielen Szenarien, die das Ende einer Beziehung annehmen kann. All diese Szenarien haben jedoch eines gemeinsam – den Wunsch, die Zeit umzukehren und alles wieder so zu haben, wie es war, und die Weigerung, die Dinge so zu akzeptieren, wie sie sind. Manchmal akzeptieren wir, dass eine Beziehung endet; wir wollen nur noch ein paar gemeinsame Wochen, bis wir das Gefühl haben, weitergehen zu können. Manchmal sind wir einfach nur wütend darüber, dass unser Partner die Beziehung beendet hat, bevor wir die Chance hatten, es selbst zu tun. Zumindest aber wollen wir eine gewisse Zeit, in der wir die Beziehung immer wieder durchleben, ihre Höhen und Tiefen genießen können, bevor wir bereit sind weiterzugehen.

Diese Art von „Festhalten" ist eine Form von Wutanfall, der sich gegen jemanden richtet, den ein Teil unseres Geistes verlieren wollte, während ein anderer Teil es nicht wollte. Diese Spaltung hat natürlich einen Konflikt hervorgerufen. Jedes Festhalten stellt einen solchen Konflikt dar. Im Vordergrund steht der Teil unseres Geistes, der nun die Beziehung vermisst und sie zurückhaben will. Die Tatsache, dass ein anderer Teil von uns wollte, dass die Beziehung endet, macht es uns nicht leichter, die Beziehung loszulassen oder den Schmerz des Verlustes zu verringern. Dies gelingt nur dann, wenn wir uns des verborgenen Teils vollständig bewusst werden. Wenn wir den Teil, der loslassen wollte, entdecken und mit dem Teil oder den Teilen integrieren, die festhalten, dann gelangen wir auf eine neue Stufe des Vertrauens und der Zuversicht, und wir kommen in unserem Leben ein großes Stück voran.

Von dem Teil unseres Geistes, der wollte, dass die Dinge zu Ende gehen, wollen wir oft nichts wissen, und wir weigern uns, die Möglichkeit, dass es einen solchen Teil geben könnte, überhaupt in Betracht zu ziehen. Vielleicht gibt es verborgene Rechtfertigungen, beispielsweise, dass wir auf einer bestimmten Ebene glauben, wir hätten es zum Besten unseres Partners getan, oder um ihn nicht zu verletzen. Normalerweise bedeutet dies, dass wir das Gefühl haben, in eine andere Richtung gehen zu müssen als er, oder dass wir das Gefühl hatten, er würde uns zurückhalten, oder dass wir geglaubt haben, nicht gleichzeitig ihn und etwas anderes haben oder tun zu können. Das Resultat ist, dass wir auf irrationale Weise darüber verärgert sind, dass uns etwas genommen wurde, auch wenn der Verlust auf unser eigenes Handeln zurückzuführen ist. Dies sind herzzerbrechende Situationen, die sich in Zorn verwandeln können: „Wie kommt das Leben, wie kommt Gott nur dazu, mir etwas wegzunehmen, von dem ich das Gefühl hatte, dass ich damit noch nicht fertig war?" Wie sehr dieser Verlust uns auch scheinbar verletzen oder deprimieren mag – das beweist nicht, wie sehr wir jemanden geliebt haben; es zeigt nur, wie verhaftet wir diesem Menschen waren. Je länger unser Festhalten dauert, desto mehr wird es zu einem Wutanfall. Das Leben wartet auf uns, aber wir weigern uns, am Spiel teilzunehmen. Wir haben unseren Ball genommen und sind nach Hause gegangen, weil das Spiel nicht so lief, wie wir es wollten. Das Leben mag weitergehen, aber nicht mit uns. Wir lehnen uns dagegen auf. Wir sind deprimiert. Wir geben auf. Da habt ihr es!

Es wird uns nur dann möglich sein, im Leben weiterzugehen, wenn wir erkennen, dass unsere Geisteshaltungen und unsere Methoden, mit den Dingen umzugehen, nicht funktionieren werden und dass das Mitleid, das uns zuteil wird, uns weder befriedigen noch glücklich machen wird. Unser Wutanfall wird uns nicht glücklich machen, und das Gleiche gilt für das Festhalten. Es wird uns erst dann möglich, im Leben weiterzugehen, wenn wir einmal erkannt haben, dass nichts uns helfen wird, solange wir nicht anfangen loszulassen.

Das Letzte, was wir an uns selbst wahrhaben wollen, ist die Tatsache, dass wir einen Wutanfall haben. Er kann alle möglichen Formen annehmen, darunter Herzensbruch, Zorn, Depression, Hysterie, Rückzug, Versagen, Krankheit, sogar Selbstzweifel und noch vieles mehr. Unser Leben wird aber erst dann wieder funktionieren, wenn wir uns selbst gegenüber ehrlich sind. Es gibt drei Methoden, mit denen wir feststellen können, dass wir an einem schwerwiegenden Wutanfall leiden, und diese können anhand unserer Reaktion auf dieses Kapitel beurteilt werden. Was fühlst du, während du dieses Kapitel liest? Zu den drei Reaktionen, die auf einen Wutanfall hindeuten, gehören: Während du dieses Kapitel liest, wirst du immer aufgebrachter. Die zweite Reaktion ist das Leugnen: Du bist absolut sicher, dass das nichts mit dir zu tun hat und dass du niemals so etwas getan hast. Die letzte Reaktion ist ein Gefühl des Entsetzens oder des Werturteils, dass du oder jemand anderer so etwas getan haben könnte. Dies ist ein sicheres Zeichen dafür, dass wir unter einer Kompensation einen Wutanfall verbergen, obwohl wir das Gefühl haben, dass wir eher sterben würden, als so etwas zu tun.

Übung

Heute steht eine aufrichtige Beurteilung deiner selbst und deines Stils an. Nimm zu den Fragen und deinen Antworten eine spielerische Haltung ein.

Welche Art von Wutanfällen hattest du als Kind? Welche Art von Wutanfällen hast du als Erwachsener?

Welche Art von Wutanfall hast du jetzt? Ist er mehr Angriff, mehr Rückzug, oder eine Mischung aus beiden?

Fühlst du dich wegen deines Stresses oder wegen anderer Aspekte deiner Situation in deinen Wutanfällen oder deinem Zorn gerechtfertigt?

Funktioniert dein Wutanfall? Macht er dich glücklich?

Möchtest du eine andere Entscheidung treffen und einen großen Schritt in Richtung Loslassen, Reife und Erfolg gehen?

Durch Wutanfälle erniedrigen wir uns nur selbst. Sie sind vollkommen sinnlos. Wir können in unserem Leben einen großen Schritt vorankommen, wenn wir diese gänzlich unattraktive Eigenschaft aufgeben, die bloß ein Versuch ist, andere und das Leben zu kontrollieren. Triff heute eine neue Entscheidung. Bitte dein höheres Bewusstsein um einen neuen Weg der Reaktion, der dich nach vorn zu einem weiteren Kapitel in deinem Leben führen wird.

Weg 33
Schuld loslassen

Immer wenn wir uns zurückziehen, immer wenn wir einen emotionalen Schmerz spüren, und immer wenn wir uns schlecht fühlen, werden diese Empfindungen begleitet von einem Gefühl der Schuld. Schuld ist grundsätzlich ein schlechtes Gefühl in Bezug auf die Vergangenheit. Dieses schlechte „Gefühl" aus der Vergangenheit legt nahe, dass die Zukunft genauso sein wird. So rührt Angst, die versucht, in der Zukunft zu leben, aus der nicht betrauerten Vergangenheit und den unerledigten Geschäften der Vergangenheit her. Schuld ist ein Fehler, der zu einem Denkmal gemacht wurde. Sie nagelt uns in der Vergangenheit fest, statt ihre Lektionen zu lernen und weiterzugehen. Schuld ist eine Falle, die bewirkt, dass wir uns ständig selbst bestrafen. „Mach dir nicht die Mühe, mich zu bestrafen, Gott, das erledige ich schon selbst!" Nachdem wir uns selbst bestraft oder Verlust und Bestrafung erzeugt haben, um unsere Schuld zu bezahlen, fühlen wir uns schlecht und schuldig, weil wir zum Opfer gemacht wurden, und so setzt der Zyklus sich fort. Unter dem Strich ist Schuld eine psychologisch destruktive Falle, die wir benutzen, damit wir uns dem nächsten Schritt nicht stellen müssen. Schuld ist nicht die allerhöchste Wahrheit. Alles, was an der Schuld wahr ist, ist, dass wir sie erfahren und sie Schicht um Schicht in uns begraben haben. Sie verschwindet, sobald wir eine Situation umfassend verstanden haben.

Wenn wir das bedauern, was in unserer Beziehung geschehen ist, und uns deshalb schlecht fühlen, dann halten wir fest. Jedes unerledigte Geschäft in der Beziehung, alle Traurigkeit, aller Zorn und alle anderen Emotionen gehen Hand in Hand mit Schuld. Schuld ist eine Form der Arroganz, ein dunkler Glanz, der unsere Wichtigkeit übertreibt, uns steckenbleiben lässt und die Verantwortung (oder Fähigkeit, auf andere einzugehen[4]) für jedes gemeinsam erschaffene Ereignis leugnet. Angesichts des inneren und äußeren Drucks, dem wir ausgesetzt sind, tun wir alle unser Bestes, aber paradoxerweise sind wir alle zu Besserem fähig. Wir alle haben große Fehler im Hinblick auf das gemacht, was wir für das Beste hielten. „Zutage fördern" durch Gefühle ist das, was Schuld letztlich korrigiert, denn es schenkt uns die Möglichkeit einer neuen Stufe des Verstehens, die uns aus dem Teufelskreis von Verlust, Bedürfnis und Angst befreit.

Schuld aus Verlusten der Vergangenheit führt zu Verlusten in der Gegenwart und zu selbstzerstörerischen Mustern. Dies sind die psychologischen Muster, die wir aus der Kindheit mit uns bringen. Uns selbst zu vergeben und die Schuld loszulassen ist ein Weg, um uns aus diesen Mustern zu befreien, die Versagen, Aufopferung und Wertlosigkeit fördern. Unsere Schuld lässt uns zurückgezogen und unattraktiv bleiben, und wir bestrafen alle, die wir lieben, durch unsere Abwesenheit.

---

4 Anm. der Übersetzerin: Zur Erklärung siehe Fußnote 3 auf Seite 88.

Übung

Schildere drei Ereignisse aus der Vergangenheit, derentwegen du dich immer noch schuldig fühlst. Frage dich, auf welche Weise du dich selbst für diese Schuld bestrafst.

Dann frage dich, in welcher Hinsicht du dich in deiner letzter Beziehung schlecht, schuldig oder als Versager fühlst. Frage dich, auf welche Weise du dich selbst für diese Gefühle bestrafst.

Bitte darum, die Wahrheit hinsichtlich deiner eigenen Unschuld und der Unschuld aller anderen Menschen zu sehen. Lasse die Schuld los. Das kannst du ganz allein tun. Bitte dein höheres Bewusstsein darum, alle verbleibende Schuld loszulassen und dir an ihrer Stelle Verstehen und Frieden zu bringen.

Weg 34
Das Wesen der Vergeltung

Vergeltung funktioniert nicht. Sie ist ein Versuch, anderen das heimzuzahlen, was sie uns unserer Meinung nach angetan haben. Vergeltung kann ein aktiver Angriff gegen jemand anderen sein, sie kann aber auch darin bestehen, dass wir uns selbst verletzen, um es ihm heimzuzahlen. Tatsächlich enthält jedes Problem – Krankheit, Scheitern oder ein Unfall – auf einer bewussten oder unterbewussten Ebene Kernaspekte von Vergeltung. Aber Vergeltung funktioniert nicht. Wenn wir „zum Schwert greifen", werden wir „durch das Schwert umkommen". Vergeltung mag der Versuch sein, uns gegen die ursprüngliche Verletzung zu wehren oder sie wiedergutzumachen, doch sie befriedigt uns nicht. Die Schadenfreude, die Vergeltung uns bringt, ist nur eine geringe Kompensation für unsere Verletzung, und sie verstärkt das Muster, so dass wir auch weiterhin entweder das Opfer sind oder andere zum Opfer machen.

Sobald wir uns ins Unterbewusstsein begeben, finden wir andere Prinzipien, die das Bedürfnis nach Vergeltung Lügen strafen. Das erste Prinzip lautet: Keiner kann dir etwas antun, das du dir nicht bereits selbst antust. Wenn du also das Gefühl hast, dass jemand dir das Herz bricht, dann warst du bereits selbst dabei, dein eigenes Herz zu brechen. Wenn du das Gefühl hast, dass jemand dich missbraucht hat, dann warst du bereits selbst dabei, dich zu missbrauchen. Interessanterweise wird es ganz einfach, eine schmerzliche Situation zu vergeben und loszulassen, wenn dieses unterbewusste Stück in dir selbst geheilt wird.

Vergeltung versteht nicht, worum es geht. Sie sorgt dafür, dass das Leben sich um irgendein Problem dreht und nicht um uns selbst. An diesem Punkt kommen Wachstum, Heilung und Glücklichsein zum Stillstand. Glücklichsein ist die beste Vergeltung, weil sie keine Vergeltung ist. Wenn es Vergeltung gibt, können wir nicht glücklich sein. Das Beste, was wir der Vergeltung abgewinnen können, ist selbstgerechte Schadenfreude. In Wahrheit ist es eine Form von Masochismus, wenn wir uns selbst verletzen, um anderen etwas heimzuzahlen. Vergeltung ist Angst in der Maske von Aggression – Angst, unser Leben zu leben und frei zu sein. Während Glücklichsein das Nebenprodukt von Liebe, Intimität und Verbindung ist, ist Vergeltung eine Form von Angriff, der die Trennung nur verstärkt und dem wahren Problem aus dem Weg geht.

Vergeltung ist eine sehr extreme Form des Festhaltens. Sie ist eine Fortsetzung des Machtkampfs, der überhaupt erst zum Bruch der Beziehung geführt hat. Eine verlorene Beziehung reflektiert für gewöhnlich die Opferform der Vergeltung: „Ich verletze mich selbst, um es dir heimzuzahlen!" Das basiert eher auf unbefriedigten Bedürfnissen als auf Liebe, und es ist nicht nur eine Vergeltung an unserem früheren Partner, sondern sehr wahrscheinlich auch an einem oder an beiden Elternteilen dafür, dass sie uns nicht mehr geliebt haben, und natürlich an Gott.

Psychologisch gesehen spiegelt jeder zwischenmenschliche Konflikt den Konflikt in unserem eigenen Geist wider. Vergeltung ist die ultimative Manifestation, bei der wir uns „die Nase abschneiden, um unserem Gesicht eins auszuwischen".[5]

---

5   Anm. der Übersetzerin: Dies ist die wörtliche Übersetzung der schönen amerikanischen Redewendung: „We are cutting off our nose to spite our face". Im Deutschen würde man wohl sagen: „Wir schneiden uns ins eigene Fleisch, um jemand anderem eins auszuwischen."

Übung

Deine Vergeltung bringt dir nicht das, was du dir erhofft hast, genauso wie deine Beziehung dir nicht das gegeben hat, was du wolltest, denn sonst hättest du sie nicht verloren, trotz deiner bewussten Proteste, die das Gegenteil behaupten. Wenn du Schmerz empfindest, übst du Vergeltung. Wenn nicht, empfindest du einfach nur einen bittersüßen Schmerz, während du alle Gefühle wahrnimmst und loslässt, die nicht glücklich sind.

Sei heute bereit, deine Vergeltung und dein unbedingtes Bedürfnis nach Vergeltung loszulassen, und erkenne, dass Vergeltung vielleicht das erreicht, was du zu wollen glaubst, dass es ihr aber niemals gelingen wird, deine Verletzung und deinen Verlust von dir zu nehmen oder dich glücklich zu machen.

Wenn du deine Vergeltung im Hinblick auf Herzensbruch und Verlust loslässt, wirst du feststellen, dass ein Geschenk auf dich wartet. In diesem Bereich ist es zumeist das Geschenk wahrer Liebe.

Weg 35
Du hast ein Geschenk, das du geben willst

Wenn du trauerst oder dich noch an ein Problem aus einer Beziehung erinnern kannst, dann gibt es in dieser Beziehung etwas, das noch nicht erledigt ist. Ein schneller Weg, um diese Beziehung abzuschließen oder in der Beziehung auf eine ganz neue Stufe oder zu einer Phase des Loslassens zu gelangen, besteht darin, dass du das Geschenk überreichst, das du geben wolltest, um deinen Partner von Schmerz und aus Fallen zu befreien.

Ich möchte an dieser Stelle noch einmal betonen, dass das Geben von Geschenken keine offene Einladung ist, deinen ehemaligen Partner anzurufen oder ihm zu schreiben. Wenn du erfolgreich losgelassen hast, kannst du zuversichtlich sein, dass er sich mit dir in Verbindung setzen wird. Letztlich ist es Selbsttäuschung, wenn du Kontakt zu deinem früheren Partner aufnimmst, auch wenn deine Gründe dafür – oberflächlich betrachtet – scheinbar selbstlos sind. Wenn du die Beziehung nicht wirklich losgelassen hast, wirst du „geben", um zu „nehmen", und das führt dazu, dass dein früherer Partner zunehmend unabhängig wird. Der einfachste Weg, um eine Beziehung abzuschließen, ist das Geben von Geschenken, denn dadurch wird alles eingebunden, was unerledigt geblieben ist. Wenn deine Beziehung abgeschlossen ist, wird es für dich keine Rolle mehr spielen, ob dein früherer Partner mit dir Kontakt aufnimmt oder nicht.

Wenn dein Schmerz sich um eine Beziehung zu einer Person dreht, die gestorben ist, dann kannst du das Geschenk trotzdem anbieten und sie von diesem Problemmuster befreien. Wenn dein Problem deine Eltern oder Menschen aus der Vergangenheit betrifft, verändert sich die ganze Situation – zuweilen vollständig, zuweilen Schicht um Schicht, wenn neue Geschenke gegeben werden –, wenn du dir die Problemsituationen nochmals vorstellst und die Geschenke überreichst, die du zu geben hast, um sie zu befreien und zu erlösen. Wenn du deine Geschenke überreicht hast, kannst du die Geschenke empfangen, die sie für dich haben, und du kannst auch die Geschenke empfangen, die der Himmel dir durch sie geben möchte. Das bewirkt, dass deine Wahrnehmung des Ereignisses und deine Geschichte hinsichtlich dessen, was geschehen ist, verändert werden. Dadurch wirst du von Schmerz, Verlust und Schuld befreit. Wir können Geschenke in gegenwärtigen Situationen übergeben, und wir können zu den negativen Szenen zurückkehren, die wir aus der Vergangenheit mit uns herumschleppen. Das wird unsere gesamte Wahrnehmung hinsichtlich der Vergangenheit ändern und uns ein neues, erfolgreicheres Drehbuch und einen zuversichtlicheren Ausblick auf die Zukunft geben.

Übung

Denke an deine jetzige oder deine letzte Beziehung. Denke an deine Eltern und an alle wichtigen Beziehungen, die du hattest, insbesondere an die, in denen du das Gefühl hattest, zum Opfer gemacht zu werden. Stelle dir die Frage: Welches Geschenk war es, das du ihnen geben wolltest, um ihnen zu helfen, ja, um sie sogar zu retten? Welches war die Lektion, die sie mit deiner Hilfe lernen sollten? Welches Versprechen war es, das du ihnen gegeben hattest und das sie vor sich selbst retten würde?

Die Antworten, die dir in den Sinn kommen, offenbaren Geschenke, von denen du glaubst, dass du sie nicht gegeben hast. Doch diese Geschenke trägst du in dir, hinter den Türen in deinem Geist. Sie warten darauf, dass du sie erkennst, dass du die Türen öffnest, das Geschenk akzeptierst und es mit anderen teilst.

Stelle dir vor, wie du zu diesen Türen in deinem Geist gehst, sie öffnest und das Geschenk umarmst. Stelle dir nun vor, wie du zu diesem Menschen hingehst und ihm das Geschenk oder die Geschenke überreichst, von Herz zu Herz und von Geist zu Geist.

Frage dich, was der Himmel ihnen durch dich geben wollte. Empfange es, und gib es weiter.

Betrachte dich selbst nun auf die gleiche Weise – wie du Geschenke und Lektionen empfängst, die sie für dich haben. Genieße das wunderbare Gefühl. Frage dich nun, was der Himmel dir durch sie geben wollte. Nimm es an.

Wiederhole diese Übung am nächsten Tag noch einmal, wenn du das Gefühl hast, dass du immer noch festhältst, denn vielleicht gibt es noch mehr, das zu überreichen und zu empfangen ist. So kannst du ganze Schichten der Verhaftung hinter dir lassen.

Wenn der Schmerz am nächsten Tag entweder wesentlich schlimmer oder deutlich besser geworden ist, dann machst du Fortschritte. Wiederhole die Übung, bis nur noch Dankbarkeit übrig ist. Wenn es länger als zwei Tage dauert, ist das ein Hinweis darauf, dass diese Beziehung oder Situation karmisch war. Mit „karmisch" meine ich, dass hier andere Muster zugrunde liegen: Möglicherweise handelt es sich um

Seelenmuster oder zu heilende Schichten, die aus vergangenen Generationen oder Leben herrühren. Fahre mit der Übung einfach jeden Tag so lange fort, bis du dich von der Vergangenheit frei und gesegnet fühlst.

Wenn in drei Tagen keine Veränderung eingetreten ist, gleich in welche Richtung, dann bedeutet das, dass es eine Stufe der Widerspenstigkeit gibt und dass du andere oder eine Beziehung nur als Ausrede benutzt, um nicht weiterzugehen. Vielleicht möchtest du noch einmal über diese Position nachdenken, denn sie wird zunehmend schmerzlich und bedrückend werden. Die Geschenke, die du in dir trägst, heilen dich selbst und andere, sie machen dein Leben leicht und glücklich, und sie sind ein großes Geschenk für alle Menschen, die um dich sind.

Weg 36
Das Lächeln des anderen lächeln –
das Geschenk der Beziehung!

Jede Beziehung, die ihr Potential erreicht, hat ein großes Geschenk für diejenigen, die ein Teil von ihr sind. Außerdem gibt es noch eine ganze Reihe anderer Geschenke. Manchmal empfangen wir von einem Partner oder einem anderen Menschen etwas, das so wunderbar und so tiefgreifend ist, dass es unser Leben für immer verändert. Die Liebe, die er uns gegeben hat, hat unser Menschsein verändert. Manchmal ist es scheinbar einfach zu schwer, einen Partner gehen zu lassen, obwohl er bereits gegangen ist. Doch das höchste Geschenk der Beziehung können wir nur dann empfangen, wenn wir gänzlich loslassen. Das befähigt uns dazu, an andere weiterzugeben, was uns geschenkt wurde. Nur wenn wir loslassen, sind wir paradoxerweise fähig, das Geschenk, das uns gegeben wurde, zu empfangen und ganz und gar zu integrieren. Auf der Erfahrungsebene heißt das, dass die Leere, die unser früherer Partner mit seinem Dasein ausfüllte, durch das Loslassen nun mit unserem eigenen Sein, mit unserem Gefühl des Glücklichseins ausgefüllt wird. Das Geschenk, das er uns gegeben hat, ist nun das unsere, und die Einsamkeit ist fort. Es ist ein Teil von ihm, der uns überreicht wurde, und nun ist es ein Teil von uns geworden. Es ist etwas, das wir gelernt haben, indem wir von ihm empfangen haben. Nun können wir es geben und im Leben anderer dasselbe bewirken. Nun können wir die Freude des Gebens erfahren, so wie wir das Entzücken des Empfangens genossen haben. Zuweilen lächeln wir sein Lächeln in die Welt hinaus, oder wir schauen durch seine Augen, wenn wir die Schönheit von etwas wahrnehmen. Und in dem Maße, in dem wir diesen neuen Lebensbereich, den er uns gegeben hat, an andere weitergeben, werden wir ihn und das Band fühlen, das zwischen uns besteht, ganz gleich, wie unsere äußere Beziehung zu ihm war. Wir werden auf das Leben schauen und uns dabei ertappen, dass wir sein Lächeln lächeln. Wir werden uns glücklich und vollkommen fühlen, und wir werden von neuem die Güte und die Wärme spüren. Unsere Wertschätzung wird natürlich sein. Es gibt einen Fluss, der in unser beider Leben kommen wird, wenn wir die Güte erfahren, die er uns gegeben hat, ganz besonders, da wir nun dieses Geschenk haben, das wir selbst geben können.

Übung

Habe heute den Mut, jemanden loszulassen. Nimm wahr, dass es Menschen um dich gibt, die dasselbe Geschenk brauchen, das dir gegeben wurde. Du kannst es geben. Du kannst im Leben eines anderen etwas bewirken. Und wenn du das tust, wird euch beiden geholfen. Du kannst dich entscheiden, ob du zurückgehalten werden oder für die Menschen, die um dich sind, etwas bewirken möchtest. Zuweilen wirst du im Leben eines anderen genauso viel bewirken, wie das Geschenk, das du empfangen hast, in deinem Leben bewirkt hat. Willst du helfen? Wenn ja, wirst du die Hilferufe auf ganz natürliche Weise hören. Sind dein Rückzug, dein Festhalten und dein Schmerz wichtiger, als einem anderen zu helfen?

Würdest du auch weiterhin auf diese Weise festhalten und dich gehenlassen, wenn du wüsstest, dass das Leben eines anderen Menschen von deinem Geben abhängt? Du kannst im Leben eines anderen und auch in deinem eigenen Leben den alles entscheidenden Unterschied bewirken, wenn du dich dafür entscheidest, das Geschenk zu geben.

Dies ist ein Prinzip der Führerschaft. Immer wenn du Schmerz empfindest, gibt es jemanden, dessen Bedürfnis nach Hilfe noch größer ist. Wenn du durch deinen Schmerz hindurch gibst, wird nicht nur dem anderen Menschen, sondern auch dir geholfen.

Weg 37
Loslassen und dein höheres Selbst

Ich bin Doktor der Psychologie, so etwas wie ein Künstler oder Wissenschaftler des menschlichen Geistes, und mein besonderes Interesse gilt der Heilung. Sowohl innerhalb als auch außerhalb des therapeutischen Rahmens habe ich zu viel erlebt, um eine höhere Macht – welchen Namen du ihr auch immer geben willst – so einfach abzutun. Auch im menschlichen Geist gibt es eine Macht, die zu Magie und zu Wundern fähig ist. Mein Bestreben geht dahin, diesen Teil unseres Geistes kennenzulernen und zu nutzen. Nenne ihn, wie du willst – die höhere Macht, das schöpferische Selbst, das Christus-Selbst, das Buddha-Selbst, das höhere Bewusstsein oder den Heiligen Geist –, er wird dadurch nicht herabgesetzt. Es ist der Teil deines Geistes, der alle Antworten kennt, die du brauchst, und er will dein Leben leicht machen. Wenn du daran überhaupt nicht glaubst, kannst du dich natürlich auch auf weniger spirituelle Hilfsmittel verlassen, zum Beispiel auf die Psychologie. Der beste und schnellste Weg, um im Leben weiterzukommen, ist jedoch immer durch „Gnade".

In meinen drei Jahrzehnten als Erforscher des menschlichen Geistes habe ich eine Reihe von Dingen entdeckt. Dazu gehört, dass das Leben nur dann schwierig ist, wenn wir versuchen, alles selbst zu tun. Das ist ein weit verbreitetes Übel unabhängiger Menschen. Menschen, die sich in einem Zustand wechselseitiger Abhängigkeit befinden, arbeiten wesentlich mehr mit anderen und mit Gnade. Natürlich haben alle Menschen Probleme, aber Menschen im Zustand der wechselseitigen Abhängigkeit denken schnell daran, dass sie nicht versuchen sollten, alles selbst zu tun. Das tun wir nur, wenn wir etwas beweisen wollen. Wechselseitig abhängige Menschen sind auf eine gesunde Weise mit anderen und mit ihrem höheren Selbst verbunden. Sie sind besser in Beziehungen und können besser empfangen. Jede Verhaftung, die wir loslassen können, führt uns näher an einen Zustand der wechselseitigen Abhängigkeit, an neue Verbindung und Verbundenheit heran. Aller Schmerz rührt von Verhaftung her, und alle Angst ist letztlich eine Angst vor Verlust. Je mehr wir fähig sind, uns mit unserem höheren Selbst zu verbinden, desto mehr sind wir in der Lage, ein Leben der Leichtigkeit und der Gnade zu leben, und wir erkennen, dass es uns wesentlich mehr Zufriedenheit und Erfolg bringt, schöpferisch statt verhaftet zu sein.

Die Aufgabe unseres höheren Selbst besteht darin, Probleme für uns zu lösen, uns Antworten zu liefern und uns aus scheinbar unmöglichen Situationen herauszuhelfen. Meist wollen wir alles selbst tun und benutzen dazu unser alltägliches Bewusstsein. Das bedeutet, dass wir „die Kontrolle haben", auch wenn sie armselig ist. Und es lohnt sich, diese Kontrolle zu haben, nicht wahr? Nicht wahr?

Loslassen kann ganz leicht sein. Wir können es in die Hände unseres höheren Selbst legen. Festhalten ist in Wahrheit nur eine Methode, um uns vor uns selbst zu verbergen, das heißt, vor unserem höheren Selbst. Wer bist du wirklich? Und was wolltest du hier vollbringen? Welches Versprechen hast du gegeben, bevor du hierher kamst? Welchen Beitrag wolltest du leisten? Festhalten ist eine Falle, deren Aufgabe darin besteht, dich so lange wie möglich aufzuhalten. Und wenn du

Zeit vergeudest, dann vergeudet die Zeit dich. Vergeude dich selbst nicht länger! Es lohnt sich nicht. Es ist Zeit, von neuem zu beginnen. Ja!

Übung

Lege den Menschen, den du loslassen musst, in die Hände deines höheren Selbst. Du kannst das Loslassen visualisieren, fühlen oder spüren. Du kannst es auch zu einem Gebet machen oder einfach nur hören, wie du die Worte sprichst. Wenn dies geschieht, stellt sich für gewöhnlich ein Gefühl des Friedens oder eines Geschenks ein, das dir als Gegengabe gegeben wird. Mache es dir leicht, übergib es deinem höheren Selbst.

Lege nun deine Zukunft in die Hände deines höheren Selbst. Lege heute alle Angst und Sorge, allen Kummer, alle Depression und Schuld und jedes schlechte Gefühl in die Hände deines höheren Selbst. Das kannst du tun, indem du fühlst, spürst oder vielleicht sogar visualisierst, wie es geschieht.

Weg 38
Das Feuer der Aufopferung

Aufopferung ist immer ein Ort, an dem wir nicht authentisch sind, ein Ort, an dem wir nicht empfangen, weil wir Angst vor Intimität, Erfolg, Veränderung und der Geburt auf einer neuen Stufe haben. Es gibt in unserem Leben jedoch Zeiten, in denen wir uns einem äußerst schmerzlichen Umstand oder scheinbar tragischen Situationen aussetzen, und die Aufgabe dieses Umstandes besteht darin, eine völlig neue Stufe des Bewusstseins und der Geburt zu erreichen. Das bezeichnet man als das „Feuer der Aufopferung". Es ist die Chance, spirituellen Fortschritt zu erlangen, indem wir Verhaftungen loslassen. Auf einer Seelenebene gibt es eine neue Stufe oder eine neue Lebensweise, zu der wir durch eine Prüfung gelangen müssen. Wenn wir nicht verstehen, dass diese Bewusstheit unsere Chance ist, um auf diese neue Stufe der Freude und Kreativität zu gelangen, dann haben wir möglicherweise das Gefühl, als ob unser Leben zu Ende wäre.

Die neue Geburt wird erreicht, indem wir jegliche Verhaftung loslassen und einen neuen Anfang willkommen heißen, als sei er bereits vollbracht. Wenn wir das, was wir verloren haben – durch Herzensbruch oder sogar Tod – dem Leben aus freien Stücken zurückgeben, wird der Verlust nicht länger als ein Opfer erfahren, und der Beginn eines neuen Lebens steht bevor. Mit anderen Worten, wenn du dazu bereit bist, deinen

Partner zurückzugeben, wirst du ihn nicht länger benutzen, um dich zurückzuhalten.

Um diesen Ort erreichen zu können, müssen wir wahrscheinlich den Menschen, die Beziehung, die wir mit ihm hatten, unser Leben, wie es bisher war, und unsere Träume davon, wie es hätte sein können, loslassen. Wenn wir das getan haben, können wir an einem höheren Ort des Bewusstseins schauen und fühlen, und wir sind offener für das Leben und die Gnade. Wir sind bereit, dieses neue Kapitel in unserem Leben zu umarmen, dankbar für das, was war, und dankbar für das, was ist.

Übung

Nimm gegenüber dem Schmerz heute eine neue Haltung ein. Benutze das Trauern – den Prozess des Loslassens – als einen Prozess, der heilt, aufrichtet, segnet, befreit und das Leben von neuem beginnen lässt. Deine Entscheidung und deine Bereitschaft lassen zu, dass du natürlich, leicht und schnell durch gegenwärtigen und vergangenen Schmerz hindurchgehst, damit du dich weiterentwickeln kannst. Während du in den Wehen des Loslassens liegst, triff die Entscheidung, dich mit so viel Gnade wie möglich zu bewegen, so dass das, was als das Ende deines Lebens erschien, nur das Ende eines Kapitels und die Bewegung hin zu einem höheren und besseren Kapitel der Liebe, des Lebens und der Freude sein wird. Wird dies das Ende deines Lebens oder dein letztes Kapitel sein? Du kannst dich bewusst dafür entscheiden, ein neues Kapitel zu schreiben und von neuem zu beginnen.

Weg 39
Die Verhaftung an das Nehmen

Das Nehmen ist ein Schlüsselelement der Verhaftung. Wenn wir lieben, wollen wir nichts anderes, als uns mit anderen zu verbinden. Wenn wir mit anderen verbunden sind, gibt es kein Gefühl von Traurigkeit oder Verlust, wenn wir loslassen, sondern nur süßen Kummer, Zärtlichkeit oder bittersüßen Schmerz, wenn wir zu einem neuen Kapitel in unserem Leben weitergehen. Die meisten unserer Beziehungen sind eine Mischung aus Liebe, Verbundenheit, Teilen, Geben, Helfen, Freundschaft, Zärtlichkeit, Lernen und Heilen. Andererseits enthalten sie aber auch Langeweile, Verhaftungen, Verschmelzung (siehe Glossar), Aufopferung, Werturteil, Angriff, Selbstgerechtigkeit, Abwehrhaltungen, Machtkämpfe, Bedürfnisse, Leblosigkeit, Benutzen und eine Reihe anderer Formen des Nehmens.

Wenn wir versuchen, jemanden zu benutzen oder etwas von ihm zu nehmen, auch wenn es unter dem Deckmäntelchen des Gebens geschieht, werden wir fortgestoßen und letzten Endes zurückgewiesen. Das Ausmaß unserer Verhaftung ist das Ausmaß unseres Schmerzes und unseres Festhaltens, nachdem die Beziehung zu Ende ist. Außerdem ist es das Ausmaß, in dem wir zu nehmen versucht haben, um unsere Bedürfnisse erfüllt zu bekommen. Das heißt, dass wir unseren Partner auf unwahre Weise benutzt haben, bevor die Beziehung zu Ende ging, und jetzt, da die Beziehung vorüber ist, benutzen wir ihn wieder auf unwahre Weise, um uns zurückzuhalten. Dies ist kein glücklicher Gedanke, denn wenn wir dieses Nehmen lediglich verschleiern und dann weitergehen wollen, wird unsere nächste Beziehung es widerspiegeln, entweder indem wir von unserem Partner zu nehmen versuchen oder indem unser Partner von uns zu nehmen versucht oder indem beide voneinander zu nehmen versuchen. Wir könnten diesen Bereich in uns auch jetzt heilen, denn er ist nur eine falsche Entscheidung im Hinblick darauf, wie wir mit unseren Bedürfnissen umgehen sollen. Wenn wir uns ihm jetzt mutig stellen, wird uns das sehr viel Schmerz ersparen. Dieses Nehmen, das unsere Bedürfnisse als Ausrede betrachtet, um alles zu tun, damit diese Bedürfnisse erfüllt werden, versetzt uns in einen sinnlosen Kreislauf.

Unsere Verhaftungen in diesen Beziehungen sind in Wirklichkeit nichts anderes als vergangene Verhaftungen, die wir in die Beziehung gebracht haben – alte Herzensbrüche aus der Vergangenheit oder verlorene Verbundenheit aus früheren Beziehungen und der Kindheit. Sie alle stellen unsere Bedürfnisse dar, die nur von neuem zutage treten in der Hoffnung, dass sie diesmal erfüllt werden.

Nehmen ist eines der fruchtlosesten Dinge, die wir tun können. Es bedeutet, dass wir in die falsche Richtung gehen. Beim Nehmen geht es darum, unsere Bedürfnisse zu schützen, was sie momentan zwar befriedigen mag, in Wahrheit jedoch untermauert und stärker macht. Es ist vergleichbar mit jemandem, der immer hungriger und leerer wird, je mehr er stiehlt (sowohl buchstäblich als auch im übertragenen Sinn). Keiner von uns möchte sich selbst als „Nehmer" sehen, aber wenn eine Beziehung nicht funktioniert und du in irgendeiner Weise verwundet zurückbleibst, kannst du dich darauf verlassen, dass du versucht hast, zu nehmen oder zu benutzen, wahrscheinlich unter dem Deckmantel des Gebens. Es ist sehr hart für uns, das zu erkennen und damit umzugehen. Nehmen lässt uns mit einem Gefühl der Bedürftigkeit zurück, und wir glauben, dieses Gefühl und diese Dringlichkeit seien Zeichen von Liebe. In Wirklichkeit sind sie aber nur Zeichen dafür, wie sehr wir andere benutzen wollen. Wenn wir dieses „Nehmen" einmal als unsere Nemesis[6] erkannt haben, sind wir bereits ein gutes Stück auf dem Weg, es zu korrigieren. Wenn nicht, werden andere Menschen anfangen, uns zu meiden, sie werden nicht länger auf uns eingehen und so viel Abstand wie möglich von uns halten. Diese Theorie kannst du sowohl während als auch im Anschluss an eine Beziehung anwenden. Wenn jemand dir aus dem Weg geht oder wenn jemand behauptet, „Raum zu brauchen", dann zweifellos deshalb, weil du versuchst, etwas zu bekommen oder zu nehmen, wenn nicht offen, dann auf einer energetischen Ebene.

Unser Nehmen kann so chronisch werden, dass wir zu einem emotionalen „Vampir" werden. Wenn es noch schlimmer kommt, werden wir emotional toxisch und vergiften Menschen und Situationen mit unseren Geisteshaltungen und der negativen Energie, die wir durch unser Nehmen erzeugen. Ein toxischer Mensch in unserer Umgebung lässt uns wissen, dass wir diesen Selbsthass in uns tragen, den wir unter unserer Bewusstheitsebene vergraben haben. Wenn wir diesen Aspekt in uns tragen, haben wir ihn wahrscheinlich unter der Kompensation der Aufopferung verborgen. Außerdem werden wir das Gefühl haben, dass wir uns für den Menschen aufopfern, der unsere Projektion auslebt. Daher erzeugen wir

---

6   Anm. der Übersetzerin: *Nemesis* (griechisch: „Unwille") ist eine griechische Göttin. Sie ist Wahrerin des rechten Maßes und Rächerin des Frevels. Im Englischen wird das Wort auch für „Vergeltung" benutzt.

also buchstäblich sowohl das, was andere tun, als auch unsere Reaktionen darauf.

Wenn wir unser Muster des Nehmens aufgeben, werden wir in die Richtung von Reife, Erfolg, liebevoller Beziehung und Glücklichsein geführt. Versäumen wir es jedoch, dieses Muster zu korrigieren, dann geraten wir in einen noch schlimmeren Kreislauf aus Niederlage, Verlust, Schmerz und Versagen hinein.

Außerdem ist es wichtig, dass wir über das Konzept der Schattenfigur nachdenken. Eine Schattenfigur steht für einen Aspekt von Selbsthass, den wir verleugnet und verdrängt haben. Sie ist eine Bruchstelle, denn sie ist etwas, das wir tief vergraben haben, als es in uns Schmerz oder ein Trauma hervorrief. Doch sie ist wesentlich profunder als nur der Schmerz, die Angst und die Schuld solcher Bruchstellen, weil sie auch Selbsthass in sich trägt. Eine Schattenfigur ist eine Persönlichkeit, die wir tief vergraben haben, weil wir sie verachten – eine identifizierbare Persönlichkeit, die normalerweise das Gegenteil der Person ist, die wir nach außen hin zu sein scheinen.

Vielleicht haben wir als Kind etwas getan, von dem wir glauben, dass es unseren Eltern einen großen Schmerz oder Verlust zugefügt hat. Wir haben, was für Kinder typisch ist, uns selbst als die Ursache identifiziert. Es kann zum Beispiel sein, dass wir uns die Schuld gegeben haben für Beziehungsprobleme, ihre schlechte Gesundheit, Scheidung, allgemeines Unglücklichsein oder sogar Tod. Statt mit der großen Schuld zu leben, ein schlechter und böser Mensch zu sein, haben wir diesen Teil von uns selbst mit dem Etikett „schlecht" versehen und verdrängt. In unserem Inneren existiert er jedoch als eine Schattenfigur und schwärt dort vor sich hin, während er sich in dem Glauben suhlt, dass er schlecht ist. Eine Schattenfigur verbirgt eine Überzeugung, dass wir schlecht oder böse sind. Dieses Selbstkonzept mag uns von Zeit zu Zeit dazu bringen, dass wir uns auch so verhalten, doch es ist nicht die höchste Wahrheit. Was immer wir zur damaligen Zeit geglaubt haben mögen, das uns dazu veranlasst hat, es wegzuschließen, war lediglich Teil einer Verschwörung, um unsere wahre Güte, Macht und Aufgabe zu verbergen. Hier ist es ganz wichtig zu erkennen, dass wir diesen Teil unserer selbst einfach als schlecht wahrgenommen haben und dass diese fehlgeleitete Wahrnehmung die Ursache für unsere Schattenfiguren ist. Wir müssen zum ursprünglichen Trauma oder gebrochenen Herzen zurückkehren und herausfinden, warum wir uns selbst die Schuld gaben, warum wir uns zurückgewiesen fühlten oder glaubten, wir seien böse oder schlecht. In dieser Bewusstheit können wir uns dann selbst vergeben und erkennen, dass wir alle wahrhaft gut sind, ganz gleich, was schiefgegangen sein mag. Einer der Hauptgründe, warum guten Menschen schlechte Dinge zustoßen, liegt darin, dass wir uns selbst bestrafen, weil wir uns schuldig fühlen und unseren Selbsthass in Schattenfiguren verwandeln.

Übung

Untersuche deine jetzige Beziehung oder verlorene Beziehungen. Untersuche deine Beziehungen zu Freunden und Bekannten. Wo hast du das Gefühl, dass du keinen Erfolg hast oder gemieden wirst? Was hast du von ihnen zu nehmen versucht? Auf welche Weise hast du versucht, sie zu benutzen? Deine Ehrlichkeit kann jetzt in großem Maße dazu beitragen, die Selbsttäuschung zu beenden, die mit deinem gebrochenen Herzen, deinem Festhalten oder deiner Verhaftung einhergeht.

Triff eine neue Entscheidung. Entscheide dich dafür, zu geben. Denke daran, dass ein Lippenbekenntnis nichts bedeutet, wenn du nicht die Absicht hast, es zu erfüllen. Die Feuerprobe im Hinblick darauf, ob du zu nehmen versuchst oder nicht, besteht darin, ob jemand sich von dir fort oder zu dir hin wendet.

Stelle dir die Frage, welche der Schattenfiguren des „Nehmers", des „Benutzers", des „Vampirs" und des „toxischen Menschen" du in dir verborgen hast. Diese Schatten sind ein Fehler, den du ganz leicht korrigieren kannst, wenn du es willst. Übergib sie deinem höheren Bewusstsein, um sie für dich zu integrieren. Dann wirst du fähig sein, ihre gesamte Energie auf positive Weise zu nutzen.

Weg 40
Das zugewiesene Drehbuch:
Regeln für die Beziehung

Wir Menschen leben nach Regeln oder Rezepten für bestimmte Situationen. Dabei handelt es sich um Regeln, die wir für uns selbst aufgestellt haben, und Regeln, die uns auferlegt wurden. Wir leben nach Regeln, bis wir eine Bewusstseinsstufe erreicht haben, die hoch genug ist, um unsere Regeln in Prinzipien zu verwandeln. Regeln sollen etwas abwehren, es sind Entscheidungen, die aus schmerzlichen Situationen heraus entstanden sind. Sie sollen verhindern, dass wir verletzt werden. Das einzige Problem besteht darin, dass Regeln dazu da sind, um gebrochen zu werden. Psychologisch betrachtet zieht eine Verteidigungsstellung den Angriff auf sich und führt auf diese Weise genau das herbei, was sie eigentlich verhindern soll. Regeln sind alt, größtenteils deshalb, weil sie statisch und unflexibel sind und nicht auf die Situation eingehen, wie sie ist, sondern nur darauf, wie eine schmerzliche Situation einmal war. Der unerlöste Schmerz, der sich unter jeder Regel verbirgt, bittet darum, herausgelassen zu werden. Je größer die Regel, desto mehr Schmerz verbirgt sich darunter, und desto größer ist der Schmerz, der herbeigerufen wird, um die Abwehrstellung zu öffnen und so zu ermöglichen, dass das unerledigte Geschäft abgeschlossen wird.

In einer Beziehung regen wir uns auf, wenn unser Partner die Regeln bricht, die wir aufgestellt haben. Sehr oft teilen wir unsere Regeln aber noch nicht einmal mit, sondern erwarten von unserem Partner, dass er unsere Gedanken lesen kann. „Wenn er mich lieben würde, dann wüsste er es..., dann würde er tun, was ich will..., dann würde er nicht tun, was ich nicht will..." Wenn ein früherer Partner also unsere Regeln bricht, dann tut das weh. Und nicht nur das – in unserem Drehbuch haben wir ihm zudem die Rolle des Nebendarstellers zugedacht, während wir selbst die Hauptrolle spielen. Auch wenn er den vermeintlichen Löwenanteil an der Handlung erhält, gibt es nur einen Star, und der sind – natürlich – wir. Wir können keinen anderen auf unserer Stufe dulden, denn das würde uns einem möglichen Verlust oder Schmerz aussetzen.

Es ist eine Art von Abwehrmechanismus, den wir anwenden, weil wir Angst vor einem gleichwertigen Partner haben, was einer Angst vor Intimität entspricht. Wenn es uns nicht gelingt, diese Angst zu heilen, dann werden wir es auch nie schaffen, unsere Regeln und Drehbücher in Prinzipien zu verwandeln, um Partnerschaft und gemeinsame Kreativität zu erreichen. Es ist Zeit, dass wir den Schmerz in unserem Inneren beenden und diese Regeln in Prinzipien verwandeln.

Übung

Erstelle eine Liste der wichtigen Regeln, die du für Beziehungen hast, zum Beispiel im Hinblick auf Treue, Ehrlichkeit, Kommunikation und so fort. Nun frage dich intuitiv: Mit wem und unter welchen Umständen hast du diese Regeln aufgestellt?

Bitte dein höheres Bewusstsein, dich und jeden, der an der Situation beteiligt war, in seine Mitte zurückzutragen, an die-

sen Ort des Friedens und der Unschuld, so dass ihr alle Frieden, Ganzheit und Gnade erfahren könnt. Überreiche von diesem Ort aus den Menschen, die an der Situation beteiligt sind, die Geschenke, die du mitgebracht hast, um sie ihnen zu geben. Während du das Geschenk überreichst, empfange es gleichzeitig in deinem eigenen Leben. Welches Prinzip tritt nun in dein Leben ein? Wie sieht dein Drehbuch nun aus, und wie fühlt es sich an?

Weg 41
Glücklichsein ist dein schönstes Geschenk an die Welt

Schaue dich einmal um. Wie viele glückliche Menschen kennst du? Diese wahrhaft und ansteckend glücklichen und unbezähmbaren Menschen sind ein großes Geschenk an die Welt. Sie gehen durch ihr Beispiel voran und helfen anderen, wieder in ihre Mitte des Friedens, der Gnade und des Lachens zurückzugelangen. Sie helfen dir zu erkennen, dass Glücklichsein nicht von irgendwelchen äußeren Dingen abhängt, sondern ein stetiger Strom aus deinem Inneren ist. Ihr Glücklichsein ist auf eine stille Weise „enthusiastisch". Dieses Wort stammt von dem griechischen Begriff *en theos* ab, was so viel bedeutet wie „in Gott". Es hilft sehr, lebendiges Glücklichsein beobachten und fühlen zu können, wenn wir glückliche Menschen sehen. Das ermutigt uns und verleiht uns neue Energie. Es erinnert uns daran, wie das Leben sein kann. Wir erkennen, dass glückliche Menschen ein Geschenk an uns und ein Geschenk an die Welt sind.

In dem Maße, in dem wir der Welt Glücklichsein schenken, nimmt unser eigenes Glücklichsein zu. Und in dem Maße, in dem wir dieses Glücklichsein für uns selbst geben und empfangen, wächst es gleichzeitig für die Welt. Alles andere als ein vergänglicher Moment des Glücklichseins scheint ein seltenes Geschenk im Leben zu sein, und für die meisten Menschen ist er an das Auf und Ab ihrer materiellen Besitztümer gebunden. Wenn wir jedoch Glücklichsein ausstrahlen, dann schwingt dieses Geschenk in anderen und wird verstärkt. Stelle dir nur einmal vor, welches Geschenk du deinem Partner durch dein Glücklichsein machst. Ein Mensch, der noch keinen Liebespartner gefunden hat und feststellt, dass aus seinem Inneren ein Strom frühlingsgleichen Glücklichseins aufsteigt, der wird in der Regel schon bald einen Partner finden.

Wenn wir schon einen Partner haben, wenn das Glücklichsein uns begegnet, dann werden wir gemeinsam neue Flitterwochen erleben. Das Glücklichsein kann die ganze Beziehung hindurch andauern, völlig ungeachtet ihrer Höhen und Tiefen und ihrer vielen Lektionen, denn der wahre Schatz einer Beziehung liegt in ihrem Potential, uns selbst und andere glücklich zu machen, indem wir uns mit ihnen verbinden.

Achte einmal darauf, wie ein glücklicher Mensch in der Familie zu ihrem Zentrum wird und die ganze Familie zu Liebe und Glücklichsein inspiriert. Das macht jede Last leichter. Glücklichsein ist nicht nur anziehend, seine Anziehungskraft ist magnetisch. Es gibt Fremden das Gefühl, Freunde zu sein, und Groll wird unerheblich im Angesicht des wahren Plans der Dinge. Glücklichsein, das von Liebe herrührt, will nichts anderes als lieben und Glück bringen. Glücklichsein, das aus Gnade empfangen wird, trägt Gnade zu anderen, ohne darüber nachdenken zu müssen, sondern einfach, indem es ist, was es ist.

Glücklichsein findet Liebenswürdigkeit in allen Geschöpfen. Glücklichsein hat das Werturteil gegen Entzücken eingetauscht. Es ehrt, was immer ihm gegeben wird, und in allem und jedem sieht es Liebe und Spaß. Glücklichsein im Leben ist gleichbedeutend mit Meisterschaft im Leben. Dein Glücklichsein segnet alles Leben, und es empfängt als Gegengabe seinen Segen von ihm.

Übung

Beginne den Tag, indem du dich für das Glücklichsein ent-
scheidest, und teile jedes kleine Stück, das du findest, mit
anderen, damit es wächst. Vielleicht beginnst du, indem du
an das denkst, was dich glücklich macht oder worüber du
glücklich sein musst. Stelle dir vor, wie das Glücklichsein in
dich einströmt, dich durch und durch umspült, während es
gleichzeitig aus der Mitte deines Seins hervortritt und nach
außen hin strahlt. Es ist das Geschenk Gottes, empfangen
und mit anderen geteilt. Es wird deinen Tag entscheidend
verändern. Es wird dein Leben entscheidend verändern. Es
wird die Welt entscheidend verändern.

Weg 42
Phantasievorstellungen und Erwartungen –
Die Phase der Erwartung und
des Festhaltens

B eziehungen können mit Phantasievorstellungen ausgefüllt werden, und wenn wir keine Beziehung haben, nehmen die Phantasievorstellungen sogar noch zu. Wir träumen
von dem, was wir innerhalb und auch außerhalb der Beziehung vermissen. Wir erhöhen unseren Partner mit der Hilfe
von Kinostars, berühmten oder idealisierten Menschen und
durch Vernarrtheiten. Je mehr Phantasievorstellungen wir
haben, um so weniger wollen wir, dass die Realität unseres
Partners unser Erleben stört. Je mehr Phantasievorstellungen
wir haben, um so schwieriger wird es für unseren Partner,
uns zufriedenzustellen, und um so schwerer fällt es uns, zufrieden zu sein. In dem äußerst unwahrscheinlichen Fall, dass
tatsächlich einmal eine unserer Phantasievorstellungen erfüllt
wird, erkennen wir jedoch schnell, dass diese irgendwie nicht
ausgereicht hat, um uns wirklich zufriedenzustellen. In einem
sich fortwährend verstärkenden Teufelskreis aus Bedürfnis,
Phantasievorstellungen, mangelnder Befriedigung, noch mehr
Phantasievorstellungen, noch weniger Befriedigung u.s.w.
bringen Phantasievorstellungen nur immer neue Phantasievorstellungen hervor.

Phantasievorstellungen und Erwartungen haben dieselbe
schädliche Wirkung auf Beziehungen. Eine Erwartung ist

das Bild davon, wie Dinge oder Menschen sein sollten; Phantasievorstellungen sind das Bild davon, wie wir etwas haben wollen. Beide sind sehr schwer zu erfüllen, und je länger eine Beziehung andauert, um so flüchtiger werden sie. Wenn eine Erwartung oder Phantasievorstellung nicht erfüllt wird, sind wir enttäuscht, doch wir wären auch enttäuscht, wenn sie erfüllt würde. Wir würden immer noch mehr wollen.

Eine Erwartung ist eine Forderung, und wir alle hassen es, wenn Forderungen an uns gestellt werden. Selbst wenn wir die Forderung erfüllen, haben wir das Gefühl, dass wir es tun mussten, und statt einer Belohnung verspüren wir ein Gefühl von Aufopferung oder Zwang.

Eine Erwartung erfüllen wir entweder unter Zwang, oder wir wehren uns dagegen, sie überhaupt zu erfüllen. Eine Erwartung wird nie Erfolg haben, ganz gleich, ob wir sie an uns selbst oder an andere stellen. So treiben wir uns zu immer größeren und größeren Erwartungen an, bis wir schließlich versagen.

Forderungen rühren von Bedürfnissen her, die ein Gefühl der Unzulänglichkeit erzeugen. Das führt dazu, dass wir uns unter Druck setzen oder Phantasievorstellungen haben, statt uns vorzuwagen. Wenn wir uns zuversichtlich, verbunden und ganz fühlen, stellen wir keine Forderungen und haben keine Phantasievorstellungen. Wenn wir etwas erwarten, dann fordern wir, dass andere für uns das tun, was wir für uns selbst oder für andere nicht tun. Erfüllung finden wir nur, wenn wir geben, weil wir uns so entschieden haben, denn das lässt uns das Geben genießen, und es öffnet die Tür für das Empfangen. Erwartungen, Phantasievorstellungen, Forderungen und auch die Bedürfnisse, von denen sie herrühren, sind alles Versuche, zu nehmen, ohne dass wir fähig sind zu empfangen. Sie bringen uns so wenig Erfüllung, dass wir sehr schnell noch unzufriedener werden, und schließlich vertreiben sie uns aus einer Beziehung oder verhindern von vornherein, dass wir eine Beziehung haben. Erwartungen und Phantasievorstellungen sind der Versuch, Bedürfnisse zu kompensieren, aber sie vergrößern sowohl unseren Stress als auch unsere Bedürftigkeit. Sichere Anzeichen für Phantasievorstellungen und Erwartungen sind der Frust und die Enttäuschung, die daraus entstehen.

Wir alle haben Phantasievorstellungen. Nur wenn Phantasievorstellungen zu einer Lebensweise werden, betrügen wir uns selbst um die Gelegenheit, ein erfülltes Leben zu leben und glücklich zu sein. Durch Phantasievorstellungen versuchen wir, Bedürfnisse mit Tagträumen zu erfüllen, so wie ein verhungernder Mann versucht, seinen Hunger mit Phantasievorstellungen über das Essen zu stillen. Es wird nicht funktionieren. Wenn wir als alleinstehende Menschen viel Zeit mit Phantasievorstellungen verbringen, dann kann unser Geist nicht mehr zwischen einem eingebildeten Geliebten und der Erfahrung eines echten Geliebten unterscheiden, denn in unserem Geist zeigt sich all das in Form von Bildern. Wenn wir also Phantasievorstellungen von einem Geliebten haben, dann meint unser Geist, dass wir keinen wirklichen Menschen brauchen, denn der Raum für das Bild des Geliebten ist ausgefüllt. Obwohl unsere Phantasievorstellung darauf basiert, dass wir etwas brauchen, können wir es nicht empfangen, weil sowohl unsere Phantasievorstellung als auch unsere Bedürfnisse es blockieren.

Alle Phantasievorstellungen und Erwartungen werden durch unsere Bedürfnisse genährt, die eine Form der Verhaftung oder des Festhaltens sind. Wenn wir in unserer Phantasie davon träumen, uns mit einem imaginären Menschen zu verbinden, nehmen wir die Verbundenheit und die Zufriedenheit, die durch wahre Verbindung entstehen, gar nicht wahr. Unsere Erwartungen fordern, dass er so sein soll, wie er unserer Meinung nach sein muss, um uns zufriedenzustellen. Phantasievorstellungen und Erwartungen bauen auf dem sinnlosen Versuch auf, unsere Bedürfnisse und Verhaftungen zu erfüllen. Die Nichterfüllung jedes Bedürfnisses und jeder Verhaftung verschlimmert den Verlust, den Schmerz und das Bedürfnis, das wir haben. All diese Energie ist extrem unattraktiv und dient nur dazu, die Menschen von uns fortzustoßen. Mit anderen Worten: Wenn wir an jemandem festhalten, dann sind unser Festhalten und seine unattraktive und bedürftige Energie genau das, was unseren Partner davon abhält zurückzukehren. Paradoxerweise können wir dieses sinnlose Programm nur dann auflösen, wenn wir loslassen.

Es gibt eine bestimmte Phase des Wachstums, durch die wir alle gehen und in der Phantasievorstellungen, Erwartungen und Festhalten die maßgeblichen Angelegenheiten sind, denen wir uns stellen müssen. Dies ist die unabhängigste Phase unseres Lebens, in der unsere Trennung am größten ist, und viele unserer Gefühle können wir nur erfahren, indem wir festhalten. Diese Wachstumsphase ist ein Ort, an dem wir unsere Bedürfnisse, unsere Angst, unsere verlorene Verbundenheit und die daraus entstehenden Gefühle der Unzulänglichkeit kompensieren, die zu Phantasievorstellungen, Forderungen, Festhalten, Erwartungen, übermäßigem Bemühen, dem Verfolgen zu vieler Ziele, Perfektionismus und Aufgeben führen.

Langfristig werden all unsere Kompensationen nicht funktionieren, und zwar ganz einfach deshalb, weil zur Natur der Kompensation die Abwehrhaltung, die Unfähigkeit zu empfangen, der Versuch, etwas zu beweisen, die Aufopferung und die Verleugnung bestimmter Gefühle gehören. Die Abwehrmaßnahmen, die wir in dieser Phase benutzen – Festhalten, Perfektionismus und Forderungen – sind zudem sowohl in Beziehungen als auch in uns selbst ganz besonders sinnlos.

Auch wenn ein unabhängiger Mensch wie ein Bollwerk der Stärke erscheint, ist es interessant zu bemerken, dass das Ausmaß seiner Unabhängigkeit zugleich das Ausmaß ist, in dem er an der Vergangenheit festhält. Das kann einen früheren Partner, aber auch ein Elternteil oder Geschwister betreffen, und in der Kapelle unserer alten Liebe zünden wir tagtäglich eine Kerze für diesen Menschen an. Die Tatsache, dass wir noch immer festhalten, verhindert, dass wir in der Gegenwart einen Partner haben.

Perfektionismus ist eine weitere Falle, in die wir in dieser Phase ziemlich häufig hineintappen. Er ist eine Kompensation für die Verbundenheit, die wir verloren haben, als wir uns ungeliebt fühlten. Jetzt haben wir das Gefühl, dass man uns lieben würde, wenn wir nur perfekt wären. Für einen Perfektionisten ist alles, was nicht perfekt ist, ein Misserfolg. Dadurch setzen wir uns aber nur selbst herab, denn wenn wir in letzter Zeit nicht „auf dem Wasser gewandelt sind", fühlen wir uns als Versager. Die Geschäftigkeit und die Forderungen des Perfektionismus sind einer Beziehung nicht gerade zuträglich, genauso wenig wie das Antreiben oder Aufgeben, das daher rührt, dass wir unfähig sind, die Dinge perfekt zu tun.

Übung

Es ist Zeit, dass wir unsere Phantasievorstellungen, Erwartungen, Verhaftungen und unseren Perfektionismus loslassen. Statt dessen ist es Zeit, dass wir Ziele setzen und uns darauf konzentrieren. Wenn wir zu viele Ziele haben, ist es

Zeit, diejenigen loszulassen, die nicht wahr sind. Verpflichte dich den Projekten, die wahr sind, bringe sie zu Ende, und lasse diejenigen los, die es nicht sind. Es ist Zeit, dass wir geliebte Menschen aus der Vergangenheit loslassen, an die wir uns noch immer klammern. Wir benutzen sie, um unserem Leben und unserer wahren Liebe jetzt aus dem Weg zu gehen. Es ist Zeit, dass wir den Perfektionisten und den ungeliebten, unzulänglichen Menschen integrieren, für den er eine Kompensation ist.

Stelle dir vor, wie alle „perfektionistischen" Aspekte deines Selbst in dir mit allen „unzulänglichen", „ungeliebten" und „bedürftigen" Persönlichkeiten verschmelzen, die du in dir trägst. Stelle dir anschließend vor, wie diese integrierte Energie wieder mit dir verschmilzt.

Überprüfe nun deine Phantasievorstellungen. In welchem Ausmaß phantasierst du? Geht es dabei um einen oder mehrere ehemalige Partner? Geht es um Menschen, die du kennst oder mit denen du arbeitest? Gibt es einen Filmstar oder einen idealen Partner? Untersuche ernsthaft, auf welche Weise deine Phantasievorstellungen dich zurückhalten, und lasse sie los.

Beurteile deine Erwartungen. Immer wenn du die Worte „muss", „müsste", „soll" oder „sollte" gebrauchst, stellst du Forderungen an dich selbst. Das Ausmaß, in dem du darauf reagierst, dass andere Forderungen an dich stellen, zeigt dir die Forderungen, die du innerlich an dich selbst stellst, denn du reagierst nur auf die Forderungen und fühlst dich nur von den Forderungen unter Druck gesetzt, die du bereits an dich selbst gestellt hast.

Untersuche deine Verhaftungen. Was brauchst du? Woran hältst du fest? Was muss so geschehen, wie du es willst? Du ärgerst dich jedesmal, wenn eine Verhaftung nicht erfüllt

wird. Wenn du deine Verhaftungen loslässt, wirst du dich ver-
bundener, flexibler, weniger reaktiv und weniger unzuläng-
lich fühlen. Paradoxerweise kannst du das, was du willst,
nur haben, wenn du deine Verhaftungen loslässt.

Heute ist es Zeit, dass du deinen Perfektionismus als eine
völlig unsinnige Aktion loslässt. Du kannst dir zum Ziel set-
zen, etwas perfekt zu tun, aber ohne Forderungen an dich
zu stellen oder dich übermäßig hart anzutreiben. Tue dein
Bestes und lasse es los, denn sonst bist du besessen, und das
ist immer ein Zeichen für eine Falle.

Wenn sie gelernt und geheilt werden, können alle diese Ele-
mente dir dabei helfen, dich aus der Phase des Festhaltens,
die wir alle durchmachen müssen, zu befreien. Dies ist eine
der härtesten Phasen, wenn es darum geht, einen Partner zu
finden oder dich an dem Partner zu erfreuen, den du hast. Je
eher du die Lektionen lernst, loslässt und diese Phase über-
windest, desto eher wirst du im Leben und in Beziehungen
größeren Erfolg haben.

Weg 43
Was willst du wirklich?

Nun ist ein guter Zeitpunkt, um einmal zu untersuchen, was du vom Leben wirklich willst. Was willst du wirklich in einer Beziehung? Während du dieses Buch gelesen und mit ihm gearbeitet hast, ist deine Bereitschaft, im Leben weiterzugehen, wahrscheinlich mehr und mehr gewachsen. Aber in welche Richtung möchtest du gehen? Wie soll dein Leben werden? Soll dein Leben hier enden, durch diese emotionale Gefahrenquelle zum Stillstand gebracht? Deine einzige Freude hier auf dieser Erde besteht darin, glücklich zu sein oder heil zu werden, damit du glücklich sein kannst. Der größte Teil des Lebens besteht in dem Versuch, Dinge zu tun, die uns glücklich machen sollen. Alles andere tun wir, weil wir beweisen wollen, dass wir gute Menschen sind. Denke einmal darüber nach. Was erzählst du deinen Freunden über dein Leben? Meist fällt es in eine von drei Kategorien: a) Mein Leben ist ganz wunderbar! b) Mein Leben ist furchtbar schwierig oder schlimm! oder c) Es war extrem hart, aber ich habe es geschafft!

Dies sind Geschichten, die wir seit vielen Jahren erzählen. In der Regel errichten sie eine kleine – oder auch höhere – Barriere zwischen uns und unseren Zuhörern, denn diese Geschichte würden wir jedem Zuhörer erzählen. Mit anderen Worten, wir gehen keine aufrichtige und wirkliche Unterhaltung oder Beziehung ein; wir berichten nicht, sondern erzählen unsere Geschichte. Gute Geschichten sind Kompensationen dafür, dass wir uns innen schlecht oder schuldig fühlen. Bei schlechten Geschichten geht es darum, wie hart das Leben ist: Bitte liebe mich (Opfergeschichte)… oder darum, wie hart und arbeitsreich das Leben ist: Aber ich bin damit fertiggeworden (Heldengeschichte)… oder darum, wie mies andere Leute sind: Aber ich bin natürlich so gut (Opfergeschichte). All das verbirgt, wie wertlos wir uns innerlich fühlen. Mit anderen Worten, wir können keine besonders hohe Meinung von uns haben, wenn wir bereit sind, uns selbst zu bestrafen oder unsere schlechten Gefühle durch übermäßig harte Arbeit zu kompensieren. All diese Geschichten sind Teil unserer Verschwörung gegen uns selbst. Wir benutzen sie, um zu verschleiern, wer wir wirklich sind, und um unsere wichtigsten Geschenke (siehe Glossar) zu verbergen.

Was willst du in deinem Leben? Du befindest dich an einem Punkt der Geburt, an einem Ort für einen Neubeginn, für ein neues Kapitel. Du kannst die Entscheidung treffen, auf eine völlig neue Weise zu leben und aus deiner gegenwärtigen Erfahrung heraus einen großen Sprung nach vorn zu tun. Du kannst dich für eine glückliche und friedvolle Geschichte entscheiden. Sie ist vielleicht nicht dramatisch, doch Liebe und Kreativität werden dein Bedürfnis nach Stimulation mehr als befriedigen.

Übung

Schaue dir an, was deine Geschichte verbirgt. Was ist das Geschenk, das so gut unter der Verschwörung verborgen liegt, die du gegen dich selbst und gegen deine Größe gerichtet hast? Denke daran, dass deine Schwierigkeit oder

*dein Problem zumeist das Gegenteil deines Geschenks ist,
denn so kann es besser verborgen bleiben. Wenn dir dieses
Geschenk in den Sinn gekommen ist, dann benutze es, wenn
du an deine Zukunft denkst. In deinem Leben kann nichts
falsch laufen, wenn du dein Geschenk anwendest. Werde dir
bewusst, dass du keine neutralen Gedanken hast. Deine Gedanken richten sich entweder auf Liebe und Erfolg oder auf
ihr Gegenteil. Jedesmal, wenn du im Hinblick auf Vergangenheit oder Zukunft einen unglücklichen Gedanken denkst,
dann schaue und fühle, wie dein Geschenk diesem Gedanken
oder dieser Situation hinzugefügt wird. Du wirst feststellen,
dass mit deinem Geschenk alles besser geht.*

*Teile dieses Geschenk heute mit einem anderen Menschen
auf eine Weise, zu der du dich inspiriert fühlst. Nimm wahr,
wie du es empfängst, während du es gibst. So wirst du auf
ganz natürliche Weise ein besseres Gefühl und größere Zuversicht für dein Leben erlangen!*

Weg 44
An Erinnerungsstücken festhalten

Wenn eine Beziehung vorüber ist, arbeiten wir daran, sie loszulassen, um uns selbst zu befreien. Gewöhnlich lassen wir zuerst die negativen und dann die positiven Aspekte los. Am schwierigsten ist es jedoch, die vielen kleinen Dinge loszulassen, die an diesem Partner wirklich großartig waren. Zuweilen halten wir an ganz wunderbaren Erfahrungen fest, die wir mit ihm erlebt haben, und manchmal auch an Einzelheiten bezüglich seines Körpers. Manchmal sind es die besonderen Begabungen, die er hatte, oder verblüffende Dinge, die er getan oder uns geschenkt hat.

Wir sammeln Stücke aus vielen verschiedenen Beziehungen wie Glücksbringer an einem Armband. Eines ist sicher: Wenn wir an all diesen Stücken festhalten, dann erhält etwas, das ebenso gut oder sogar noch besser ist als diese besondere Eigenschaft, keinen Raum, um sich in der Gegenwart manifestieren zu können. Jahre oder Jahrzehnte später können wir uns noch immer nach etwas verzehren, das wir in einer Beziehung oder mit einem bestimmten Menschen verloren haben. Wir benutzen das Glücksarmband und die Stücke, die wir behalten haben, um uns unserer Einsamkeit zu erwehren. Wir befühlen jedes einzelne Stück, das an unserem Armband hängt, und kosten die süße Erinnerung an eine längst vergangene Zeit aus. Während wir dies tun, erkennen wir, was uns fehlt, und wir sehnen uns nach der Rückkehr des Menschen, der zu diesem Stück gehört. Dabei ignorieren wir die ganze Zeit das Prinzip, dass wir ihn nie wirklich verloren hätten, wenn wir ihn von ganzem Herzen geschätzt und gewollt hätten. Da der Mensch mit diesem besonderen Etwas aus irgendeinem Grund gegangen ist, sehnen wir uns weniger nach ihm als vielmehr nach seinem besonderen Etwas zurück.

Aber genau diese Reliquien, die wir als die besten Stücke vergangener Beziehungen aufbewahrt haben, sorgen dafür, dass diese Eigenschaften oder Erfahrungen nicht wieder neu geschehen können. Nur wenn wir jedes einzelne Stück an unserem Glücksarmband, jeden besonderen Teil in unserem Reliquienschrein loslassen, können wir uns wieder von neuem für einen ganz neuen Tag öffnen, an dem alle Segnungen der Vergangenheit uns mit gegenwärtiger Schönheit verbinden können.

Übung

Erstelle eine Liste der Glücksbringer an deinem Armband. Triff die Entscheidung, jeden einzelnen von ihnen loszulassen, und lasse dann auch das Glücksarmband selbst los. Stelle dir vor, wie du jeden Glücksbringer in die Hände deines höheren Bewusstseins legst, und lege dann auch das Armband hinein. Mache einen neuen Anfang. Sei dankbar für das, was war, und wisse, dass nun noch bessere Dinge auf dem Weg zu dir sind.

Weg 45
Glücklichsein oder Selbstkonzepte

Glücklichsein ist ein Seinszustand, der daher rührt, dass wir uns selbst geben und Gnade, Liebe und alle guten Dinge empfangen. Ein Selbstkonzept ist ein Glaubenssatz, der die Identität unseres Ego oder denjenigen unterstützt, der wir zu sein glauben. Diese Selbstkonzepte werden aufgestellt, wenn wir beginnen, eine Persönlichkeit in unserem Leben aufzubauen – ein Prozess, den wir alle durchlaufen. Während wir uns durch die abhängigen Phasen des Lebens zu den unabhängigen Phasen hin bewegen, bauen wir ein starkes Ego mit vielen Selbstkonzepten auf. Um unser persönliches Wachstum jedoch in Richtung einer wechselseitigen Abhängigkeit oder Partnerschaft und schließlich zu einer grundlegenden oder spirituellen Abhängigkeit fortsetzen zu können, müssen wir unsere Selbstkonzepte loslassen. Jedes Loslassen trägt zu diesem Wachstum bei. Wenn wir die Verhaftung an Menschen oder an Dinge loslassen, weil es sich um eine Person oder eine Sache handelt, mit der wir uns auf eine falsche Weise identifiziert haben, lassen wir auch unsere Selbstkonzepte los. Aus diesem Grund glauben wir, dass unser Glücklichsein eher von diesen Selbstkonzepten herrührt als von der Beziehung selbst oder von dem, was wir geben.

Auf einer bestimmten Stufe sind alle Selbstkonzepte habgierig und versuchen zu „nehmen", um glücklich zu sein. Das ist nur einer der Wege, auf denen ein Selbstkonzept gegen das

Glücklichsein arbeitet. Um glücklich weitergehen zu können, nachdem wir die Phase der Unabhängigkeit erreicht haben, muss es in unseren Selbstkonzepten und dem, womit wir uns identifizieren, eine Weiterentwicklung geben. Außerdem müssen wir viele unserer Selbstkonzepte loslassen, weil sie falsch oder fehlgeleitet sind. Das lässt zu, dass wir „wie ich will" zugunsten von „wie wir wollen" loslassen. Auf dem weiteren Weg lassen wir dann „meinen" und „unseren" Willen los, um den Willen des Himmels zu finden, der meinen und unseren Willen auf eine erfolgreichere Weise enthält. Das heißt, dass unsere Beziehung zu uns selbst und zu anderen noch glücklicher wird. Der Aufstieg sowohl der Selbstkonzepte in uns als auch ihrer Widerspiegelung in unseren äußeren Beziehungen geschieht nur durch die Fortentwicklung unserer Selbstkonzepte, bis wir zum Einssein gelangen. Je weniger wir in diesem Wettstreit und seinen Auswirkungen gefangen sind, um so glücklicher können wir sein, um so mehr können wir das „Tun" hinter uns lassen, um zu unserem „Sein" zu gelangen, das in einer direkten Wechselbeziehung zu unserem Glücklichsein steht.

Unsere Selbstkonzepte können eine kurzlebige Art von Glücklichsein bewirken, die daher rührt, dass man etwas erreicht, aber jedes unserer Selbstkonzepte hat seine eigene Vorstellung davon, was dieses „Erreichen" ist. Unter den vielen tausend Selbstkonzepten, die wir haben, entsteht ein Konflikt im Hinblick darauf, was Glücklichsein ist und wie man es erlangen kann. Ein Selbstkonzept kann ein Glaubenssatz sein, wie „ich bin stark", „ich bin gut", „ich bin gestresst" oder „ich schaffe alles". Es kann auch ein negativer Glaubenssatz sein, wie „ich bin ein Opfer" oder „ich bin schlecht".

Jedes Selbstkonzept hat sein eigenes logisches System und seinen eigenen Plan für das Glücklichsein. Daher entwickelt jedes Selbstkonzept eine Strategie von harter Arbeit oder von dem, was zu tun ist. Diese Strategie ist immer ein Versuch, etwas zu bekommen, zu gewinnen, zu beweisen oder zu vermeiden. Letztlich ist jedes Selbstkonzept eine Rolle oder eine Form der Aufopferung. Wenn wir das Gefühl haben, dass die Aufopferung zu groß ist, versuchen wir für gewöhnlich, so viel davon auf andere abzuschieben, wie wir können. Wir sind der Meinung, dass auch alle anderen sich aufopfern müssen, wenn wir so viel Aufopferung erfahren. Wir denken nicht darüber nach, wie wir die Aufopferung heilen könnten, sondern nur darüber, wie wir sie weitergeben oder dafür sorgen können, dass andere sich ebenfalls aufopfern. Glücklichsein dagegen fordert nichts. Man muss sich das Glücklichsein nicht erarbeiten; es ist ein Zustand des Seins.

Harte Arbeit und Geschäftigkeit sind Versuche des Glücklichseins, die dem Bezug, der Verbundenheit und der spirituellen Identität, die uns auf natürliche Weise glücklich sein lassen, aus dem Weg gehen oder sie verfehlen. Wenn wir eine Aufgabe mit Gnade und Verbundenheit beginnen, wird sie leicht und effektiv vollbracht. Umgekehrt lassen unsere Selbstkonzepte uns glauben, dass das Rezept zum Glücklichsein darin besteht, dass wir den Status quo aufrechterhalten und Veränderungen aus dem Weg gehen, und daher arbeiten sie ständig an ihrem eigenen Fortbestand, ganz unabhängig davon, ob das etwas mit unserem Glücklichsein zu tun hat oder nicht. Sogar negative Selbstkonzepte kämpfen um ihren Fortbestand als eine Form des Glücklichseins. Wenn der Fortbestand unserer Selbstkonzepte der einzige Aspekt wäre, um den wir uns Sorgen machen müssten, dann wäre das schon schwierig genug, aber unsere Situation ist noch komplizierter, denn jedes Selbstkonzept ist außerdem an seinem Aufstieg interessiert. Das ruft einen Wettstreit und Machtkampf innerhalb unseres Ego und unter unseren Selbstkonzepten hervor. Zudem projizieren und tragen wir diese Konflikte auch in unsere externen Beziehungen, und das führt dazu, dass wir versuchen, andere zu beherrschen und ihnen überlegen zu sein. Dieser Wunsch nach Vorherrschaft manifestiert sich in einem Bedürfnis, uns mit anderen zu messen, denn wir haben das Bedürfnis oder wollen versuchen, ihnen überlegen zu sein. Wenn uns das nicht in vollem Umfang gelingt, versuchen wir es zu erreichen, indem wir urteilen, denn das erlaubt uns immer ein Gefühl der Überlegenheit. Die Stufe, auf der wir diesen Wettstreit austragen, ist dieselbe Stufe, auf der wir in etwas investieren, das uns nicht glücklich machen kann. Das Werturteil und die Machtkämpfe mit anderen, die auf diese Weise entstehen, erzeugen Drohungen und Angst, und dagegen verteidigen unsere Selbstkonzepte sich mit Zorn und Kontrolle, um einer Niederlage zu entgehen. Dadurch entfernen wir uns so weit von der Erfahrung des Glücklichseins, wie es nur geht.

Als ein Zustand des Seins will das Glücklichsein mit anderen geteilt werden, um sich zu vermehren oder zu vervielfachen. Es braucht keine Abwehrhaltungen, und es will keinen Anteil an den Aufgaben, die unsere Selbstkonzepte sich ausdenken. Es erkennt, dass dies nur zu Wettstreit und Machtkämpfen führt, die das Gegenteil von Frieden und Glücklichsein sind.

Wir wollen einmal annehmen, dass wir als Kind das Selbstkonzept der Selbstsucht erworben haben. Dieses Selbstkonzept stellt einen Ort in unserer Kindheit dar, an dem wir die Verbundenheit verloren haben, an dem wir vielleicht das Etikett „selbstsüchtig" bekamen, während wir das Gefühl hatten, dass unsere Bedürfnisse nicht erfüllt wurden, und weil wir als Kind gezwungen waren, selbst für die Erfüllung unserer Bedürfnisse zu sorgen. Aus diesem Grund haben wir das Selbstkonzept erworben, dass wir selbstsüchtig sind.

Wenn wir älter werden, verbergen oder kompensieren wir die „selbstsüchtigen" Selbstkonzepte, indem wir unsere Wünsche und Bedürfnisse opfern. Wenn wir dann eine Liebesbeziehung eingehen, treten unsere selbstsüchtigen Selbstkonzepte oft zutage und bewirken, dass die Selbstkonzepte der „Aufopferung", die unser Partner hat, versuchen, mit ihnen umzugehen. Manchmal ist genau das Gegenteil der Fall, doch je stärker unsere bedürftigen und selbstsüchtigen Selbstkonzepte zutage treten, desto stärker wird unser Partner in seine unabhängigen oder aufopfernden Selbstkonzepte hineingeworfen, um ihnen entgegenzutreten oder sie auszugleichen. Das kann so weit gehen, dass ein Partner uns schließlich wegen unseres bedürftigen und selbstsüchtigen Verhaltens verlässt. Oft haben wir noch nicht einmal die blasseste Ahnung, warum er uns verlassen hat, warum wir so unattraktiv geworden sind und was ihn in die Flucht geschlagen hat.

Während wir aufwachsen, bauen wir für gewöhnlich ein starkes Gefühl für unser Selbst und unsere Identität auf. Dieses starke Selbstgefühl betrachtet unser Glücklichsein als den Erwerb und die Abhängigkeit von Dingen außerhalb von uns selbst. Verlieren wir diese Dinge oder Menschen, dann geht auch unser Glücklichsein dahin. Gewinnen wir diese Dinge, dann kommt der Punkt, an dem wir erkennen, dass es nicht die Dinge oder Menschen selbst sind, die uns glücklich machen, sondern unsere Beziehungen und unser Geben, die uns für das Empfangen öffnen und zulassen, dass wir ihre Qualitäten genießen. Zu diesem Zeitpunkt haben wir schon eine starke Identität aufgebaut, gemäß der wir hart arbeiten und sehr beschäftigt sind, auch wenn wir so tun, als seien wir faul und als stünden unsere „faulen" Selbstkonzepte im

Vordergrund. Unser Geist ist mit den Auswirkungen unserer Selbstkonzepte beschäftigt, die daran arbeiten, ein kurzlebiges Glücklichsein zu erreichen.

Wenn wir uns von einem starken Selbstgefühl aus weiterentwickeln, müssen wir diese Selbstkonzepte und alle Rollen und Persönlichkeiten, die sie erschaffen, loslassen. Dadurch geben wir unser „Tun" auf und kehren zum „Sein" zurück. Es gibt weniger von uns und mehr Partnerschaft, weniger von uns und mehr Kreativität, weniger von uns und mehr Himmel. Letzten Endes (siehe Weg 50) erkennen wir, dass wir in Wahrheit nichts *tun* müssen, um glücklich zu sein. Wir brauchen die falschen Bedürfnisse nicht mehr, die künstlich von Selbstkonzepten erschaffen wurden, um eine bestimmte Identität am Leben zu erhalten.

Wir erkennen, dass weder die Identität noch die Erfüllung unserer Bedürfnisse uns glücklich gemacht hat. Für das Glücklichsein arbeiten zu müssen ist eine falsche Vorstellung, die zu einem Teufelskreis aus Arbeit führt, um sicherzustellen, dass unsere Bedürfnisse erfüllt werden, statt einfach nur zu geben und zu empfangen. Diese falsche Vorstellung entsteht durch den Zyklus aus Sichgehenlassen, Schuld und Aufopferung, der dafür sorgt, dass wir arbeiten und kompensieren, aber nicht fähig sind zu empfangen. Das Glücklichsein hingegen erlaubt uns, auf einer völlig neuen Stufe zu geben und zu empfangen.

Wenn wir die unabhängige Phase in unserem Leben erreicht haben, in der unser Selbstgefühl sehr stark ist, ist es wichtig, dass wir uns zur wechselseitigen Abhängigkeit hin entwickeln, um glücklicher, erfolgreicher und liebevoller zu werden. Um weiter zur Partnerschaft zu gelangen, müssen unsere Selbstkonzepte erfolgreich im Einvernehmen mit anderen arbeiten. Das erfordert Vermittlung und bessere

Kommunikation im Hinblick darauf, wer wann etwas opfert, damit wir unsere Selbstkonzepte aufrechterhalten und gleichzeitig um die Vorherrschaft innerhalb des höheren Rahmens von Partnerschaft und Zusammenarbeit ringen können. Das erfordert, dass wir mehr unabhängige Selbstkonzepte zugunsten von Selbstkonzepten der wechselseitigen Abhängigkeit loslassen. Kooperative Selbstkonzepte sind Selbstkonzepte, die weiter entwickelt sind als Selbstkonzepte, bei denen es um Wettstreit oder Aufopferung geht.

In dieser Phase beginnen wir jedoch auch, Selbstkonzepte loszulassen oder durch Liebe, Vergebung und Integration aufzulösen, so dass wir mit Offenheit, Verbundenheit, Gleichheit und Vergnügen weitergehen. Das öffnet uns für uns selbst (für unser eigenes Sein), für andere und für das Sein, das reinste Liebe und Glücklichsein ist. Wenn diese Fortentwicklung stattfindet, müssen wir nicht länger hart arbeiten oder kämpfen, um die Bedürfnisse unserer Selbstkonzepte zu erfüllen, denn je weiter wir fortschreiten, um so mehr erkennen wir unsere wahre Identität als geistiges Wesen oder Kind Gottes. Daher brauchen wir immer weniger und empfangen immer mehr. Das lässt ein Wertgefühl aus unserem Sein und aus dem Glücklichsein heraus zu. Wenn wir weitergehen, bewegen wir uns zu einer Verbindung mit anderen hin, die ein Fenster zum Himmel ist, und wir wenden uns fort von den trennenden Mauern der Selbstkonzepte, die Gnade und andere Menschen ausschließen.

Je mehr Selbstkonzepte wir loslassen, um so mehr lassen unsere Abwehr, unsere Aggressivität und unser Wettbewerb nach. Wir werden offener und liebevoller. Wir sind glücklich, wenn wir geben, empfangen und Freude empfinden können. Unsere Kreativität wächst, weil wir zunehmend unseren ganzen Geist nutzen, statt ihn mit Selbstkonzepten und sinnlosen

Aufgaben auszufüllen. Wir lassen uns nicht mehr so sehr von sinnlosen Leidenschaften gefangen nehmen. Wir lernen unseren Willen kennen, welcher die Kraft unseres Geistes ist, ausgerichtet auf das Gute. Unser Wille ist nicht unsere „Willenskraft" oder unsere Entscheidungskraft, sondern die Kraft unseres Seins, die hinausreicht, um Wahrheit und Geist zu bringen. Wir werden weniger der, der wir zu sein glaubten, und mehr zum Himmel, zum Bewusstsein des Einsseins.

Übung

Es ist Zeit, dass wir loslassen, wer wir zu sein glauben, und dass wir uns erkennen, wie wir wirklich sind. Lasse heute jeden negativen Glaubenssatz los, den du im Hinblick auf dich selbst hast. Das ist ganz leicht, es sei denn, dass du aus einem bestimmten Grund an diesem negativen Selbstkonzept festhältst.

I. *Untersuche jeden Bereich, in dem du aufgebracht, abwehrend oder aggressiv bist. Welches Selbstkonzept verteidigst du? Warum? Wird es dich glücklich machen? Wann?*

II. *Rufe heute dein höheres Bewusstsein an und verpflichte dich, zur Ganzheit deines Seins zurückzukehren, unterstützt durch das göttliche Sein. Auf dem Weg dorthin kann es geschehen, dass dein Ego aufschreckt, wenn es die Selbstkonzepte verliert, die ihm Stabilität und Trennung verleihen. In der Regel bedroht das Ego dich an diesem Punkt so sehr, dass du das Gefühl hast zu sterben. Aber denke daran: Du bist nicht deine Selbstkonzepte, und nur dein Ego wird sterben. Du wirst wieder geboren auf einer neuen Stufe von Liebe und Licht.*

Weg 46
Trage deinen Teil bei

Meine jahrelange Erfahrung darin, den Geist vieler Menschen zu erforschen, hat mir viele entscheidende Erkenntnisse gebracht, und eine ganz wesentliche Erkenntnis ist: Wir alle haben eine Aufgabe, und es ist eine Aufgabe, die nur wir erfüllen können. Vom metaphorischen Standpunkt aus betrachtet, könnten wir sagen, dass diese Aufgabe ein Versprechen ist, das wir gegeben haben, um im Leben unserer Familie und in der Welt etwas zu bewirken. Wenn wir unsere Aufgabe erfüllen, dann erfüllen wir auch uns selbst. Wenn wir uns erkennen und zu unserem eigenen Selbst werden, wenn wir uns zu unserem besten oder höheren Selbst hin entwickeln, dann werden wir zu einem Kanal der Gnade. Diese Weise des Seins ist auf natürliche Weise erfolgreich, und sie lädt andere ein und unterstützt sie dabei, ebenfalls auf natürliche Weise erfolgreich zu sein.

Durch unser Loslassen können andere, die in ähnlichen Situationen gefangen sind, die Gnade des Loslassens empfangen. Unsere Befreiung wird zu einem Kanal der Gnade. Unsere Entwicklung macht einen Weg frei, auf dem alle, die um uns sind, vorangehen können. Mit den Menschen, die uns am nächsten stehen, sind wir in einer bestimmten energetischen Konfiguration verbunden. Wenn eine Person innerhalb der Konfiguration einen Schritt nach vorn tut, können alle anderen in dieser Konfiguration ebenfalls einen Schritt nach vorn tun. Wenn wir die Lektion des Loslassens lernen, dann müssen unsere Kinder nicht durch diese harte Schule gehen. Jede Lektion, die wir nicht gelernt haben, geben wir an unsere Kinder weiter. Wenn wir die großen Lektionen lernen, dann ist das so, als würden wir ein Minenfeld räumen, durch das unsere Kinder und andere geliebte Menschen gehen müssen. Indem du deinen Teil beiträgst und loslässt, kann das, was nun ein Minenfeld ist, für sie zu einem Spielplatz werden.

Loslassen und rechtzeitig weitergehen ist unser Geschenk an die Welt. Das heißt, dass es ein Stück weniger Schmerz und Illusion gibt, das mit anderem Schmerz schwingt. Nun wird es ein Stück mehr Fluss geben, das dazu beiträgt, dass alles sich auf natürlichere Weise entfalten kann. Wenn wir loslassen und weitergehen, dann befreien wir die Welt von einer weiteren Falle des Schmerzes und schenken ihr in gleichem Maße Verständnis. Heilung führt uns zum Glücklichsein und zur Erkenntnis unseres Ganzseins. Festhalten führt uns nur in die Richtung von mehr Schmerz und Tod. Weitergehen erfordert Mut. Und wenn wir weitergehen, dann können alle möglichen Dinge geschehen – vielleicht sogar etwas Gutes.

Übung

Sieh, fühle und spüre die Helligkeit der Zukunft heute jedesmal, wenn du an sie denkst. Dies ist eine Entscheidung – die Entscheidung, all deine schmerzlichen Gedanken in solche Gedanken zu verändern, die mit einem guten Gefühl zu tun haben. Nutze insbesondere die Zeit unmittelbar vor dem Einschlafen und unmittelbar nach dem Aufwachen, um dich für einen glücklichen Tag zu entscheiden. Sieh die Zukunft als hell, fühle sie als frei, höre dich selbst reden, wie du es tust, wenn du dein bestes Selbst bist. Nimm jeden Gedanken von Angst, Einsamkeit, Depression und Groll und jedes schlechte Gefühl wahr. Da jeder Gedanke, den wir haben, dazu beiträgt, unsere Realität zu erschaffen, ist es wichtig, dass wir verantwortungsvoll handeln – nicht nur im Hinblick auf unser Verhalten und unsere Gefühle, sondern auch in unseren Gedanken. Immer, wenn du dich bei etwas ertappst, das kein glücklicher, erfüllter oder liebevoller Gedanke ist, triff eine neue Entscheidung. Entscheide dich und nimm das Resultat deiner Entscheidung so lebendig wie möglich wahr. Deine Gedanken sind die Bestellungen, die du in dein Leben aussendest für das, was geschieht.

Weg 47
Glücklichsein und die Pläne des Ego

Es gibt das Glücklichsein, das von Liebe, Kreativität und Gnade herrührt, und es gibt die Pläne des Ego, mit denen es versucht, das Glücklichsein zu erreichen. Das Ego hat alle möglichen Pläne, die jedoch in erster Linie seiner eigenen Stärkung dienen. Als Strategien zum Glücklichsein funktionieren sie nicht, und in der Regel verursachen sie uns ziemlich großen Schmerz. Doch wir hören auch weiterhin auf unser Ego, bis wir die damit verbundenen Lektionen endlich gelernt haben.

Das Ego sagt uns zum Beispiel, dass Selbsterhöhung uns glücklich machen wird, doch sie macht uns nur für kurze Zeit froh oder zu etwas Besonderem. Danach müssen wir unseren Status eifersüchtig bewachen – und wehe dem Menschen, der uns nicht so behandelt, wie es uns unserer Meinung nach zusteht! Das Ego sagt uns auch, dass es uns glücklich machen wird, wenn unsere Bedürfnisse erfüllt werden. Es hat viele Vorschläge zu machen, wie das zu erreichen ist: indem wir von anderen nehmen, indem wir zulassen, dass man von uns nimmt, indem wir zu hart arbeiten, durch Faulheit, indem wir bedürftig sind, indem wir unzuverlässig sind, durch Krankheit, indem wir uns in den Vordergrund drängen, indem wir uns verbergen, indem wir Vergeltung üben, durch Herzensbruch, indem wir Schuld bezahlen, indem wir uns gehenlassen, indem wir uns aufopfern, durch Wettstreit, durch

Gewinnen, indem wir schlecht sind, indem wir die Trennung aufrecht erhalten. Und das sind nur einige der vielen Tricks, die das Ego auf Lager hat.

Hauptsächlich schlägt das Ego vor, dass wir andere zu Opfern machen oder selbst zu einem Opfer werden, um auf diese Weise unsere Bedürfnisse erfüllt zu bekommen. Dazu gehört auch, dass wir jemanden in einer Beziehung verlieren, um Aufmerksamkeit oder Sympathie zu erlangen. Wenn das geschieht, schlägt das Ego vor, dass wir festhalten und versuchen, unsere vergangenen Bedürfnisse in der Gegenwart erfüllt zu bekommen, möglicherweise, indem wir an Grollgefühlen festhalten. Wegen dem, was geschehen ist, haben wir nun das Recht – so meinen wir zumindest –, zu nehmen und andere Menschen zum Opfer zu machen. Im Hinblick auf die vielen Orte, an denen wir zum Opfer gemacht wurden, sind wir wahrhaft blind. Wenn wir nicht heil werden, ziehen wir uns entweder zurück, was die Menschen verletzt, die wir lieben, oder wir meinen, einen Blankoscheck zu besitzen, eine Rechtfertigung für schikanierendes oder nehmendes Verhalten in der Gegenwart, weil wir in der Vergangenheit verletzt wurden. Nachdem wir durch unsere Abhängigkeit und unser Opfersein hindurchgegangen sind, werden wir oft unabhängig, um sicherzustellen, dass wir nie wieder verletzt werden. Das führt jedoch dazu, dass wir andere Menschen unabsichtlich zu Opfern machen. Mit anderen Worten, wenn wir zum Opfer gemacht wurden und diese Sache nicht heilen, dann geben wir dieses Opfersein weiter. Die Form mag zwar eine andere sein, aber wir geben es weiter. So kann es zum Beispiel sein, dass jemand, dessen Herz gebrochen wurde, nun andere kontrollieren will, um zu verhindern, dass sie einen Herzensbruch erleiden. In dem Maße, in dem wir selbst heil werden, lieben, die Hand ausstrecken, kommunizieren und vergeben, in dem Maße wird auch diese Heilung weitergegeben.

Einigen der Pläne unseres Ego gelingt es vielleicht, unsere Bedürfnisse kurzfristig zu erfüllen, aber langfristig funktionieren sie nie. Auch wenn unsere Bedürfnisse erfüllt werden, kehren sie zurück, und darum machen diese Pläne uns nicht glücklich. Sie haben lediglich das Ego aufgebaut und unsere Trennung, die das Gegenteil von Glücklichsein ist, verstärkt. Das Ego verspricht, uns von unserer Angst zu befreien, aber es tut dies nur zum Teil, denn es selbst ist das Prinzip der Trennung, das aus Angst, Schuld, Schmerz, Wettstreit, Beherrschung, Unterwerfung, Selbsterhöhung, Vergleich, Selbstangriff und dem Glauben, dass wir unser Körper sind, besteht.

Statt auf das Ego zu hören, könnten wir auf unser höheres Bewusstsein hören, das uns den Weg zum Glücklichsein zeigt und Glücklichsein durch Gnade bewirkt. Wenn wir unsere Fehler einmal erkannt haben, hilft unser höheres Bewusstsein uns dabei, einen Ausweg aus den Manövern des Ego zu finden, die uns in Schmerz und Fallen gefangen halten. Es braucht nicht mehr als die Bereitschaft, bereit zu sein, um uns mit Führung und Gnade zur Seite zu stehen. Eine Veränderung hin zum Glücklichsein wäre relativ einfach, wenn wir bereit wären, uns mit unserem höheren Bewusstsein und nicht mit dem Ego zu identifizieren. Das Ego erzählt, dass es uns glücklich machen will, und es nimmt uns mit auf eine Spritztour, die den Tod als endgültiges Ziel hat. Dies ist der ultimative Selbstangriff des Ego. Es will, dass wir uns mit uns selbst als Körper identifizieren und nicht mit uns selbst als einem geistigen Wesen. Dann greift es uns an und erzählt uns, dass unser Körper nicht gut genug für uns sei. Es führt uns in äußerst schmerzliche oder erschöpfende Fallen und schlägt dann vor, dass wir eher sterben als uns ändern sollten, denn schließlich ist es zu der Überzeugung gekommen, dass es noch besser ist als wir. In seiner eigenen Vorstellung bereits zur Legende geworden, will das Ego uns loswerden. Dabei verkennt es völlig den Wahnwitz dessen, was es will, denn irgendwie ist es der Auffassung, es würde unseren Tod überleben.

Wir wollen einmal genau anschauen, in welchem Ausmaß wir in Grollgefühle, in die Vergangenheit sowie in den Versuch, sicherzustellen, dass unsere Bedürfnisse erfüllt werden, investiert haben. Jeder Ort, an dem wir an gebrochenem Herzen gelitten haben, an dem wir versagt haben oder zum Opfer gemacht wurden, steht für einen Plan des Ego, der hier am Werk ist. Immer wenn wir Schmerz empfinden, werden wir feststellen, dass eine Intrige des Ego am Werk ist, aber Erfolg, Glücklichsein oder Liebe werden uns nur kurzfristig beschieden sein. Wir mögen vielleicht glauben, dass unsere Bedürftigkeit oder unser Schmerz andere ermutigen werden, auf uns einzugehen, doch solange das Ego die Kontrolle hat, wird das niemals wirklich geschehen.

Übung

Heute ist es Zeit, dass wir die Pläne unseres Ego erkennen und uns eingestehen, dass sie ein Fehler sind und uns nicht glücklich machen werden. Dann können wir unser höheres Bewusstsein um die Gnade und das Wunder bitten, uns ganz mühelos den Weg zum wahren Glücklichsein zu zeigen. Wir können sein bereitwilliger Schüler sein. Wir können das verlernen, was wir verlernen müssen, und das lernen, was notwendig ist. Das Ego hasst jede Veränderung, die zu unserer

Reife und Entwicklung beiträgt, denn das ist das einzige, was uns aus seinen Plänen befreit und zum Glücklichsein hinführt. Aus den meisten der nachfolgend genannten Gründe will unser Ego, dass wir uns aufopfern oder zum Opfer werden. Einige dieser Gründe sind zu verschiedenen Zeiten einfach nur stärker ausgeprägt als andere.

Die Pläne unseres Ego

- *erlauben uns, etwas zu tun, das wir tun wollen, uns aber selbst nicht erlaubt haben.*
- *erlauben uns, etwas nicht tun zu müssen, das wir nicht tun wollen.*
- *ermutigen uns zu dem Versuch, unsere Bedürfnisse erfüllt zu bekommen.*
- *machen uns zu etwas Besonderem.*
- *bewirken, dass uns Aufmerksamkeit zuteil wird.*
- *bringen uns etwas ein.*
- *ermutigen uns zur Rebellion.*
- *schützen uns davor, eine bestimmte Angst zu heilen.*
- *zeigen uns, dass wir recht haben.*
- *gewinnen, beherrschen oder unterwerfen.*
- *beweisen etwas.*
- *versuchen, unsere Familien durch Rollen und Aufopferung zu retten.*
- *versuchen, Vergeltung zu üben.*
- *versuchen, jemanden zu bezwingen.*
- *versuchen, uns selbst, andere oder Gott anzugreifen.*
- *verschaffen uns eine Ausrede.*
- *verbergen unsere Macht, unsere Aufgabe und unsere Identität.*
- *bringen andere dazu, sich um unsere Bedürfnisse zu kümmern.*

- *kontrollieren uns selbst und andere.*
- *verbergen Geschenke, Chancen oder Begabungen.*
- *konkurrieren mit anderen und wollen sie bezwingen.*
- *wollen uns glauben machen, dass wir nicht mehr sind als unser Körper.*
- *ermutigen uns zur Aufopferung.*
- *ermutigen uns dazu, zum Opfer zu werden oder andere zu Opfern zu machen.*
- *bewirken, dass wir uns gehenlassen.*
- *bewirken, dass wir uns schuldig fühlen, damit wir uns nicht ändern müssen.*
- *ermutigen uns dazu, anderen immer eine Nasenlänge voraus sein zu wollen.*
- *bewirken, dass wir uns schwach, unzulänglich und getrennt fühlen.*
- *halten uns auf und lenken uns ab.*
- *arbeiten am Fortbestand des Ego.*
- *erhalten den Status quo aufrecht und kämpfen gegen Veränderung.*
- *erhalten unsere Unabhängigkeit aufrecht.*
- *zeigen unsere Überlegenheit oder Unterlegenheit.*
- *blockieren Liebe und Intimität.*
- *bewirken, dass wir uns schuldig fühlen.*
- *versuchen, Schuld zu bezahlen.*

Weg 48
Chronisches Festhalten verbirgt
Sichgehenlassen

Wenn wir an einer bestimmten Person oder Situation festhalten und uns weigern, sie loszulassen und weiterzugehen, obwohl wir wissen, dass sie nicht gut oder nicht wahr für uns ist, dann benutzen wir unser Festhalten, um zu verbergen, dass wir uns auf eine bestimmte Weise gehenlassen. Was ist dieses Sichgehenlassen, dem wir verhaftet sind? Es kann Rauchen, übermäßiges Essen, Konsum von Alkohol oder Drogen, hysterisches Verhalten, emotionales Sichgehenlassen oder das Festklammern an einen ungeeigneten Partner sein, auch wenn es schmerzlich für uns ist. Unsere Verlegenheit oder Scham im Hinblick auf dieses Sichgehenlassen bringt uns dazu, es verborgen zu halten. Manchmal verbergen wir es sogar vor uns selbst, und kein noch so großes Maß an Überredung oder Schmeichelei wird uns dazu bringen, unseren Partner loszulassen, weil es in Wirklichkeit darum gar nicht geht. Das chronische Festhalten ist selbst eine Abwehrmaßnahme, die es uns erlaubt, weiter an unserem verborgenen Sichgehenlassen festzuhalten. Wir müssen uns darüber klar werden, dass es in Wirklichkeit um dieses Sichgehenlassen geht. Es ist ein kleines Laster, das bewirkt, dass wir uns schuldig fühlen, was wieder zu Aufopferung und Kompensation führt. Wegen unserer Aufopferung verspüren wir das Bedürfnis, uns zu erfrischen, und wir glauben, zu diesem Sichgehenlassen berechtigt zu sein, weil wir ja so viel „opfern" oder so hart arbeiten. Dadurch geraten wir in einen Teufelskreis.

Wenn uns bewusst wird, dass wir uns gehenlassen, und wenn wir erkennen, dass uns das nicht zufriedenstellt, dass unsere Falle aus Sichgehenlassen und Aufopferung nicht funktioniert, dann können wir sie loslassen und zu dem weitergehen, was uns wirkliche Zufriedenheit bringt.

Unser Sichgehenlassen ist eine Strategie unseres Ego. Das Ego benutzt sie zuerst, um uns das Gefühl zu geben, dass wir etwas Besonderes sind, und dann, um Scham- und Schuldgefühle zu erzeugen.

Durch diese Strategie beabsichtigt das Ego, uns zu trösten und uns für den Schmerz, das gebrochene Herz oder die Verbundenheit, die wir verloren haben, zu entschädigen. Doch das Sichgehenlassen gibt uns nicht den Trost, die Freude und die Zufriedenheit, die wahre Verbundenheit mit ihrer Liebe und ihrem Erfolg uns geben würde. In Wahrheit benutzt das Ego die Trennung der verlorenen Verbundenheit, Selbsterhöhung, Schuld und Scham, um sich selbst zu stärken und seinen Fortbestand zu sichern. Egostrategien sind Abwehrmaßnahmen, die in Wahrheit nie funktionieren. Sie bringen Schmerz, Unzufriedenheit oder genau das, was wir durch die Abwehrmaßnahme eigentlich verhindern wollten. Natürlich hat das Ego schnell eine andere Strategie oder Abwehrmaßnahme zur Hand, die unsere Hoffnung stärkt und eine Weile anhält. Letzten Endes wird aber auch sie nicht funktionieren. Dadurch bekommt das Problem mehrere Schichten und wird scheinbar komplex. In Wahrheit ist das jedoch nicht der Fall. Wir müssen einfach nur das Sichgehenlassen loslassen oder die entstandene Trennung durch Verbindung beenden, um die Verbundenheit wieder zurückzugewinnen. Das kann einen Elternteil, uns selbst, unseren Partner oder den Himmel betreffen.

Wenn wir uns gehenlassen, dann versuchen wir zu nehmen, sind aber nicht fähig zu empfangen. Es ist ein Vergnügen, dem wir Wert beimessen, weil wir glauben, dass es uns für das entschädigen wird, was wir verloren haben oder was uns gefehlt hat, seit wir eine grundlegende Verbundenheit verloren haben. Unser Sichgehenlassen kann jedoch niemals die emotionale Leere ausfüllen, die wir in unserem Inneren spüren, und deshalb geben wir ihm immer mehr nach in dem Versuch, Befriedigung zu erlangen. Dadurch vergrößert sich unsere Schuld, was dazu führt, dass wir uns noch weiter zurückziehen und noch weniger fähig sind zu empfangen.

Sichgehenlassen glänzt, aber es ist kein Gold. Es führt nur zu einer Art von „Kater" oder Schwere. Wir messen unserem Sichgehenlassen einen höheren Wert zu als unseren Beziehungen, und diese Form des heimlichen Nehmens höhlt unsere Beziehungen aus und macht uns in zunehmendem Maße unglücklich.

Übung

Untersuche, welche chronischen Muster des Festhaltens es in deinem Leben gibt. Das sind die Bereiche, in denen du nicht weitergehst. Überlege, worin dein verborgenes Sichgehenlassen bestehen könnte. Nachdem du es entdeckt hast, prüfe den Kreislauf aus Sichgehenlassen und Aufopferung, in dem du dich befindest, und welche Auswirkungen er tatsächlich auf dein Leben hat. Prüfe, inwieweit dein Sichgehenlassen dich wirklich zufrieden und glücklich gemacht hat, und prüfe auch, welchen Preis du dafür bezahlen musstest.

Wenn dein Sichgehenlassen nicht funktioniert hat, dann möchtest du es vielleicht zusammen mit den anderen „Strategien" deines Ego, die dafür sorgen, dass du festhältst, loslassen, damit das Leben dir nun das bringen kann, was dich wirklich zufrieden macht. Wenn der Preis dir nicht gefällt, den du für das Sichgehenlassen bezahlst, das dich nicht wirklich glücklich macht, dann möchtest du vielleicht eine neue Entscheidung treffen. Wenn du dein verborgenes Sichgehenlassen erst losgelassen hast, wird das chronische Festhalten auf natürliche Weise entfallen, und das Leben kann dir zeigen, was wirklich funktionieren kann.

Frage dich, bei welchem Menschen du die grundlegende Verbundenheit verloren hast, und denke darüber nach, auf welche Weise es bewirkt hat, dass du an diesem alten Partner festhältst. Stelle dir vor, dass feine Linien aus Licht dich mit diesem Menschen verbinden.

Gehe zurück in die Zeit, in der diese Verbundenheit verloren ging, und stelle dir wieder vor, wie die Linien aus Licht dich mit diesem Menschen verbinden.

Weg 49
Glücklichsein, Depression und Gott
die Schuld in die Schuhe schieben

Wir alle wissen, dass Depressionen von einem Verlust herrühren, von dem wir uns nicht erholt haben. Eine Depression ist erfüllt von schmerzlichen Gefühlen. Dazu gehören Traurigkeit, Verlust, Angst, Bedürfnis, Verlassenheit, Verletzung, Herzensbruch, Schuld, Erschöpfung, Unwürdigkeit, Hoffnungslosigkeit und Sinnlosigkeit. Es ist allerdings nicht allgemein anerkannt, dass nur wir selbst uns für einen Verlust entscheiden können, wenn wir wieder einmal einem närrischen und nicht zufriedenstellenden Plan unseres Ego folgen. Mit anderen Worten, ein Teil unseres Geistes war an der Geschichte oder dem Drehbuch, das zu dieser Depression geführt hat, beteiligt, und er setzt das Drehbuch unseres Lebens in Form einer deprimierenden Geschichte fort. Nun ist die Vorstellung des Ego von einer Depression zu einem weiteren Plan geworden, um etwas zu bekommen. Letztlich ist eine Depression ein anklagender Finger, der auf denjenigen gerichtet ist, der uns verlassen hat, oder auf jemanden, der diesen Verlust vermeintlich herbeigeführt hat. Außerdem ist sie eine Schuldzuweisung, die gegen frühere Liebespartner und unsere Eltern gerichtet ist, weil sie etwas nicht richtig gemacht haben. Selbstvorwürfe gehören natürlich auch dazu. In den tiefsten Bereichen unseres Geistes ist die Depression jedoch letztlich ein Finger der Schuldzuweisung, den wir auf

Gott richten, weil er uns im Stich gelassen hat, weil er ein schlechter oder ein schwacher Gott ist, der es versäumt hat, uns zu retten oder uns glücklich zu machen.

Es mag schwerfallen, dieses Konzept zu akzeptieren, besonders dann, wenn man es zum erstenmal liest. Vielleicht möchtest du im Laufe der Jahre noch einmal zu diesem Kapitel zurückkehren, bis dir die Botschaft klar wird. Dieses Konzept beruht jedoch auf mehr als 25 Jahren der Forschung in den tiefsten Bereichen des menschlichen Geistes, und ob du den Gegenstand unseres grundlegenden Disputs nun Gott, Licht, Geist oder sogar Wahrheit nennst, auf unserer tiefsten Ebene tragen wir alle diesen Zorn oder dieses Gefühl des Verrats in uns.

Wir versuchen, Gott die Schuld für etwas zu geben, das wir getan haben, für einen Plan, der uns niemals glücklich gemacht hätte. Wir versuchen, Gott die Schuld für das zu geben, was wir mit dem Glücksplan unseres Ego gemacht haben. Es mag vollkommen absurd klingen, aber ganz tief innen plant das Ego, Gott von seinem Thron zu stoßen, weil er versagt hat, und selbst Gottes Platz einzunehmen. Wir geben Gott die Schuld für alles, was wir mit der Welt getan haben, und wir benutzen dies als Beweis gegen ihn, damit wir König des Himmels sein können. Das wäre absolut lächerlich, wenn es nicht so trügerisch und schmerzlich wäre. Das Ego nimmt unsere Projektion und Fehlplanung als Beweis dafür, dass wir Fehler gemacht haben, und – wie Nietzsche es einmal von der Bourgeoisie sagte – es lebt, als sei Gott tot. Das war Nietzsches große Anklage gegen die Bourgeoisie, die lebte, als sei das Geld ein Gott und als würde es Gott selbst nicht geben. Natürlich hätte Gott die Dinge, derentwegen wir ihn anklagen, nicht tun und trotzdem Gott bleiben können. Er wäre seine Gotteslizenz losgewesen. Wir dagegen haben allen freien Willen, den wir haben wollen, und er geht sogar so weit, dass wir in die Hand beißen, die uns füttert.

Natürlich wird Gott durch unseren Angriff nicht verletzt, aber wir werden verletzt, und unser höheres Bewusstsein wird blockiert. Dadurch wird es für uns doppelt schwer, Führung und Gnade zu empfangen. Letzten Endes (siehe Weg 50) benutzen wir unseren Tod als Beweis, dass wir mehr Macht haben als Gott, denn er konnte uns nicht hindern, und er konnte uns nicht in den Tod folgen. Das benutzt unser Ego in seinem allerletzten Versuch, Gott zu sein und zu beweisen, dass wir recht haben – todsicher recht. Es ist nur eine weitere Intrige, die uns niemals glücklich machen wird. Sie schneidet uns von der Gnade ab, nicht etwa, weil wir die Gnade wirklich stoppen könnten, sondern weil wir uns von ihr abwenden können. In seinem finalen Wettstreit konkurriert unser Ego mit Gott, hält dies alles vor unserem Bewusstsein verborgen und erzählt uns, dass der Tod unser einziger Ausweg sei.

Dies ist die dritte und uranfänglichste Schicht von Schuld, die im tiefsten Bereich des Geistes entspringt. Bei der ersten Schicht von Schuld geht es um das, was wir getan oder zu tun versäumt haben. Das schließt alles ein, weswegen wir uns schlecht fühlen, wozu auch das Festhalten gehört. Die meisten Menschen kommen über diese Schicht niemals hinaus. Die zweite Schicht von Schuld dreht sich um unsere Familie und um unseren Versuch, sie zu retten, der einer unserer stärksten Impulse ist. Das Ego verbirgt unsere Geschenke und schlägt uns dann vor, dass wir uns aufopfern sollen, um unsere Familie zu retten. Letzten Endes benutzen wir unsere Familie, um uns zurückzuhalten, erst durch Aufopferung und „Burnout", und dann, indem wir wegen unseres Burnouts und unseres Scheiterns unabhängig von ihr bleiben. Auch wenn wir diese zweite Schicht von Schuld entdecken, bleibt sie trotzdem eine der größten Verschwörungen, die unser Ego benutzt, um uns im Leben zurückzuhalten, indem es uns von unseren Geschenken und unserer Aufgabe fernhält. Angesichts des Zustandes und Mangels an Verbundenheit in den Familien, in denen wir aufgewachsen sind, sind wir alle in diese Falle getappt. Dazu kommt noch die Beziehungsverschwörung, bei der Festhalten nur ein kleiner Teil ist. Die Beziehungsverschwörung versucht, unseren Beziehungen dieselbe Bedeutung zu geben wie Gott. Sie betrachtet Beziehungen als etwas Machtvolles, das die Fähigkeit hat, uns zu retten. Sie verwechselt Selbsterhöhung, die den Wettstreit liebt und Forderungen stellt, mit Gott. Die Beziehungsverschwörung kann verschiedene Formen annehmen: gar keine Beziehung, Beziehungen, die auf Kampf aufbauen, Leblosigkeit, Missverständnis, Trennung innerhalb der Beziehung oder Festhalten.

Diese gewaltig große Schicht soll unsere Familienverschwörung verbergen, die den Groll enthält, den wir wegen des Schmerzes, den wir erlitten haben, gegen unsere Familie hegen. Dieser Schmerz und unser Groll verbergen jedoch lediglich unsere Gefühle der Wertlosigkeit und des Versagens, weil es uns nicht gelungen ist, unsere Familie vor dem Schmerz zu retten, den wir nun schließlich geerbt haben. In uns tragen wir aber immer noch die Geschenke, mit denen wir zur Heilung unserer Familie beitragen können. Diese Geschenke liegen unter dem Schmerz, der Aufopferung, den Rollen, der Verschmelzung, der Schuld, den Kompensationen, der Co-Abhängigkeit und der Unabhängigkeit der Vergangenheit begraben. Wir können sie aber ganz leicht erreichen, wenn wir uns ihres Vorhandenseins einmal bewusst geworden sind. Wenn diese Geschenke einmal umarmt und mit anderen geteilt wurden, werden sie der Welt auf eine erstaunliche Weise helfen, während wir unsere Aufgabe erfüllen.

All dies verbirgt einen noch tieferen Bereich oder eine dritte Schicht von Schuld, die Christen als die „Ursünde" beschreiben. Das ist der Bereich, in dem wir uns schuldig fühlen, weil wir uns von Gott oder dem Einssein getrennt haben. Wir glauben, dass wir Gottes Geschenke gestohlen und ihn selbst in einem gigantischen spirituellen Ödipus-Konflikt getötet haben. Das gibt uns das Gefühl, dass wir in Gott einen gewaltigen Feind haben, und wir glauben, dass er sehr zornig auf uns ist. So geben wir Gott die Schuld an den Leiden der Welt und benutzen sie als Ausrede, um seine Autorität an uns zu reißen und so zu tun, als seien wir Gott. Natürlich haben wir Gott zum Sündenbock gemacht oder geglaubt, das zu tun, und wir haben ihm vorgeworfen, dass er uns aus dem Himmel hinausgeworfen hat – als ob der Himmel ein Ort wäre, aus dem man dich hinauswirft, und als ob wir irgendeinen Befehl Gottes *jemals* missachten könnten. Das bedeutet, dass wir uns noch immer im Himmel oder in der Erfahrung des Einsseins befinden, aber wir sperren uns selbst aus diesem Bereich unseres Geistes aus und halten uns an den eher illusorischen Traumbereich des Geistes, den Geist unseres Ego.

Der Angriff, den wir gegen Gott führen, enthält unsere älteste und uranfänglichste Schuld und ist doch ein reines Missverständnis. Er ist weniger real als der Wutanfall eines Zweijährigen, der gegen seine Eltern gerichtet ist. Die liebevollste Kraft im Universum will nur, dass wir aus diesem Alptraum erwachen, den wir im Hinblick auf diesen Kampf und diese Schuld, diese Selbstbestrafung und diesen Schmerz haben. Könnten wir Gottes Liebe zu uns nur erkennen und uns darauf konzentrieren, dann könnten wir den Schmerz vergessen und aus unseren schlechten Träumen erwachen. Natürlich ist es viel leichter, aus glücklichen Träumen in die Freude des Einsseins hinein zu erwachen als aus einem Alptraum. Unser

Festhalten und die darauffolgenden Depressionen sind zu einem unserer Alpträume geworden. Es ist Zeit, dass wir einen glücklichen Traum daraus machen.

Übung

Heute ist es an der Zeit, dass wir den Wahnsinn unseres Ego zugunsten von Gottes Frieden aufgeben. Es ist an der Zeit, dass wir wieder zu einem Kind Gottes werden und zulassen, dass wir geliebt werden, denn das ist die Wahrheit, ganz gleich, ob wir es nun erkennen oder nicht. Es ist an der Zeit, dass wir das Schieben und Stoßen, das Nehmen und die Schwäche oder Vorherrschaft des Ego aufgeben und zulassen, dass wir geliebt, geheilt, geführt und beschenkt und voller Zärtlichkeit und Gnade umarmt werden. Der Wahnsinn der Trennung führt zu Tod, Krieg, Krankheit, Kampf, Hass, Angst, Schuld und zu allem, was negativ ist. Vergib Gott, und der Angriff und die verborgene Schuld, die du auf Gott projiziert hast und die die liebevollste Kraft im Universum zornig und urteilend erscheinen ließen, werden dir vergeben. Auf diese Weise können Geschenke, Gnade und Führung zurückkehren. Lege dich selbst heute in die Hände Gottes oder deines höheren Bewusstseins. Ein neuer Tag erwacht.

Weg 50
Glücklichsein und Bestimmung

Daran, wie groß die Erfüllung eines Menschen ist, kannst du erkennen, wie weit er seiner Aufgabe gemäß lebt, und daran, wie glücklich er ist, kannst du beurteilen, wie gut er seine Bestimmung erfüllt hat.

Deine Aufgabe ist etwas, das du tust. Deine Bestimmung ist etwas, das du bist. Würden wir alle unserer Bestimmung gemäß leben, hätten wir den Himmel auf Erden. Wie die Dinge stehen, haben die meisten von uns – außer in einem äußerst begrenzten Kontext – ihre Bestimmung oder ihre Identität weder erkannt noch über sie nachgedacht. Je mehr wir unsere Bestimmung umarmen, desto mehr Pläne unseres Ego geben wir auf, indem wir Dinge loslassen, von denen wir glaubten, sie würden uns glücklich machen. Das erlaubt uns, im Hier und Jetzt glücklich zu sein. Wenn wir glauben, dass bestimmte Dinge uns glücklich machen, sind wir von diesen Dingen besessen. Wenn wir glauben, dass etwas, jemand oder eine Situation die Quelle unseres Glücklichseins ist, wird es zu einem Zwang, bringt unseren Fluss zum Stocken und macht uns abhängig und bedürftig. Unser Glücklichsein rührt daher, wie sehr wir in Beziehung zu anderen stehen und wie sehr wir uns selbst geben. Eine Verhaftung zeigt einen Ort, an dem wir nehmen wollen, und das führt zu Niederlage, Verletzung und Herzensbruch.

Für das Glücklichsein ist Loslassen von entscheidender Bedeutung, denn Festhalten hindert uns daran, zu dem zu werden, „der zu sein wir gekommen sind". Es hält uns von unserem Potential fern und hindert uns daran, nach Zukunft und Erfolg zu greifen. Wenn wir unser Potential nicht erreichen, werden wir niemals das Glücklichsein und die Gnade besitzen, die wir mit unserem Partner und mit dem Rest der Welt teilen können.

Unsere Bestimmung ist eng mit unserer Menschlichkeit und unserer Göttlichkeit verbunden. Sie besteht darin, dass wir uns selbst erkennen, wie Gott uns kennt – als sein Kind. Indem wir dieses Selbst umarmen, indem wir der sind, der zu sein wir gekommen sind, zünden wir ein bestimmtes Licht in der Welt an, das bleibt, nachdem wir gegangen sind. Wir haben ein bestimmtes Geschenk für die Welt, das Leben und die Menschen um uns, das segnet, heilt und Glücklichsein erschafft. Wir werden zu einem Leuchtturm für die Menschheit und zu einem lebendigen Schatz für die Welt. Unsere Bestimmung eröffnet Weisheit, Wissen und hohe Stufen der Bewusstheit.

Indem wir unsere Bestimmung im Leben umarmen, gelangen wir in unsere eigene Mitte, und dadurch setzen wir eine Schwingung in Gang, die andere Menschen in ihre Mitte zieht, wo sie Frieden, Unschuld und Gnade finden. Indem wir unsere Bestimmung umarmen, strahlen wir Liebe und eine Offenheit für Führung und Gnade aus.

Wir können hier und jetzt glücklich sein, weil es keinen Ort gibt, an den wir gehen müssen, und weil es nichts gibt, das wir tun müssen, um glücklich zu sein. Wir müssen es nur als Gnade und Gottes Liebe für uns empfangen. Was unsere Bestimmung angeht, sind wir nicht länger von den vielen Zielen und Gedankensystemen des Ego getrieben, so dass unser Geist gedankenleer wird und nur von Bewusstheit, Liebe, Glücklichsein und guter Laune erfüllt ist. Je leerer unser

Geist von zielgerichteten Gedanken wird, um so mehr fühlen wir die Erkenntnis des Einsseins. Wir werden liebevoll, glücklich und sind in Gott zentriert. Wir haben gelernt, einen Schritt zurückzutreten, uns zu entspannen und den Himmel vorangehen zu lassen. Wenn es etwas zu tun gibt, werden wir geführt, um es zu tun; wenn wir inspiriert sind, etwas zu tun, dann lassen wir zu, dass Gnade es durch uns vollbringt. In dem Maße, in dem unser Denken und unsere Erinnerungen wegfallen, nehmen unsere Bewusstheit, gute Laune, Inspiration und Intuition zu. Die Antworten auf Fragen kommen als Widerhall aus unserem Inneren. In dem Maße, in dem unsere Ziele, Bedürfnisse und Habgier verschwinden, in dem Maße verschwindet auch die Zukunft und wird durch das ewige Jetzt ersetzt. In dem Maße, in dem unser Ego schwindet, gibt es weniger von uns und mehr Liebe, Weisheit und Licht. Wir erkennen die Kraft unseres Geistes, Entscheidungen zu treffen, und wir richten den Traum unseres Lebens auf einen glücklichen Traum aus. Wir entscheiden uns immer mehr für Liebe und Glücklichsein. Wir haben unsere wahre Wirkungskraft erlangt.

Wir erkennen die Kraft unseres Geistes und verstehen, dass die Realität wesentlich fließender und flexibler ist, als wir zuerst dachten.

Doch wir tragen nicht die schwere Last der Verantwortung, sondern die Fähigkeit, auf andere einzugehen.[7] Wir hören mehr und mehr auf unser höheres Bewusstsein, weil wir erkennen, dass es allein uns befreien und uns auf anmutige Weise den Weg weisen kann. Wir erkennen, dass alles, was geschieht, zum Besten ist, und dass angesichts dessen, was in uns der Heilung bedarf, alles sich auf die höchstmögliche

---

7   Anm. der Übersetzerin: Zur Erklärung siehe Fußnote 3 auf Seite 88.

Weise entwickelt. Wir sind für die Welt ein Meister, für uns selbst jedoch nichts Besonderes geworden. Das Aufgeben unserer Selbsterhöhung lässt zu, dass Liebe vom Himmel durch uns zu anderen und zur Welt hin und wieder zurück fließen kann.

Als ein Meister lässt unsere Liebe zu anderen Menschen uns Illusion und Karma im Schmelzofen unseres Herzens durch Liebe und Mitgefühl verbrennen, so dass wir andere aus Enttäuschung, Schmerz, ihrem selbst gewählten Gefängnis und sich wiederholenden Fehlern retten. Wir fangen an, genau jene Glaubenssätze in Frage zu stellen, welche die Menschheit fordern und in Gefahr bringen, denn wir erkennen sie als Glaubenssätze, die transzendiert werden können. Dazu gehören Krankheit, Leiden, Opfersein, Mangel (siehe Glossar) und Tod. An diesem Punkt haben wir die Polarisierung von Ich und Du, Subjekt und Objckt, hinter uns gelassen und haben stattdessen ein Gefühl des Wir entdeckt, eine Verbundenheit, die auf dieser Stufe offensichtlich zu sein scheint. Wir haben die Einheit aller Dinge erkannt.

Hier existiert nur noch der Wunsch nach Frieden und einem ruhigen Geist, damit die Herrlichkeiten des Himmels sich auf uns und durch uns auf die Menschheit ergießen können. Hier gibt es nur noch Verbindung, die alle auftretenden Störungen heilt, und Freude, die daher rührt, dass wir Liebe geben und Liebe empfangen, ganz besonders die Liebe Gottes. Hier haben wir die Verfolgungsjagd nach vergnüglichem Schmerz oder schmerzlichem Vergnügen aufgegeben, und paradoxerweise werden wir mit Entzücken und Erfüllung überhäuft, während wir versuchen, die Welt mit heilendem Balsam und dem Licht des Himmels zu segnen. Wir leben das Leben eines Mystikers, erfüllt von der Schönheit und Gnade des geliebten Gottes, und wir sind ein Freund der Welt, weil wir den geliebten Freund umarmt haben. Der Himmel kommt der Erde ein wenig näher, und diejenigen, die entmutigt, erschöpft und unabhängig sind, finden die Wahrheit von Liebe und Partnerschaft.

Übung

Heute besteht deine Aufgabe noch nicht einmal im Loslassen. Heute ist ein Tag, um dein Schicksal zu umarmen. Wünsche dir deine wahre Identität als das geliebte Kind Gottes, das alle guten Dinge verdient. Dieses spirituelle Vermächtnis bringt es mit sich, dass tagtäglich Wunder geschehen. Entscheide dich dafür, dich deiner Bestimmung ganz und gar hinzugeben. Entscheide dich dafür, mit ihr zu gehen. Du hast eine Wahl. Wenn du zulässt, dass der Himmel dich in so großem Maße erfüllt, kann die Welt fortwährenden Segen erfahren.

Glossar

Aufopferung ist eine Rolle, die wir annehmen, um einen Verlust abzuwehren. Wenn wir uns aufopfern, geben wir, aber wir empfangen nicht. Wir wollen jetzt verlieren, weil wir hoffen, später zu gewinnen. Aufopferung ist wirkungslos. Sie blockiert Intimität in dem Versuch, lieber die Sicherheit der Verteidigung als Gleichheit und Nähe zu haben.

Beziehungsphasen sind die Phasen, die alle Beziehungen auf ihrem Weg, den Himmel auf Erden zu erschaffen, durchlaufen. Jede Phase hat ihre eigenen Herausforderungen, Fallen und Antworten. Wenn du die verschiedenen Beziehungsphasen kennst, bist du besser darauf vorbereitet, mit den Herausforderungen umzugehen und dich von den Problemen nicht auf dem falschen Fuß erwischen zu lassen.

1. Beziehungen beginnen mit den Flitterwochen oder der romantischen Phase, in der wir den anderen idealisieren. In dieser Phase können wir jedoch auch das Potential der Beziehung sehen und spüren.

2. Dann folgt die Phase des Machtkampfs, in der wir lernen, unsere Differenzen zu überbrücken, zu kommunizieren, uns zu verbinden und beide Positionen zu integrieren. In dieser Phase projizieren wir unsere Schattenfiguren auf unseren Partner und kämpfen in erster Linie um unsere Bedürfnisse.

3. In der Phase der Todeszone lernen wir, von guter Form zur Authentizität zu gelangen und unseren eigenen Wert ohne Rollen oder Aufopferung zu finden. Außerdem lernen wir, wie wir Verbundenheit herstellen und über die vorgetäuschte Verbundenheit, der Verschmelzung, hinausgelangen können.

4. In der partnerschaftlichen Phase sind wir zu einem Gleichgewicht zwischen unseren eigenen männlichen und weiblichen Seiten gelangt, und entsprechend tun wir dies auch in unserer Beziehung und mit unserem Partner. Wir finden Gleichgewicht, Gleichheit und Intimität.

5. In der Phase der Führungsqualitäten sind wir beide zu Führern im Leben geworden und haben gelernt, uns über den Konflikt und den Wettbewerb der Persönlichkeiten hinaus gegenseitig wertzuschätzen.

6. Die Phase der Vision haben wir erreicht, wenn wir, zusammen mit unserem Partner, zu einem Visionär geworden sind und einen Beitrag für die Erde und die Heilung von unbewusstem Schmerz und unbewussten Bruchstellen leisten.

7. In der Phase der Meisterschaft haben wir unsere Gefühle des Versagens und der Wertlosigkeit in Beziehungen bis zu dem Punkt geheilt, an dem wir von Tun und Werden zu Sein und Gnade gelangen. Hier werden wir für die Erde zu lebendigen Schätzen. Hier beginnt für unsere Beziehung der Himmel auf Erden.

Ego ist der Teil von uns, der nach Trennung und Selbsterhöhung strebt und letzten Endes Gott sein will. Das Ego kämpft in erster Linie immer für sich selbst und seine eigenen Bedürfnisse. Es ist auf Angst, Schuld, Negativität und Wettbewerb aufgebaut. Es will immer Bester sein, selbst dann, wenn das Schmerz bedeutet oder das Beste vom Schlimmsten ist. Das Ego lenkt ab, verzögert und versucht Entwicklung zu verhindern, weil es eher an seinem eigenen Fortbestand interessiert ist. Es basiert auf der Regel von Beherrschung und Unterwerfung und nicht auf Stärke oder Wahrheit. Letztlich ist es eine Illusion. Wir stärken es, solange wir jung sind, und lösen es dann auf, um Partnerschaft zu erlangen und Gnade zu erfahren.

Geschenke sind Aspekte der Größe oder der Gnade, durch die jede Aufgabe leicht wird. Unsere Geschenke sind die Antwort auf alle Situationen, denn sie klären das Problem. Geschenke sind gelernte Lektionen, die stets geben und die Dinge in Fluss bringen. Es sind kleine Päckchen der Weisheit, der Heilung und des Einfühlungsvermögens für die gegebene Situation. In jedem Problem verbirgt sich ein mögliches Geschenk. Wir tragen viele tausend ungeöffnete Geschenke in uns, die das Gegenmittel für Schmerz und Probleme sind.

Höheres Bewusstsein ist der Aspekt unseres Geistes, der schöpferisch ist, der alle Antworten enthält oder empfängt und der unseren Willen und unseren Geist für die Gnade öffnet, die der Himmel und die Welt uns zuteilwerden lassen wollen. Es führt uns stets mit ruhiger Stimme zur Wahrheit hin. Es ermutigt uns, gemeinsam zu gewinnen, nicht nur jetzt, sondern auch in Zukunft.

Kompensation ist der Versuch, etwas Negatives wettzumachen, indem wir uns auf eine entgegengesetzte Weise verhalten, so, als würden wir eine Rolle spielen.

Liebe ist das höchste Ziel und gleichzeitig das beste Mittel, um das Ziel zu erreichen. Sie ist die süße Erfüllung, die sich einstellt, wenn man sich mit offenem Herzen gibt. Sie bedeutet geben, empfangen, teilen und die Hand nach dem anderen ausstrecken. Liebe ist die Grundlage des Seins und die beste Umschreibung von Gott, ganz gleich, welcher Art unsere religiösen Überzeugungen sind. Sie gibt uns alles, was wir wollen – Sinn, Glück, Heilung, Gedeihen und Freude. Unsere Entwicklung und unser Glück beruhen darauf, wie viel wir in der Liebe geben und empfangen.

Mangel ist ein Glaubenssatz, der auf der Angst beruht, dass es nicht genug gibt und dass wir oder ein anderer leer ausgehen muss. Glaube an Mangel führt zu Machtkampf, Wettbewerb und Aufopferung.

Manifestieren ist der bewusste Einsatz unseres Geistes, um uns für das zu entscheiden, was wir wollen. Es heißt, dass wir das, was wir wollen, visualisieren, fühlen und spüren, um es dann loszulassen und Vertrauen zu haben. Es erlaubt uns, genau und im Detail das zu erschaffen, was wir haben wollen.

Schattenfiguren sind Selbstbilder, durch die wir uns selbst verurteilen und die wir als Folge davon verdrängt haben. Sie stehen für Bereiche von Selbsthass, die wir auf andere Menschen oder auf die Welt im allgemeinen projizieren.

Verbundenheit ist die Verbindung, die zwischen uns und anderen Menschen besteht. Sie führt nicht durch Kampf und Schwierigkeit, sondern durch Leichtigkeit zu Liebe und Erfolg. Es ist die Verbundenheit, die der Bindekraft ihren Leim und der Teamarbeit ihre Gegenseitigkeit verleiht.

Verschmelzung ist das Durcheinandergeraten von Grenzen, das passiert, wenn wir die Verbundenheit verlieren. Wir können nicht mehr sagen, wo wir selbst aufhören und ein anderer anfängt. Verschmelzung ist die Antwort des Ego auf verlorene Intimität. Sie ist eine vorgetäuschte Form der Verbundenheit, die zu Aufopferung und Groll führt. Verschmelzung ruft ein überbelastendes Gefühl von Loyalität hervor, das irgendwann zu einem „Burnout" führt und bewirkt, dass wir das entgegengesetzte Extrem der Unabhängigkeit wählen. Von übergroßer Fürsorge und erstickender Zuneigung bewegen wir uns hin zu einer Haltung, in der wir vorgeben, dass es uns nicht kümmert.

Verschwörung ist eine chronische Falle des Ego, die so gut aufgestellt ist, dass es so aussieht, als würden wir ihr niemals entkommen. Verschwörungen sind besonders schwierig zu heilen, bis wir erkennen, dass das Problem auf diese Weise gestellt worden ist.

Wutanfall ist eine Entscheidung, bei der wir reaktiv sind, klagen, uns zurückziehen oder uns selbst verletzen, wenn das Leben nicht so läuft, wie wir uns das bewusst wünschen. Ein Wutanfall kann jede mögliche Form von Versagen, Unreife oder mangelndem Erfolg annehmen.

Danksagung

Zuallererst möchte ich mich für die hervorragende redaktionelle Bearbeitung bedanken, die diesem Buch seine vorliegende Fassung gegeben hat. Mein Dank geht an Sue Allen, Karen Sullivan und Brian Mayne. Für die Niederschrift und allgemeine Unterstützung bedanke ich mich bei Peggy Chang und bei Kathy Miller-Strobel. Mein Dank geht auch an meine Schüler, die mich so vieles gelehrt haben. Ich möchte meiner Frau Lency und meinen Kindern Christopher und J'aime für ihre Liebe und Unterstützung und für die Gnade danken, die sie für mich sind. Euch allen vielen Dank für die wunderbare und hilfreiche Rolle, die ihr in meinem Leben spielt.

Ich möchte auch *Ein Kurs in Wundern* für das Ausmaß danken, in dem er mein Leben immer wieder beeinflusst und mir ein immer tiefgreifenderes Verständnis für Psychologie und Spiritualität vermittelt hat. Er hat mir einen Weg nach Hause gezeigt.

Weitere Bücher aus dem Verlag Via Nova:

Worte der Kraft
aus „Ein Kurs in Wundern"
mit Interpretationen von Chuck Spezzano

Hardcover, 400 Seiten, ISBN 978-3-86616-358-4

Nicht viele Bücher der Menschheitsgeschichte haben eine solch große transformatorische Kraft und Dimension wie das Buch „Ein Kurs in Wundern". Auch der weltberühmte Weisheitslehrer Chuck Spezzano schöpft seit Jahrzehnten aus der göttlichen Inspiration dieses Meisterwerks. Er hat daraus für 365 Tage jeweils eine Botschaft in einem Satz ausgewählt und sie in einem kurzen Ausschnitt als Zitat in den Zusammenhang des Buchtextes gestellt. Er gibt dann seinen eigenen Kommentar zu den ausgewählten „Worten der Kraft", tief berührende Erläuterungen, Anregungen, Anstöße und Interpretationen. Dieses Buch ist ein wahrhaftiger „Seelen-Begleiter" im Alltag, durchdrungen von göttlicher Weisheit und Liebe. Es enthält Worte, die unser tiefstes inneres Sein nähren und erhellen können, und ist bestens geeignet für alle, die „Ein Kurs in Wundern" erst noch kennenlernen möchten.

Worte der Kraft
Karten-Set
Chuck Spezzano

366 Karten mit Anleitung, ISBN 978-3-86616-374-4

Wer sie im Leben und im Alltag benutzt, wer sich ernsthaft auf dieses einmalige Karten Set der Heilung einlässt, der darf kleine und große Wunder für sein Leben und sein inneres Wachstum erwarten. Denn dafür sind sie gemacht! Auf jeder Karte steht ein kraftvoller Satz aus dem Weisheitsbuch „Ein Kurs in Wundern" ausgewählt von Chuck Spezzano. Sie geben überraschende und hilfreiche Antworten auf unsere Lebensfragen und zeigen in jeder Situation und zu jeder Zeit den nächsten Schritt auf der Reise zu uns selbst! Sie ermutigen, belehren, erinnern uns, verbinden uns mit den unveränderlichen zeitlosen Wahrheiten und schenken jeden Tag Kraft, Zuversicht und neue Einsichten. Das handliche Format der Karten macht sie zum idealen Alltagsbegleiter, problemlos kann man sie überall bei sich tragen und bei Bedarf intuitiv ziehen.

Dein Herz ruft nach Liebe
Wie deine Partnerschaft erblühen kann
Chuck Spezzano

Hardcover, 224 Seiten, ISBN 978-3-86616-390-4

Die Liebe – immer wieder die Liebe! Was sonst? Solange wir nicht vollkommen durchdrungen sind von dieser alles umfassenden Kraft, die jeden Moment strahlt, pulsiert und uns in ihrer ganzen Zartheit und Lebendigkeit erfüllt, so lange sind wir Lernende. Und erst, wenn unsere Herzen wirklich Quell des nicht endenden Lichts und Mitgefühls geworden sind, erst dann sind wir am Ziel, erst dann haben wir unsere wahre Bestimmung gefunden als wirkender Teil des Göttlichen. Der Autor öffnet uns Türen, zeichnet uns Wege, gibt uns Hinweise, Ausblicke, Inspirationen und nimmt uns an die Hand, um uns sicher durch das innere Labyrinth zu geleiten.

Karten der Sexualität
Liebe und Zärtlichkeit
Illustrationen von Petra Kühne
Chuck Spezzano

100 farbige Karten mit Begleitbuch (Paperback), 304 Seiten, ISBN 978-3-86616-375-1

Sexualität ist eine der wohl kraftvollsten menschlichen Energien überhaupt. So vielfältig und individuell die Erfahrungsräume dabei sein mögen, in der Essenz zeigt sich doch immer die Sehnsucht nach Liebe und nach dem Eins-Sein mit dem Göttlichen. Dieses neue Karten-Set mit einem ausführlichen Begleitbuch von Chuck Spezzano konfrontiert uns in unverstellter Ehrlichkeit und zugleich lebendiger Weisheit mit all den facettenreichen Aspekten und Seiten des Themas. Der Autor lässt uns innehalten, nachspüren und vergegenwärtigen. Er ermuntert uns, Hindernisse für die Liebe zu überwinden, egoistisches Verhalten zu durchschauen, ungesunde Muster aufzulösen und führt so zu mehr Nähe, Verbindung und Zärtlichkeit. Die exzellenten und künstlerisch hochwertigen Illustrationen unterstreichen noch die tiefgründigen Erkenntnisse des Weisheitslehrers Chuck Spezzano.

Glückliche Partnerschaft
Beziehungen in einer neuen Dimension
Chuck Spezzano

Hardcover, 272 Seiten, ISBN 978-3-86616-357-7

Es ist und bleibt Chuck Spezzanos große spirituelle Mission, uns immer wieder neu und immer wieder überraschend an das Essentielle zu erinnern, zugleich unsere Augen und Herzen zu öffnen, für das Göttliche in uns selbst und unseren Beziehungen. Ja, unser Traum von einer wirklich glücklichen, erfüllenden Partnerschaft kann wahr werden, so der weltberühmte Weisheitslehrer in seinem neuen Buch. Möglich, dass wir uns von blendenden Illusionen verabschieden müssen, dafür aber schaffen wir neuen Raum, um das Göttliche in unserem Leben und in unserer Partnerschaft zu begrüßen. Wie wir das Heilige und Heilende in unseren alltäglichen Beziehungen jeden Tag neu entdecken und leben können, zeigt uns Spezzanos neues Meisterwerk der Liebe. Ein beglückender Wegweiser für goldene Zeiten im Miteinander!

Partnerschaft und spirituelles Leben
Gemeinsam in ein höheres Bewusstsein
Chuck Spezzano

Hardcover, 272 Seiten, ISBN 978-3-86616-329-4

Mit gewohnt durchdringender Bewusstseinsklarheit und mitfühlender Menschenkenntnis öffnet der weltberühmte Weisheitslehrer mit den Botschaften dieses Buches unsere Herzen und unsern Geist für ein tiefes spirituelles Verständnis von Partnerschaft. In seiner unvergleichlichen Weise erinnert er uns daran, im Anderen, in uns selbst und in allen Prozessen, die in der Begegnung stattfinden, das Göttliche zu erkennen. Welche Widerstände und Schwierigkeiten wir auch immer in und durch unser Partnerschaft erfahren, sie sind die großen Wegweiser für unsere Heilung. Und wahre Heilung kann nur in und durch die Liebe geschehen. Dieses grandiose „Meisterwerk der Liebe" zeigt uns, wie wir gemäß unserer göttlichen Natur ein erfüllendes Miteinander leben können.

Die Heilkraft der Seele
Heilung auf allen Ebenen des Lebens
Chuck Spezzano

Hardcover, 248 Seiten, ISBN 978-3-86616-330-0

Ist es nicht Zeit für eine allumfassende Heilung, Heilung für Seele, Geist und Herz, Heilung der Wunden und Traumata unserer Vergangenheit, die uns den Blick verstellen für das klare Licht der Bewusstheit und Präsenz? Ist nicht jetzt die Zeit, uns zurückzuverbinden mit unserer wahren Natur, dem All-Einssein und der stets vorhandenen allumfassenden Liebe? Mit unerschöpflicher Herzensweisheit, wie sie nur wenigen Menschheitslehrern der Gegenwart eigen ist, lässt uns der unermüdlich wirkende Chuck Spezzano an dem nicht endenden Fluss seiner berührenden und klaren Erkenntnisse und Einsichten teilhaben. Botschaften, die wie destillierte Heilessenzen wirken, geschöpft aus der universellen Quelle des Seins, können auf dem Pfad zu unserem wahren göttlichen Selbst zu wertvollen Wegweisern der Heilung werden.

Leben in emotionaler Freiheit
Heilung von unbewussten
Hindernissen und Blockaden
Chuck Spezzano

2. Auflage

Hardcover, 224 Seiten,
ISBN 978-3-86616-312-6

Nichts bewegt und belastet uns und unsere Beziehungen mehr als unerlöste, unbewusste Emotionen. Über sie Meisterschaft zu erlangen, sie zu verwandeln und zu nutzen auf dem Pfad der eigenen Transformation, ist wahre Heilung – nicht nur für uns selbst, sondern auch für all unsere Mitmenschen. Mit seinem neuesten Meisterwerk, dem 3. Band zur emotionalen Reife, reicht der weltberühmte Weisheitslehrer Chuck Spezzano allen die Hand, die den Weg der inneren Verantwortung und Reife zu Ende gehen möchten. Die wundervollen, kristallklaren Botschaften dieses Buches könnten der Schlüssel sein, für ein neues lichtvolles Miteinander, nach dem sich alle Menschen so sehnen. Es öffnet uns Augen und Herz für den nächsten notwendigen Schritt der inneren Entwicklung hin zu wahrhaft erfüllenden Beziehungen, in der gelebte Liebe und Freiheit Wirklichkeit werden.

OutdoorHandbuch aus der Reihe „Regional", Band 413

ISBN 978-3-86686-544-0   1. Auflage 2017

© BASISWISSEN FÜR DRAUSSEN, DER WEG IST DAS ZIEL und FERNWEHSCHMÖKER sind
urheberrechtlich geschützte Reihennamen für Bücher des Conrad Stein Verlags

Text und Fotos: Hartmut Engel
Lektorat: Amrei Risse
Formatieren des Textes: Praktikantin Denise Fei
Karten und Layout: Manuela Dastig

Gesamtherstellung: Werbedruck GmbH Horst Schreckhase

Dieses OutdoorHandbuch wurde konzipiert und redaktionell erstellt vom:

Conrad Stein Verlag GmbH, Kiefernstr. 6, 59514 Welver,
☎ 023 84/96 39 12, FAX 023 84/96 39 13,
✆ info@conrad-stein-verlag.de,
🖥 www.conrad-stein-verlag.de

Besuchen Sie uns bei Facebook & Instagram:

 www.facebook.com/outdoorverlage (Die Outdoor-Verlage)

 www.instagram.com/die_outdoor_verlage (die_outdoor_verlage)

Titelfoto: Heide blüht an vielen Orten auf der Halbinsel Sheep's Head

Inhalt

Irlands Westen

In diesem Regionalführer finden Sie 24 Wandervorschläge für abwechslungsreiche Tagestouren in Irlands Westen. Dabei wird die gesamte Westküste der Grünen Insel abgedeckt, von Cork im Süden bis Donegal im Norden. Diese Region, die von vielen auch als „Irlands wilder Westen" bezeichnet wird, gehört zu dem landschaftlich Schönsten und Vielfältigsten, was Irland zu bieten hat. Ein Paradies für Wanderer. Hier finden Sie die höchsten Berge der Insel, die steilsten Klippen, wunderbare kilometerlange Sandstrände und fruchtbare grüne Täler.

Dank des durch den Golfstrom und die Insellage gemäßigten Klimas gedeihen im Flachland auch subtropische Pflanzen, während Sie in den höheren Lagen alpine und sogar polare Vegetationsformen entdecken werden. Die Tierwelt ist reich, vor allem die Vogelliebhaber kommen auf ihre Kosten. Einzig Fans von Schlangen werden enttäuscht sein, denn diese gibt es auf Irland nicht.

Die Touren wurden in diesem Buch in drei Regionen gruppiert, den Südwesten, den mittleren Westen und den Nordwesten.

Der Südwesten umfasst die beiden Grafschaften Cork und Kerry. Vor allem Kerry ist eine Hochburg des Tourismus. Hier finden Sie eine wunderbare Landschaft mit hohen Bergen und fantastischen Sandstränden und mit dem Ring of Kerry eine Autoroute, für die Touristen aus aller Welt anreisen. Nicht minder beliebt ist der parallel verlaufende Kerry Way, ein über 200 km langer Fernwanderweg.

Nördlich des Shannon beginnt der mittlere Westen. Er umfasst die Grafschaften Clare, Galway, Mayo und Sligo. In Clare finden Sie mit den Cliffs of Moher – über 200 m senkrecht in den Atlantik abfallende Klippen – eine der touristischen Hauptattraktionen Irlands. Nicht minder attraktiv, aber verglichen mit den Cliffs of Moher noch ein Geheimtipp ist das kahle Kalksteinplateau des Burren. Weiter nördlich in Galway und Mayo fasziniert das fast menschenleere Connemara, eine Heide- und Moorlandschaft mit mystischer Ausstrahlung, die bei uns unter anderem durch die robusten Connemara-Pferde bekannt ist. Hier liegt mit dem Connemara-Nationalpark aber auch einer der sechs irischen Nationalparks. Weiter nördlich wartet noch ein touristisches Highlight: Croagh Patrick, der heilige Berg Irlands, der jährlich von mehr als 100.000 Wanderern und Pilgern erklommen wird.

Der Nordwesten wird durch die Grafschaft Donegal repräsentiert. Sie ist die nördlichste Region der Republik und grenzt im Osten an das britische Nordirland. Donegal ist von bis zu 750 m emporragenden Bergen und einer durch Buchten und Halbinseln zerklüfteten Küste mit kilometerlangen, sauberen Sandstränden und hohen Klippen geprägt. Am Slieve League fallen sie 600 m senkrecht in die Tiefe und gehören damit zu den höchsten in Europa. Um mehr Touristen in das dünn besiedelte Land zu locken, wurden in manchen Gebieten vorbildlich markierte Wanderwege geschaffen. Ein gutes Beispiel ist die nördlichste Halbinsel Inishowen, auf der mehr als 10 Wanderwege eingerichtet wurden.

Irlands Westen bietet von jedem etwas und das im Überfluss. Für Wanderer ist die Region ein überaus lohnendes Ziel. Jeder, ob jung, ob alt, ob ausdauernder, erfahrener Bergwanderer oder eher gemütlicher Spaziergänger, kommt in Irlands wildem Westen auf seine Kosten. Ich kann mich den Worten Heinrich Bölls nur anschließen, der in seinem 1957 erschienenen „Irischen Tagebuch" schreibt: „Es gibt dieses Irland: Wer aber hinfährt und es nicht findet, hat keine Ersatzansprüche an den Autor."

Reise-Infos

Information

Wer sich vorab informieren will, erhält ausführliche Informationen über Irland im Internet auf 🖳 www.discoverireland.ie, der offiziellen Website des irischen Fremdenverkehrsamtes. Dort können Sie auch verschiedene Broschüren bestellen.

Vor Ort finden Sie in allen größeren Städten Tourist Information Offices (TIO), die oft das ganze Jahr über geöffnet sind. In vielen kleineren Orten gibt es sogenannte Tourist Information Points, die an Hotels, Campingplätze, Poststellen oder Geschäfte gekoppelt sind. Auch hier erhalten Sie Informationen, in der Regel aber nur auf den jeweiligen Ort beschränkt.

Anreise

🏊 Die einfachste und schnellste Anreisemöglichkeit nach Irland ist der Flug. Es gibt eine ganze Reihe von Flugverbindungen vom Kontinent nach Irland. Die meisten enden in Dublin. Derzeit werden außerdem noch Cork, Kerry und Shannon direkt angeflogen. Zu den anderen Regionalflughäfen im Westen Irlands wie Knock oder Donegal gelangen Sie nur über Umsteigeverbindungen. Vom Flughafen reisen Sie dann am besten mit dem Mietwagen weiter. Da sich Flugpläne häufig ändern, sollten Sie vor Ihrer Reise die Möglichkeiten im Internet oder in einem Reisebüro prüfen. In der folgenden Aufstellung finden Sie Airlines, die Flugverbindungen vom Kontinent nach Dublin und in den Westen Irlands anbieten:

- 🏊 Aer Lingus, 🖥 www.aerlingus.com
- ♦ Lufthansa, 🖥 www.lufthansa.com
- ♦ Ryanair, 🖥 www.ryanair.com
- ♦ Germanwings, 🖥 www.germanwings.com

🚗 Um mit dem Pkw nach Irland zu kommen, müssen Sie auf jeden Fall eine Fährfahrt einplanen. Im Prinzip haben Sie zwei Möglichkeiten: Sie können eine der Direktfähren vom Kontinent nach Irland nutzen, oder Sie fahren über die sogenannte Landbridge zunächst vom Kontinent mit dem Schiff oder durch den Eurotunnel nach England, von dort weiter mit dem Pkw zu den Fährhäfen an der Westküste von Wales, England oder Schottland und nochmals mit der Fähre bis zum Zielhafen in Irland.

Für die Einreise mit dem eigenen Kfz benötigen Sie den Fahrzeugschein und den nationalen Führerschein. Die grüne Versicherungskarte ist nicht vorgeschrieben. Es wird aber empfohlen, sie mitzunehmen. Da die Haftpflichtversicherung in Irland in der Regel nur Personenschäden abdeckt und Sachschäden unzureichend ersetzt, empfiehlt sich für die Dauer des Aufenthalts eine Kurzkaskoversicherung.

🚢 Direktfähren gibt es nur von Frankreich aus. Irish Ferries bedient von Cherbourg und Roscoff aus die irischen Hafen Rosslare im Südosten der Insel sowie Dublin. Brittany Ferrics verkehrt von Roscoff nach Cork und Stena Line verbindet Cherbourg mit Rosslare. Je nach Strecke sind die

Schiffe zwischen 14 und 21 Std. unterwegs. Die Möglichkeiten, über die Landbridge nach Irland zu gelangen, sind sehr vielfältig und wechseln häufig. Auf der Festlandsseite können Sie zwischen mehreren Häfen von Amsterdam (Ijmuiden) in Holland bis nach Roscoff in Frankreich wählen, die unterschiedliche Häfen an der englischen Ost- und Südküste ansteuern. Darüber hinaus verbindet auch der Eurotunnel England von Folkestone aus mit Calais und dem Resteuropa. Von Englands Westküste gelangen Sie über zahlreiche Häfen nach Larne, Belfast, Dublin und Rosslare in Irland. Manche Gesellschaften bieten, auch in Kombination mit anderen Fährlinien, Durchbuchertickets an, die günstiger sind als die Preise der jeweiligen Einzelfahrten zusammen.

Informationen erhalten Sie bei den Fährgesellschaften oder bei dem auf Irland spezialisierten Reisebüro Gaeltacht (⌨ www.gaeltacht.de).

- Irish Ferries, ⌨ www.irishferries.com
- ♦ Brittany Ferries, ⌨ www.brittanyferries.de
- ♦ Stena Line, ⌨ www.stenaline.de
- ♦ DFDS Seaways, ⌨ www.dfdsseaways.de
- ♦ P&O Ferries, ⌨ www.poferries.com
- ♦ Eurotunnel, ⌨ www.eurotunnel.com

Der Vollständigkeit halber sollen auch die Möglichkeiten, mit Bus und Bahn anzureisen, erwähnt werden. Vor allem die Busanreise ist unter Umständen sehr preiswert. Beide Varianten erfordern aber ausgeprägtes Sitzfleisch, da die Fahrt 30 Std. und mehr dauern kann.

- Deutsche Bahn, ⌨ www.bahn.de
- ♦ Irishrail, ⌨ www.irishrail.ie
- ♦ British Rail, ⌨ www.britrail.com
- Deutsche Touring Eurolines, ⌨ www.touring.de
- ♦ National Express Eurolines, ⌨ www.nationalexpress.com
- ♦ Bus Éiran, ⌨ www.buseireann.ie

Seit der Einführung des Binnenmarktes in der EU gibt es für Privatreisende innerhalb der Gemeinschaft keine Zollgrenzen mehr. Waren zum eigenen Verbrauch dürfen unbegrenzt mitgeführt werden.

Unterkünfte

Die Westküste Irlands ist neben Dublin die beliebteste touristische Region der Insel. Daher ist das Angebot an Unterkünften abgesehen von wenigen dünn besiedelten Gebieten oft sehr umfangreich und umfasst Hotels, Gästehäuser, Jugendherbergen, Hostels, B&Bs und Campingplätze. Allerdings dürfen Sie nicht erwarten, dass Sie immer in unmittelbarer Nähe zum Ausgangspunkt einer Wanderung eine Unterkunft finden werden. Manchmal liegen größere Entfernungen dazwischen, die nur mit dem eigenen Pkw oder mit Unterstützung eines freundlichen und hilfsbereiten Vermieters überbrückt werden können.

☚ Die Hotels sind in Kategorien von einem bis fünf Sternen eingeteilt. Die Preise variieren dabei zwischen € 70 (ein Stern) und bis zu € 250 (5 Sterne) für ein Doppelzimmer, können aber auch deutlich darüber liegen. Denken Sie daran, dass die Preise in Hotels in der Regel ohne Frühstück angegeben werden.

Meist etwas kleiner und einfacher als Hotels sind die Gästehäuser (*guesthouses*). Die in Kategorien von einem bis vier Sternen ausgezeichneten Häuser bieten oftmals eine eher „private" Atmosphäre. Sie sind deutlich preiswerter als Hotels. In einem Vier-Sterne-Gästehaus können Sie schon für € 75 übernachten (inkl. Frühstück). Die einfachsten Zimmer sind für unter € 35 zu haben.

Die Irish Hotels Federation gibt jedes Jahr einen bebilderten Hotel- und Gästehausführer heraus. Sie erhalten das über 400 Seiten starke Buch für einen geringen Unkostenbeitrag u. a. in den Tourismusbüros, in vielen irischen Buchläden, in Fährhäfen und bei Leihwagenfirmen. Die Online-Version finden Sie im Internet unter 🖳 www.irelandhotels.com.

Wer in einem Schloss oder Herrenhaus übernachten will, der findet entsprechende Angebote unter 🖳 www.irelands-blue-book.ie oder www.manorhousehotels.com.

B&B Weitverbreitet ist in Irland die Möglichkeit, in Privathäusern zu übernachten. In fast jeder Ortschaft werden Sie B&B-Schilder entdecken. B&B bedeutet Bed and Breakfast, was so viel heißt wie „Zimmer mit

Frühstück". Diese für die Britischen Inseln und Irland typische Unterkunftsmöglichkeit ist nicht nur bei Touristen sehr beliebt, sie wird auch gern von den Einheimischen in Anspruch genommen. Oft (aber nicht nur) sind es alleinstehende ältere Damen, die sich durch die Vermietung von Zimmern in ihrem Haus ein kleines Zubrot verdienen. Diese Angebote erfreuen sich eines großen Zuspruchs, weil sie einerseits relativ preiswert sind (Übernachtung und Frühstück pro Person schon ab € 20) und andererseits dem Gast eine gemütliche Unterkunft in einem privaten Heim bieten, anders als die meist unpersönlichen Hotels oder Gästehäuser. Diese Quartiere bringen Besucher ganz zwanglos mit den Einheimischen in Kontakt.

Bei der Wahl der B&B-Unterkunft sollten Sie darauf achten, dass der Vermieter nicht zu viele Zimmer anbietet, denn manchmal, besonders in größeren Orten, versteckt sich hinter dem B&B-Schild ein verkapptes Gästehaus.

Die meisten Vermieter sind Mitglied bei B&B Ireland. Die Organisation gibt ebenfalls einen Führer heraus, der über dieselben Wege wie der oben erwähnte Hotelführer vertrieben wird. Direkt bestellen können Sie ihn über die Homepage der Vereinigung. Dort können Sie auch online aus mehr als 1.000 Unterkünften wählen und unter 🖥 www.bandbireland.com direkt buchen.

Vielfach gibt es auch die Möglichkeit, in Bauernhäusern (farmhouse accomodation) zu übernachten. Hier werden Zimmer nicht nur für einen längeren Zeitraum vermietet, sondern auch, wie bei B&B üblich, nur für eine Übernachtung. Diese Unterkünfte werden ebenfalls von der irischen Fremdenverkehrszentrale registriert.

🏠   Insgesamt gibt es in der Republik Irland 26 Jugendherbergen (*youth hostels*). Die Preise für eine Übernachtung liegen je nach Alter des Reisenden und Saison zwischen etwa € 15 und € 25. Informationen zu den Jugendherbergen inkl. Karten und Anschriften erhalten Sie im Internet unter 🖥 www.anoige.ie. Hier können Sie auch online buchen und eine kostenlose Broschüre bestellen. Bitte denken Sie daran, dass Sie für Übernachtungen in Jugendherbergen einen gültigen **Herbergsausweis** benötigen, den Sie aber auch in Irland direkt in der Jugendherberge erwerben können. Der deutsche Herbergsausweis gilt auch in Irland.

Neben den Jugendherbergen gibt es in Irland etwa 100 unabhängige Herbergen (*hostels*), für die kein Jugendherbergsausweis verlangt wird. Viele dieser Unterkünfte haben sich zur Vereinigung Independent Holiday Hostels (🖥 www.hostels-ireland.com) zusammengeschlossen. Auch sie werden vom irischen Fremdenverkehrsverband überprüft. Die Preise für eine Übernachtung schwanken je nach Herberge zwischen € 10 und € 25. Darüber hinaus gibt es noch eine Reihe anderer unabhängiger Herbergen, die keiner Organisation angeschlossen sind.

🚐 ⛺ In Irlands Westen gibt es eine Reihe zum Teil sehr komfortabler und landschaftlich äußerst schön gelegener Campingplätze, die von der irischen Fremdenverkehrszentrale begutachtet werden. Im Internet erhalten Sie ausführliche Informationen, auch zu einzelnen Plätzen, vom Irish Caravan & Camping Council unter 🖥 www.camping-ireland.ie.

Darüber hinaus bieten viele Jugendherbergen und Hostels die Möglichkeit, auf Wiesen in der Nähe der Unterkünfte ein Zelt aufzubauen.

☺ Nach Auskunft der irischen Fremdenverkehrszentrale ist Camping außerhalb der offiziellen Plätze nicht erlaubt. Allerdings wird das Übernachten im Zelt oder im Wohnmobil auch außerhalb offizieller Plätze in der Regel toleriert, wenn nicht ausdrücklich Verbotsschilder aufgestellt sind. Wenn möglich, sollten Sie aber den Grundstücksbesitzer um Erlaubnis fragen.

Verkehrsmittel

Das einzige öffentliche Verkehrsmittel an Irlands Westküste sind Busse, die meist von der staatlichen irischen Verkehrsgesellschaft Bus Éiran (🖥 www.buseireann.ie) betrieben werden. Leider verkehren sie nicht so häufig, wie man es sich als Wanderer wünschen würde, und steuern nur selten die Ausgangspunkte der Touren an. Daher verbleibt in der Regel nur der eigene Pkw oder ein Mietfahrzeug, um zu Start und Ziel zu gelangen.

Die Rückkehr zum eigenen Auto nach der Wanderung ist daher immer notwendig, weshalb die Touren ohne Ausnahme so angelegt wurden, dass sie wieder zum Startpunkt zurückführen. Ein Transfer zwischen Start- und Endpunkt ist nicht nötig.

Denken Sie, wenn Sie in Irland mit dem Auto fahren, daran, dass dort Linksverkehr herrscht. Die Umstellung macht den meisten kaum Schwierigkeiten, zumal der Verkehr sehr viel weniger dicht ist und die Iren sich viel ruhiger und gelassener im Verkehr verhalten, als wir es vom hektischen Betrieb auf deutschen Straßen kennen.

Zu beachten ist eigentlich nur, dass trotz Linksverkehr bei unbeschilderten Kreuzungen oder Einmündungen immer der von rechts Kommende Vorfahrt hat. Die bei uns üblichen Ampeln sind in Irland meist durch sogenannten roundabouts ersetzt. In diesen Kreisverkehren hat immer derjenige Vorfahrt, der sich im Kreis befindet. Die Höchstgeschwindigkeit beträgt in Ortschaften 50 km/h, auf Landstraßen, den Regional (R) und Local Roads (L) (alle weiße Verkehrsschilder), 80 km/h, auf den National Roads (N) (grüne Verkehrsschilder) 100 km/h und auf Autobahnen 120 km/h.

Die Promillegrenze liegt bei 0,5. Übertretungen werden hoch bestraft und streng geahndet. In Irland besteht Anschnallpflicht für Vorder- und Rücksitz. Kinder unter 12 Jahren dürfen nur auf dem Rücksitz mitfahren.

Damit der Gegenverkehr nicht geblendet wird, müssen bei Kraftwagen vom Kontinent die Scheinwerfer mit einer Schablone abgeklebt werden. Neuere Wagen bieten auch die Möglichkeit, die Scheinwerfereinstellung über ein Menu zu ändern.

Bei einer Autopanne erhalten Sie Hilfe über die Automobile Association (AA) unter ☎ 18 00/ 66 77 88.

Karten und GPS

Neben den Karten in diesem OutdoorHandbuch können Sie zur Orientierung im Gelände weitere detaillierte Wanderkarten zur Hand nehmen. (Dies ist nicht unbedingt nötig, wenn Sie auf den markierten Wanderwegen bleiben.) Besonders geeignet sind die Blätter der Discovery-Serie des irischen Vermessungsamtes (Ordnance Survey of Ireland – OSI). Die im Maßstab 1:50.000 vorliegenden Karten sind sehr aktuell. Sie enthalten auch noch die kleinsten Wege und Pfade, genaue Höhenangaben sowie diverse Details von touristischem Interesse, wie z. B. Campingplätze, Jugendherbergen oder besondere Aussichtspunkte. Um die gesamte in diesem Buch behandelte Region abzudecken, benötigen Sie über 20 Blätter, bei einem Preis von fast € 8 eine ziemlich große Investition, zumal für viele

Sonnenuntergang am Atlantik

Gebiete in den jeweiligen TI-Büros kostenlose Wanderkarten erhältlich sind. Erkundigen Sie sich also lieber zunächst vor Ort, welches Kartenmaterial dort angeboten wird. Die OSI-Karten sind in Irland in jedem TI-Büro, in Buchläden, an einigen Tankstellen sowie in manchen Geschäften zu bekommen.

In Deutschland können Sie die OSI-Karten u. a. bei der Geobuchhandlung in Kiel (Schülperbaum 9, 24103 Kiel, ☎ 04 31/910 02, 🖳 www.geobuchhandlung.de) kaufen.

Wenn Sie den ganzen Westen Irlands überblicken wollen, sollten Sie sich die Holiday Maps, ebenfalls von OSI, besorgen. Die Karten liegen im Maßstab 1:250.000 vor. Neben den üblichen Angaben enthalten sie auch touristische Informationen. Die empfehlenswerten Karten werden ebenfalls für ca. € 8 angeboten. Die gesamte Insel wird von vier Blättern abgedeckt. Für die in diesem Buch enthaltenen Regionen benötigen Sie die Blätter North, West und South.

Die GPS-Tracks zu den beschriebenen Wanderungen mit den wichtigsten Wegpunkten können Sie von der Internetseite des Verlages (🖳 www.conrad-stein-verlag.de) herunterladen.

Mit der richtigen Ausrüstung macht Wandern auch im Regen Spaß

Klima

Irlands Klima wird im Wesentlichen von zwei Faktoren bestimmt: dem aus dem Golf von Mexiko kommenden warmen Golfstrom und warmen südwestlichen Winden. Aufgrund der geringen Größe der Insel kann sich kein kontinentales Klima mit größeren jahreszeitlichen Schwankungen ausbilden. Irlands Klima ist sehr ausgeglichen.

Die kältesten Monate sind der Januar und der Februar. Die durchschnittlichen Lufttemperaturen liegen in diesen Monaten zwischen 4 und 7°C, die Höchstwerte bei bis zu 10°C und damit deutlich höher als in Deutschland. In den wärmsten Monaten Juli und August sind sie nur um etwa 10°C höher. Auch im Hochsommer liegen die Temperaturen in Irland selten über 24°C. Die Winter sind insgesamt sehr mild. Schneefall ist gewöhnlich auf höhere Lagen beschränkt. Aber auch dort kann sich nur selten eine geschlossene Schneedecke über einen längeren Zeitraum halten.

Der Golfstrom beeinflusst auch die Wassertemperatur an der Westküste, die im Laufe des Jahres nur um etwa 8°C schwankt. Am kältesten ist es im Monat März, in dem Temperaturen von etwa 8°C erreicht werden. Im

August können Sie sich in bis zu 16°C warmem Wasser tummeln. Für die meisten Badewilligen wohl Temperaturen, die ein Frösteln über die Haut laufen lassen. Allerdings können räumlich begrenzt, z. B. in geschützten Buchten, durchaus auch höhere Wassertemperaturen auftreten, die auch den nicht so abgehärteten Schwimmern ein Badevergnügen erlauben.

Der stetige, vom Atlantik wehende feuchte Wind sorgt dafür, dass Sie zu jeder Jahres- und Tageszeit mit Regen rechnen müssen. Und wie Heinrich Böll in seinem „Irischen Tagebuch" schreibt, ist „der Regen hier absolut, großartig und erschreckend". An der Westküste regnet es pro Jahr an 200 bis 250 Tagen mindestens einmal. Allerdings gibt es kaum Tage, an denen es ausschließlich regnet. Meist wechseln sich Regen und Sonnenschein im Laufe des Tages mehrfach ab. Statistisch gesehen sind die trockensten Monate Mai, Juni und September.

Der Wind weht meist aus südwestlicher bis westlicher Richtung. Am stärksten ist er von November bis März, wobei er sich im Januar oft zu starken Stürmen entwickelt. Die geringsten Windstärken werden von Juni bis September gemessen

Reisezeit

Wegen des milden Klimas können Sie an Irlands Westküste grundsätzlich zu allen Jahreszeiten wandern. Wer nicht auf die Schulferien angewiesen ist, sollte die Hauptsaison, die etwa von Mitte Juni bis Ende August reicht, möglichst meiden. In dieser Zeit sind nicht nur sehr viele Touristen unterwegs, sondern an manchen Tagen auch eine erstaunliche Menge an lästigen Fliegen und Mücken. Da viele Quartiere schnell ausgebucht sind, sollten Sie sich während dieser Reisezeit Ihre Unterkunft bereits im Voraus sichern.

Für viele sind die schönsten Jahreszeiten zum Wandern an der Westküste Irlands der Frühling und der Frühsommer, wenn allerorten Wildblumen in Blüte stehen und die Tage lang sind. Hinzu kommt, dass statistisch gesehen der Mai mit 6 bis 7 Sonnenscheinstunden pro Tag der sonnenreichste Monat ist. Aber auch der Herbst mit seinen oft klaren, sonnigen Tagen und der ihm eigenen Stimmung hat seine besonderen Reize.

Wegen des auch im Winter meist milden Wetters kann, die entsprechende Ausrüstung vorausgesetzt, an der Westküste sogar zu dieser Jahreszeit gewandert werden. Allerdings muss man dann häufiger mit stärkeren Winden, regnerischem Wetter und in höheren Lagen auch mit Schnee rechnen.

Fuchsien gehören zu den auffälligsten Pflanzen der grünen Insel

Wanderinfrastruktur

Wer Irland zu Fuß erkundet, wird schnell entdecken, dass die Insel ein ideales Wanderland ist. Umso erstaunlicher, dass das Land, im Gegensatz z. B. zu Schottland, keine große Wandertradition hat. Erst Ende des 20. Jahrhunderts wurden erste offizielle Wanderwege angelegt.

Seitdem hat sich sehr viel getan. Inzwischen gibt es fast 1.000 markierte Trails für Wanderer und Radler, davon 44 Langstreckenwanderwege, die vom National Trails Office koordiniert werden. Auf der Internetseite der Organisation,  www.irishtrails.ie, finden Sie alle offiziellen Wanderwege.

Die Trails an der Westküste sind zum großen Teil sehr beliebt. Die meisten sind ausgezeichnet markiert und ausgebaut: Fußgängerbrücken helfen über Bäche und Flüsse und Stiegen über Zäune und Mauern. Mancherorts werden besonders morastige Passagen mit Holzplankenwegen überbrückt und sehr steile Abschnitte mit Stufenwegen entschärft. Vielfach finden Sie Infotafeln an Start und Ziel und zusätzlich auf dem Weg. An manchen Wegen wurden Rastplätze angelegt und Bänke aufgestellt.

Alles in allem eine erfreuliche Situation für Wanderer, bei der es nur einen Wermutstropfen gibt. Auf vielen Routen sind die Wege und Pfade extrem erodiert. Die empfindliche Vegetation kann dem Ansturm der zahlreichen Wanderer nicht standhalten, stirbt ab, und mit dem nächsten Regen, der in Irland sicher ist, wird der Boden abgetragen. Zurück bleiben Steine, Geröll und nackter Fels sowie morastige Stellen in Senken, in denen man bis zu den Knöcheln einsinken kann.

Bleibt zu hoffen, dass die Anstrengungen, die von offizieller Seite unternommen werden, um die Wege dauerhaft auszubessern, von Erfolg sein werden.

Wandern mit Kindern und Buggy

Die Wanderungen an der Westküste Irlands sind sehr unterschiedlich. Sie reichen von einfachen kurzen Touren auf breiten Wegen bis zu langen Bergtouren auf schmalen Pfaden, die Trittsicherheit, Ausdauer und Disziplin erfordern. Inwieweit Ihre Kinder die jeweiligen Anforderungen erfüllen, müssen Sie selbst beantworten. Hinweise dazu finden Sie in den Tourenbeschreibungen.

Dort finden Sie auch Tipps, ob es machbar ist, den Weg mit einem geländegängigen Buggy in Angriff zu nehmen, oder ob Sie Ihr Kind lieber in einer Rückentrage mitnehmen sollten.

Wandern mit Hund

Obwohl die Einreise von Hunden nach Irland seit 2012 sehr viel einfacher geworden ist, ist die Insel kein gutes Land, um mit Hunden zu wandern. Vielfach finden Sie Hinweise, dass die Mitnahme von Hunden verboten ist oder sie an der kurzen Leine zu führen sind. Die meisten Touren führen über Privatgelände, das landwirtschaftlich, meist zur Schafzucht, genutzt wird. Verständlich, dass der Landbesitzer Störungen seiner Tiere durch

Hunde vermeiden möchte. Auch in Naturschutzgebieten und Nationalparks dürfen Hunde in der Regel nicht frei herumlaufen. In den Tourenbeschreibungen finden Sie entsprechende Angaben.

Wenn Sie Ihren Hund dennoch mit nach Irland nehmen wollen, beachten Sie folgende Bestimmungen bei der Einreise aus einem EU-Land:

▷   Mikrochip mit Identifikationsnummer
▷   Tollwutimpfung mindestens 21 Tage vor Reiseantritt
▷   Wurmbehandlung 1 bis 5 Tage vor der Einreise
▷   Heimtierausweis

Gefahren beim Wandern

Dass Wandern auch Gefahren, wie z. B. Verlaufen, das Überschätzen der eigenen Fähigkeiten, Wildtiere, Dehydration usw., mit sich bringt, sollte jedem bewusst sein. Hier soll nicht auf alle Möglichkeiten hingewiesen werden, sondern nur auf zwei Aspekte eingegangen werden, die in Irland schon häufiger zu Unfällen geführt haben.

Da ist zum einen das Wetter, das sich auf der Grünen Insel innerhalb kürzester Zeit ändern kann. War eben noch strahlender Sonnenschein, kann Minuten später schon Regenwetter mit Sturm herrschen. Auch die Sichtverhältnisse können sich in kürzester Zeit verschlechtern. Berücksichtigen Sie diesen Umstand bei allen Ihren Unternehmungen.

Ein zweiter Punkt betrifft das Baden. Vergessen Sie nicht, dass Sie sich hier an der Atlantikküste befinden und nicht an der Ostsee oder einem Binnengewässer. An manchen Stränden können sehr starke Strömungen herrschen, gegen die auch ein geübter Schwimmer nicht ankommt. Beachten Sie unbedingt die Hinweise, die an einigen Stränden vor Strömungen warnen, seien Sie in jedem Fall vorsichtig beim Baden im Atlantik und achten Sie auf Ihre Kinder.

Wichtige Begriffe

Die folgenden Begriffe werden Ihnen bei Ihren Wanderungen immer wieder begegnen:

abbey	Abtei, Kloster
bay	Bucht

bog road	unbefestigter Weg durch sumpfiges Gelände, oft etwas erhöht
cairn	Steinhügel, Steinpyramide
cattle grid	Weiderost, Viehrost
cillin	ungesegneter Friedhof, meist für Kinder ☞ auch Seite 124
croagh	Berg
dolmen	Grabstätte aus großen, aufrecht stehenden Tragsteinen mit einer Deckplatte
graveyard	Friedhof
green road	historischer, unbefestigter Verbindungsweg, oft mit Gras bewachsen
laneway	Gasse, schmale Straße
lighthouse	Leuchtturm
lough	See, Meeresart
peninsula	Halbinsel
reek	Berg
shoulder	Bergrücken
stile	Stiege, Zaunübertritt
valley	Tal

Updates

Es gibt immer wieder Änderungen auf den Wegen. Der Conrad Stein Verlag veröffentlicht deshalb im Internet Updates zu diesem Buch, die direkt vom Autor oder von Lesern stammen. Sie finden sie auf der Verlagshomepage 💻 www.conrad-stein-verlag.de.

☺   Zwei der in diesem Führer beschriebenen Wanderwege laufen durch mehr oder weniger flaches Gelände ohne nennenswerte Höhenunterschiede. In diesen Fällen wurde auf die Darstellung eines Höhenprofils verzichtet.

Südwesten

Der Leuchtturm am Sheeps Head liegt versteckt hinter Felsen
(Tour 1)

❶ Sheep's Head   ⊼ ☕ WC

Tour für Naturfreunde, Hobbyornithologen und Liebhaber rauer Küsten

Die aussichtsreiche Rundwanderung verläuft im Westen der lang gestreckten Halbinsel Sheep's Head. Die einsame Region ist bei Wanderern sehr
beliebt. Mehrere vorbildlich markierte Rundwanderwege und ein 175 km
langer Fernwanderweg (Sheep's Head Way) erschließen die Halbinsel. Die
Tour verläuft im ersten Teil entlang der Steilküste und führt dann über bis
zu 250 m hohe Berge. Unterwegs bieten sich immer wieder spektakuläre
Aussichten.

↻	Start/Ziel: Tooreen, am Parkplatz Sheep's Head, GPS N 51°32.748' W 009°49.593'
⮌	12,9 km
⧗	4 Std. 30 Min.
↑ ↓	470 m/470 m
⇧	10-240 m
✎	rote und blaue Pfeile
⊼	Rastplatz am Start/Ziel, auf dem Weg keine Rastplätze, aber mehrere Rastmöglich-keiten mit z. T. grandioser Aussicht: Lough Akeen Viewpoint (km 0,8), Felsrücken (km 8,5), Signalturm (km 11,8) und weitere
☕	Café am Start/Ziel
WC	am Café
👪	Der Weg ist auch für Kinder geeignet, wenn sie diszipliniert auf dem Pfad bleiben.
🚼	Die Wanderung verläuft meist auf schmalen Pfaden und ist für Buggys ungeeignet.
🐕	Hunde sind auf dem Weg nicht erlaubt.
🅿	Parkplatz am Start/Ziel
✋	Bleiben Sie wegen teilweise brüchiger und steiler Kliffkanten sowie mooriger Stellen unbedingt auf dem markierten Pfad. Stellenweise kann der Weg sehr morastig sein.

    Sie wandern die einspurige Asphaltstraße abwärts Richtung Leuchtturm
(Lighthouse). Nach etwa 100 m verlassen Sie die Asphaltstraße nach rechts
auf einen Pfad. Etwa 650 m hinter der Abzweigung führt rechts ein Pfad
nach wenigen Metern zu einem herausragenden Aussichtsplatz, dem Lough
Akeen Viewpoint. Von hier haben Sie einen fantastischen Blick auf das tief
unter Ihnen liegende Gewässer und bis zur Spitze der Halbinsel.

Lough Akeen Viewpoint

Sie folgen dem gut ausgebauten Pfad weiter, überqueren auf einer Holz-brücke den vom Lough Akeen kommenden Bach und gelangen etwa 300 m hinter der Brücke an eine Abzweigung. Links kommen Sie nach gut 100 m zum Leuchtturm, der wie ein Adlernest in die Steilklippen am äußersten Ende der Halbinsel gebaut wurde und erst kurz vor dem Erreichen zu sehen ist.

Der 1968 erbaute Leuchtturm kennzeichnet das Fahrwasser in die Bantry Bay. Er wurde vor allem für die großen Tanker erbaut, die Whiddy Island (im Osten der Bucht vor Bantry) anlaufen.

Von seiner kleinen Aussichtsplattform können Sie mit etwas Glück Basstölpel dabei beobachten, wie sie wie Pfeile aus großer Höhe in das Wasser schießen, um Fische zu fangen.

Basstölpel gehören zu den elegantesten Seevögeln auf unseren Mee-ren, die im Flug weite Strecken gleitend zurücklegen können. Die Vögel sind etwa gänsegroß, aber viel schlanker. Ihre Flügelspannweite beträgt fast 2 m. Spektakulär ist ihre Jagdmethode: Auf der Suche nach Nahrung gleiten sie in Höhen von bis zu 50 m über dem Meer. Haben sie Beute, z. B. eine Makrele, entdeckt, kippen sie über eine Seite ab und schießen wie ein Geschoss lang ausgestreckt mit angelegten Flügeln ins Wasser. Dabei können sie Geschwindigkeiten von bis zu 100 km/h erreichen. Die Beute wird – anders als bei anderen Seevögeln – noch unter Wasser verschluckt.

Beobachtet man die geschickten Flieger in der Luft oder beim Beutefang, kann man nicht verstehen, warum sie Tölpel genannt werden. Das wird erst klar, wenn man sie an Land sieht, wo sie mit ihrem unbeholfenen Gang tatsächlich wie ein Tölpel oder Tollpatsch wirken. Auch die Landung an Land fällt ihnen schwer und oft endet das Flugmanöver mit einem Sturz und Verletzungen an den Füßen.

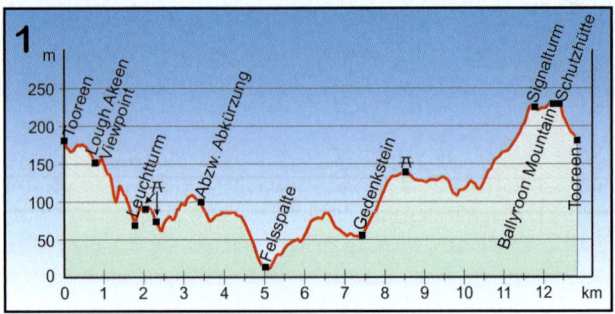

Der Wanderweg führt hinter dem Abzweig auf einem naturbelassenen Pfad in nordöstlicher Richtung durch ein lang gestrecktes Tal weiter. Kurz nach der Abzweigung erreichen Sie eine gute natürliche Rastmöglichkeit. Unter einer großen Felsplatte finden Sie sogar Schutz bei Regen.

Knapp 300 m weiter gelangen Sie erneut an einen schönen Rastplatz direkt an der Steilkante. Felsen bieten hier Sitzmöglichkeiten mit gutem Ausblick.

Sie wandern weiter auf dem Pfad, bis Sie nach gut 1 km an eine deutlich markierte Verzweigung stoßen. Hier gelangen Sie rechts in 20 Min. wieder zu Ihrem Ausgangspunkt. Ihr Weg, der Poet's Way, führt aber weiter geradeaus, jetzt nur noch mit blauen Pfeilen markiert. Sie passieren einige rechts etwas abseits liegende Hausruinen und kommen schließlich an eine

spektakuläre Felsspalte. Eine Gedenktafel erinnert an drei junge Mädchen, die hier vor mehr als 100 Jahren ertrunken sind.

Sie folgen dem Pfad, halten sich nach gut 1 km an der Gabelung links und erreichen über eine Stiege eine Farmroad. 400 m weiter stoßen Sie auf eine einspurige Asphaltstraße, auf der Sie geradeaus weitergehen. Nach links zweigt der Sheep's Head Way ab.

Sie überqueren einen Bach und passieren kurz dahinter den Gedenkstein für den Dichter Denis M. Cronin und seine Vorfahren. Ihm verdankt der Poet's Way seinen Namen.

Cronin wanderte im 19. Jahrhundert als junger Mann von Kilcrohane nach Amerika aus, behielt seine Heimat aber immer im Herzen und fand keinen schöneren Platz auf der Welt als die Sheep's-Head-Halbinsel.

Ca. 50 m weiter zweigen Sie über eine Stiege rechts auf einen Pfad ab, dem Sie aufwärts bis an eine Asphaltstraße folgen. Hier gehen Sie nach links und biegen etwa 100 m weiter erneut über eine Stiege auf einen Pfad ab, der zunächst durch sumpfiges Gelände führt. Eine Holzbrücke bewahrt Sie vor nassen Füßen.

Blick auf die Felsspalte an der drei junge Mädchen ertrunken sind

Der Pfad führt hinauf auf einen felsigen Rücken, eine schöne Rastmöglichkeit mit wunderbarer Aussicht auf die Buchten im Norden und Süden der Halbinsel.

Sie verlassen den Rücken abwärts nach Südosten und kommen schon nach etwa 30 m an einen weiteren Pfad. Folgen Sie hier rechts dem Poet's Way. Der Pfad stößt schließlich auf eine Schotterpiste, die abwärts zu einer Asphaltstraße führt. Rechts können Sie mehrere mit Seerosen bewachsene Gewässer sehen.

Sie gehen die Asphaltstraße nach links und biegen bei der nächsten Möglichkeit schon wieder rechts auf eine ebenfalls einspurige, steil aufwärts führende Asphaltstraße Richtung Signalturm ab. Sie passieren einige Wohnhäuser, hinter denen die Straße in eine Schotterpiste und etwas weiter in einen Pfad übergeht. Es geht stetig bergauf, bis Sie nach etwa 2 km die Ruinen eines Signalturmes erreicht haben. Auch hier finden Sie eine gute Rastmöglichkeit.

Den Gipfel des knapp 240 m hohen Ballyroon Mountain haben Sie hier aber noch nicht erklommen. Diesen erreichen Sie nach weiteren knapp 500 m auf dem Kamm. Eine Steinsäule kennzeichnet den Gipfel.

Beim stellenweise steilen Abstieg passieren Sie eine Steinhütte, die bei schlechtem Wetter als Unterstand genutzt werden kann. Von hier folgen Sie dem Pfad weiter abwärts, der Sie bis zu Ihrem Ausgangspunkt bringt, wo im Café schon Erfrischungen auf Sie warten.

☕ Bernie's Cupán Tae, Tooreen, Co. Cork, ☎ +353 (0)27/671 36, 🕐 keine festen Zeiten, von Juni bis August meist Fr-So 12:00-16:00

Auf dem Sheep's Head Way

❷ Dursey Island

Tour für Seilbahnfans, Liebhaber von Seevögeln, Delfinen und Walen

👫👫 (🛒 🛒 🛒)

Dursey Island, dem südwestlichen Ende der Beara-Halbinsel vorgelagert, ist mit dem Festland durch die einzige Seilbahn Irlands verbunden. In der Kabine der 360 m langen Pendelbahn finden sechs Personen, sechs Schafe oder eine Kuh Platz. Einwohner und Vieh haben vor den Touristen Vorrang. Mitte der 70er-Jahre des vorigen Jahrhunderts wurden die meisten Einwohner auf das Festland umgesiedelt, sodass heute nur noch etwa 10 Personen ganzjährig auf der Insel leben und die Anzahl der leer stehenden und verfallenen Häuser groß ist.

Auf der Insel kommen besonders Naturliebhaber auf ihre Kosten. Zahlreiche Seevogelarten sind zu beobachten und Dursey Head gilt als gute whale watching area, *wo man neben Walen auch Delfine und mit viel Glück sogar den bis zu 10 m langen Riesenhai* (Cethorinus maximus) *sehen kann. Darüber hinaus bietet der Weg fantastische Ausblicke auf die Steilküste und das Meer.*

↻	Start/Ziel: Parkplatz an der Seilbahn, GPS N 51°36.603' W 010°09.302'
➲	13,7 km
⧗	5 Std. (+ 2 x ca. 15 Min. für die Seilbahnfahrt + Wartezeit)
↑ ↓	590 m/590 m
⇧	20-250 m
✎	gelbe Pfeile und stellenweise Wanderwegweiser
🍂	mehrere Rastplätze im ersten Teil (km 0,7, km 2,7 und km 3,5), ansonsten Rastmöglichkeiten auf Mauern und Felsen
✕	Verkaufsstand mit Erfrischungsgetränken, Kaffee und Eis an der Seilbahnstation auf der Insel
👫	Die Fahrt mit der Seilbahn ist ein Highlight, davon abgesehen bietet der Weg Kindern keine Besonderheiten. Nach Walen und Delfinen Ausschau zu halten, erfordert sehr viel Geduld.
🛒	Der Weg bis nach Tilickafinna ist mit Buggys sehr gut begehbar, der Rückweg über die Berge ist ungeeignet.
🐕	Die Mitnahme von Hunden ist verboten.

🅿 großer kostenloser Parkplatz an der Seilbahn

✋ Der Weg kann im zweiten Teil nass und rutschig sein.

🏛 Die Seilbahn verkehrt Mo-Sa 9:30-10:30, 14:30-16:30 und 19:00-20:00, So 9:30-10:30, 13:00-14:00 und 19:00-20:00 und kostet hin und zurück € 8, für Kinder die Hälfte. Der Andrang ist teilweise groß und mit Wartezeiten ist zu rechnen.

✗ mobiler Verkaufsstand an der Seilbahnstation auf der Insel, 🕐 keine festen Zeiten, im Sommer meist ab Mittag bis zur Abfahrt der letzten Gondel

In diese Kabine passen sechs Personen oder sechs Schafe oder eine Kuh

Nachdem Sie mit der Seilbahn auf Dursey Island angekommen sind, gehen Sie die einspurige, asphaltierte Straße Richtung Südwesten. Nach knapp 400 m zweigt nach links ein Weg zum Friedhof und zur alten Kirchenruine ab. 300 m weiter erreichen Sie einen Rastplatz mit wunderbarem Blick auf das Meer. Auf Ihrer Wanderung werden Sie bis zum letzten Dorf noch weitere dieser Plätze finden.

Der Weg führt nun aufwärts und Sie erreichen die Ansiedlung Ballynacallagh. Nur noch wenige Häuser sind bewohnt, von vielen sind lediglich Ruinen übrig geblieben. Am Ende des Dorfes zweigt nach rechts ein Weg ab, der zur Mountain Route (Rückweg) führt. Gehen Sie hier weiter geradeaus bis in die Ansiedlung Kilmichael. Auch hier finden Sie zahlreiche verlassene Häuser.

Sie wandern durch das Dorf und passieren einen weiteren Rastplatz. Etwa 150 m weiter geht nach rechts ein unbefestigter Weg ab. Auch er führt zur Mountain Route. Sie bleiben auf der Asphaltstraße. Bald können Sie voraus das letzte Dorf und Dursey Head, den westlichsten Punkt der Insel, erkennen.

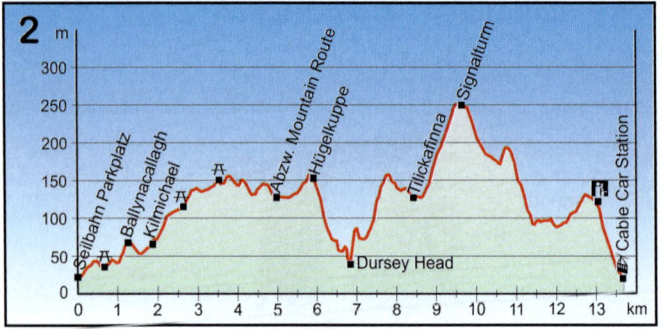

Kurz vor dem letzten Weiler Tilickafinna zweigt nach rechts ein Pfad ab. Hier werden Sie auf dem Rückweg den Weg über die Mountain Route einschlagen.

Sie gehen an den letzten Häusern vorbei, wandern auf einem grasigen Farmweg, der später in einen Pfad übergeht, aufwärts und erreichen eine Hügelkuppe, von der Sie einen fantastischen 360-Grad-Panoramablick haben. Leider gibt es hier außer dem grasigen, meist feuchten Boden keine Rastmöglichkeit und oft weht ein heftiger Wind.

Sie wandern auf dem gut sichtbaren Pfad abwärts in ein Tal. Dort gehen Sie nach rechts und gelangen auf einem Pfad bis an ein altes Gemäuer an der Spitze von Dursey Head. Hier haben Sie die *whale watching area* erreicht. Vor Ihnen liegen von Nord nach Süd die Inseln Bull Rock, Cow Rock und Calf Rock.

Die Gewässer um Irland, die schon 1991 zum Schutzgebiet für Wale und Delfine erklärt wurden, sind seit langer Zeit für ihren großen Bestand

an Meeressäugern bekannt. 24 verschiedene Arten konnten seither an den Küsten der Grünen Insel nachgewiesen werden. Rund um die Insel gibt es zahlreiche gute Beobachtungsplätze, sogenannte *whale & dolphin watching spots*, wo die Chance besonders groß ist, die faszinierenden Tiere zu Gesicht zu bekommen.

Das ganze Jahr über halten sich Delfine vor der Küste auf. Der gigantische Finnwal, bis zu 70 Tonnen schwer und bis zu 27 m lang, ist meist von September bis Dezember zu beobachten. Der bis zu 30 Tonnen schwere Buckelwal hält sich gern in Küstennähe auf und ist am ehesten zwischen November und Januar zu sehen. Zwar kein Säugetier, aber auch etwas Besonderes ist der Riesenhai, der sich von April bis Juli in Küstennähe aufhält. Mit einer Körperlänge von 10 m ist der gewandte Schwimmer der zweitgrößte Fisch der Erde. Und wenn wir schon dabei sind: Auch Meeresschildkröten sind schon in Irlands Gewässern beobachtet worden.

Was Sie nun nur noch brauchen, ist etwas Glück, Geduld und nach Möglichkeit ein Fernglas.

Den Rückweg treten Sie auf derselben Route an oder nehmen alternativ den kürzesten Weg direkt über den vor Ihnen liegenden Berg.

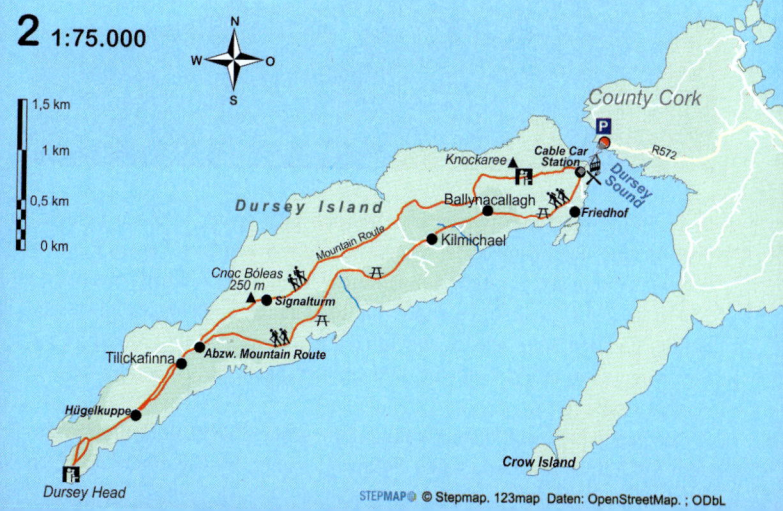

Sie wandern bis zur Abzweigung der Mountain Route im Osten von Tilickafinna. Dort nehmen Sie den aufwärts führenden Pfad und gelangen auf den etwa 250 m hohen Cnoc Bóleas, auf dem die Ruine eines ehemaligen Signalturms steht. Bei gutem Wetter ein schöner Platz zum Rasten mit hervorragender Aussicht.

Die Ruine des Signal Towers

Der Pfad führt nun wieder abwärts und geht später in einen Feldweg über. In einer Rechtskurve des Weges zweigen Sie links auf einen Pfad ab, der wieder aufwärts auf eine Kuppe führt während der Feldweg nach etwa 250 m an der Asphaltstraße endet. Sie überqueren den Hügel und steigen auf der anderen Seite wieder abwärts (stellenweise steil und rutschig), wo Sie erneut auf einen Feldweg stoßen, der nach rechts wieder an die Asphaltstraße führt.

Sie gehen hier nach links, direkt auf die grüne Stiege zu. Dahinter wandern Sie auf einem Pfad (später Feldweg) weiter, bis Sie erneut an einen

Die Seilbahn überspannt den 230 m breiten Dursey Sound

Feldweg stoßen. Auch dieser führt rechts an die Asphaltstraße. Die Mountain Route leitet Sie nach links, zunächst wieder aufwärts. Der Feldweg geht gleich in einen Pfad über, auf dem Sie eine letzte Stiege überqueren. Sie wandern nun in der Südflanke des Knockaree auf stellenweise felsigem Pfad. Schon bald kommt die Seilbahn in Sicht und von der Höhe haben Sie einen wunderbaren Blick auf den Dursey Sound, den die Seilbahn überspannt.

❸ Caherdaniel – Derrynane Bay und National Historic Park   ☕ ✕ ⛲ 🏊 🏠 ⌘

Tour für Liebhaber von Wald und Strand sowie historisch Interessierte   👪👪👪

Die Wanderung, die komplett auf dem berühmten Kerry Way verläuft, gehört zu den schönsten, die man auf der Iveragh-Halbinsel in der Grafschaft Kerry unternehmen kann. Sie führt zunächst hoch über dem Atlantik durch teilweise dichte, urwaldähnliche Vegetation mit außergewöhnlichen Ausblicken auf die Derrynane Bay und anschließend hinunter zum Meer. Dort wandern Sie zunächst auf einem wunderbaren Pfad entlang von Felsen, dann am außergewöhnlich schönen Sandstrand der Derrynane Bay und schließlich durch den Derrynane National Historic Park, wo Sie die Möglichkeit haben, sich im Derrynane-Haus über das Leben und Wirken von Daniel O'Connell, einem irischen Freiheitskämpfer, zu informieren.

↻   Start/Ziel: Caherdaniel, am Pub Blind Piper, GPS N 51°46.167' W 010°06.033'

➲   11,1 km

⧖   3 Std. 30 Min.

↑ ↓   280 m/280 m

⇧   0-132 m

✎   Kerry Way, gelbe Pfeile

⅄   keine Rastplätze, aber gute Rastmöglichkeiten, z. B. am Wasserfall (km 2,6), auf Felsen (km 3,7), am Hafen (km 6,1), in der Kiesbucht (km 6,7) sowie entlang des langen Strandes der Derrynane Bay (km 7,2 bis km 8,3)

✕ ☕   Pub/Restaurant Blind Piper am Start/Ziel, mehrere Bars/Cafés an der Derrynane Bay (während der Saison)

⛲   Einkaufsmöglichkeit am Start/Ziel nahe dem Pub Blind Piper

WC   am Parkplatz (km 8,5)

🏊   Derrynane Bay (km 7,2 bis km 8,3)

👪   Der Weg ist wegen des langen Strandabschnittes für Familien mit Kindern besonders geeignet.

🚼   Die Wanderung verläuft z. T. auf schmalen Pfaden und ist für Buggys ungeeignet.

🐕   Hunde sind nicht auf allen Abschnitten erlaubt.

🅿   Parkmöglichkeiten in der Straße am Blind Piper

☺   Badesachen nicht vergessen!

✍   Im ersten Teil ist der Pfad stellenweise sehr schmal und von hohen Gräsern und
Büschen bestanden. Nach Regen können Sie hier nass werden.

Sie beginnen die Wanderung am Restaurant/Pub Blind Piper im „Zentrum" des Ortes an der Abzweigung von der N70.

✕ ♟ Blind Piper, Caherdaniel, Co. Kerry, ☏ +353 (0)66/947 51 26, 🗓 täglich 12:00-22:00
und länger, im Winter eingeschränkte Öffnungszeiten

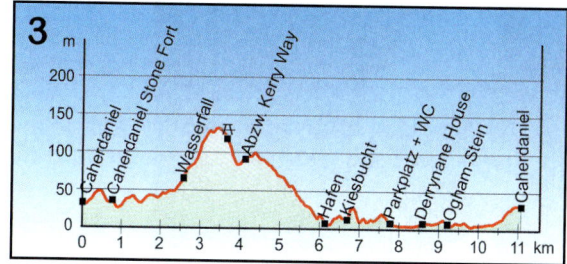

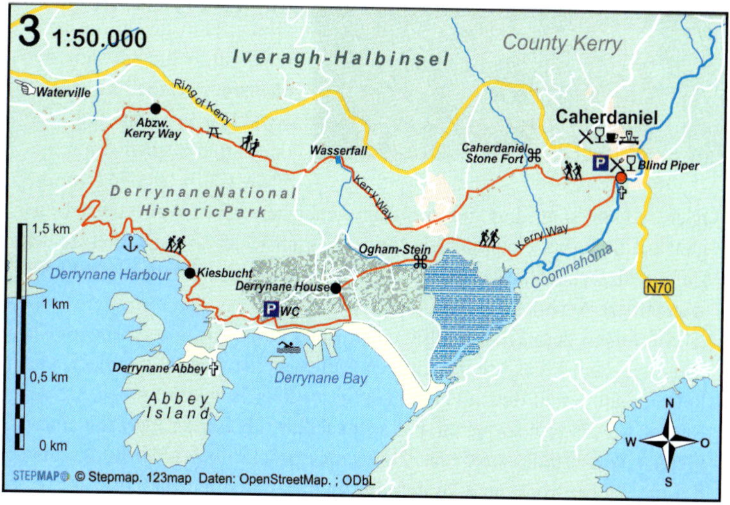

Sie wandern Richtung Westen und gehen gleich an der ersten Gabelung geradeaus weiter auf dem Kerry Way Richtung Waterville. Links verläuft der Kerry Way über den Derrynane Beach. Dort werden Sie auf dem Rückweg wandern.

Im Hafen von Caherdaniel werden Hummer angelandet

Sie folgen der einspurigen Asphaltstraße bis zu einer Häusergruppe. Vor der Einfahrt zum letzten Haus biegen Sie nach links auf einen grasigen Weg ab, der auf das Caherdaniel Stone Fort zuführt, das etwa 50 m nördlich des Weges liegt.

Der Weg schwenkt nach Westen, Sie überqueren auf einer Betonbrücke einen Bach und gelangen über das Gelände eines Gebrauchtwagenhändlers an eine Asphaltstraße, der Sie bis zum Ende folgen. Dort gehen Sie nach links und biegen an der nächsten Gabelung nach etwa 130 m rechts auf eine einspurige Asphaltstraße ab. Etwa 120 m weiter folgt die nächste Gabelung, dort wandern Sie weiter geradeaus. Am letzten Haus geht die Straße in einen unbefestigten Weg über, der wenig weiter an der Zufahrt zu einem Haus zu einem schmalen Pfad wird. Nach links haben Sie wunderbare Ausblicke auf die Derrynane Bucht.

Sie folgen dem Pfad, bis Sie einen Fluss erreichen. Jetzt wandern Sie zwischen dem Fluss, der an einigen Stellen kleine Kaskaden bildet, und hohen, glatt geschliffenen Felsen, bis Sie zu einer Brücke kommen, auf der Sie das Gewässer überqueren. Ein sehr schöner, idyllischer Platz mit einem kleinen Wasserfall wartet hier. Hinter der Brücke finden Sie auch einen Felsen, der bei trockenem Wetter eine gute Rastmöglichkeit bietet.

Im Dickicht verborgener Wasserfall entlang des Weges

Sie wandern weiter auf dem Pfad, der hinter einer besonders sumpfigen Stelle, die durch Metallplatten entschärft wurde, nach links schwenkt und schließlich an einer Asphaltstraße endet, die Sie rechts versetzt überqueren. Dahinter folgen Sie dem Pfad, der zunächst noch aufwärts führt. Bald kommen Sie in offenes Gelände. Nach Süden haben Sie einen wunderbaren Blick auf die Derrynane Bucht.

Bevor es wieder abwärts geht, gelangen Sie noch an eine gute Rastmöglichkeit auf Felsen etwas links vom Weg mit ebenfalls herausragender Aussicht. Dahinter geht es steil bergab bis an eine Schotterpiste, der Sie weiter folgen. Auf einer Stiege überqueren Sie einen Zaun neben einem markanten Gatter mit großen roten Pfosten. Etwa 100 m weiter verlassen Sie den nach Waterville führenden Kerry Way und folgen der Asphaltstraße nach links.

Hinter einem Wäldchen stoßen Sie auf eine einspurige Asphaltstraße, an der Sie nach links abwärts gehen. Hier finden Sie einen Hinweis auf den Derrynane Mass Path und den Wild Atlantic Way.

Felsküste von Abbey Island

An der nächsten Gabelung halten Sie sich links. Der Blick auf die Derrynane Bay ist fantastisch. Abbey Island ist gut zu erkennen.

Am Strand bei Caherdaniel

Wenn Sie die nächste Abzweigung etwa 200 m hinter einer Rechtskurve erreicht haben, biegen Sie scharf links auf eine ebenfalls asphaltierte Straße ab, die Sie hinunter zum kleinen Hafen bringt.

Unmittelbar vor dem Hafen wenden Sie sich nach links. Der unbefestigte Weg geht schnell in einen schmalen Pfad über. Hier beginnt das wohl schönste Stück der Wanderung. Der stellenweise felsige Pfad führt durch dichte Vegetation, bietet hin und wieder aber auch wunderbare Blicke auf die Derrynane Bay.

Sie gelangen in eine einsame Kiesbucht, passieren das 2004 erbaute Bootshaus der Rettungsstation und stoßen schließlich auf eine asphaltierte Straße unmittelbar am weitläufigen, feinsandigen Strand der Derrynane Bay. Einige Schritte südlich liegt Abbey Island mit einer Klosterruine und einem alten Friedhof. Die Insel ist nur bei besonders hohen Wasserständen nicht zu Fuß erreichbar.

Die Markierungen weisen entlang der einspurigen Asphaltstraße nach links. Alternativ können Sie hier auch an dem herrlich breiten und lang gezogenen Strand in östlicher Richtung weiterwandern.

Auf der Straße passieren Sie ein Café, biegen dann rechts zu einem großen Parkplatz (mit WC) ab und gelangen von dort auf die Sanddüne, auf der Sie in östlicher Richtung bis zur Zuwegung zum Derrynane House weiterlaufen.

Hier schwenken Sie nach links und gehen zum stattlichen Wohnhaus, das aus dem frühen 18. Jahrhundert stammt und heute ein Museum beherbergt.

Am Haus folgen Sie der Zufahrt in östlicher Richtung und wandern dann auf der Asphaltstraße, die in der Saison stark befahren ist, weiter. Etwa 600 m hinter dem Haus finden Sie rechts, wenige Schritte neben der Fahrbahn, einen sehenswerten Ogham-Stein, an dessen Kanten vor ungefähr 1.500 Jahren Schriftzeichen (Ogham-Schrift) eingeritzt wurden.

In Irland wurden an die 300 Ogham-Steine gefunden, die meisten davon in der Grafschaft Kerry. Der Stein bei Derrynane gehört zu den am besten erhaltenen. Auf ihm sind an den Kanten Einkerbungen zu erkennen, die zu einem aus 20 Zeichen bestehenden Alphabet gehören. Die einzelnen Buchstaben werden durch waagerechte oder senkrechte Striche kodiert. So bedeutet z. B. ein waagerechter Strich „A", ein „O" ist aus zwei waagerechten Strichen zusammengesetzt. Ein „M" erkennt man an einem schrägen Strich. Die Schriftzeichen laufen von unten nach oben und werden an der nächsten Kante von oben nach unten fortgesetzt.

Die Ogham-Schrift ist allerdings kein eigenständiges Alphabet, sie kodiert lediglich ein den damaligen Kelten bekanntes Alphabet, wobei es sich entweder um das lateinische oder das griechische handeln muss. Auch wurde die Schrift nicht zur Aufzeichnung von Geschichten und längeren Texten genutzt. Meist handelt es sich um Personennamen, sodass die Zeichen wie eine Markierung gedeutet werden können.

Die Schrift wurde nach Ogmios, dem keltischen Gott der Redekunst, benannt. Sie wurde etwa 300 n. Chr. entwickelt und war bis ins 8. Jahrhundert in Gebrauch.

Hinter dem Stein wandern Sie entlang der Asphaltstraße weiter, bis Sie nach knapp 2 km wieder an Ihrem Ausgangspunkt ankommen.

🍊 Glenbeigh – Rund um den Seefin Mountain
✕ 🍺 ⛲ 🪑 🏛 (🌊 ⌘)

Tour für Liebhaber schöner Aussichten　　　　🚶‍♂️ (🧒🧒🧒)

Die aussichtsreiche Rundwanderung verläuft auf dem Kerry Way. Der Weg führt um den Seefin Mountain herum und bietet während der gesamten Wanderung unvergleichliche Aussichten. Im ersten Teil haben Sie die Möglichkeit, „offroad" auf einem Pfad entlang der Nordflanke des Berges zu wandern. Bei schlechter Sicht oder für Wanderer mit Buggy bietet sich eine Alternative entlang befestigter Straßen an. Glenbeigh selbst ist ein kleiner Ort, der im Wesentlichen vom Tourismus geprägt ist und vom nur wenig westlich liegenden Rossbeigh Beach profitiert, der zu den schönsten Stränden Irlands gehört.

↻	Start/Ziel: Glenbeigh, an der St. James Church, GPS N 52°03.376' W 009°56.399'
➲	13,3 km (Offroad-Variante)
⧗	5 Std. (Offroad-Variante)
↑↓	560 m/560 m (Offroad-Variante)
⇧	25-334 m (Offroad-Variante)
✎	Kerry Way, gelbe Pfeile
🪑	Rastplatz (km 12,1), weitere Rastmöglichkeiten (km 2,7, km 6, km 9,2 und km 10,3)
✕ 🍺	mehrere Pubs/Restaurants, Bars und Cafés in Glenbeigh
🚶‍♂️	Der Weg bietet Kindern keine besonderen Höhepunkte, ist aber auch nicht ungeeignet.
🛒	Wenn Sie nicht die Offroad-Variante wählen, ist die Tour für Buggys sehr gut geeignet.
🐕	Hunde sind nicht auf allen Abschnitten erlaubt.
🅿	Parkmöglichkeiten an der Hauptstraße, Parkplätze auch an der N70, einer direkt gegenüber der Tankstelle mit kleinem Supermarkt
✋	Wählen Sie die Offroad-Route nicht bei schlechter Sicht. Der Pfad ist im Gelände nicht überall zu erkennen. Die Gefahr, sich zu verlaufen, ist groß. Nur bei guter Sicht können Sie von jedem Markierungsposten den nächsten sehen.
☺	Nach der Tour lohnt sich ein Besuch des kilometerlangen, breiten Sandstrandes bei Rossbeigh oder die Besichtigung des Kerry Bog Village Museum, eines interessanten Freilichtmuseums, das über das Leben der einfachen Leute in früheren Zeiten informiert.

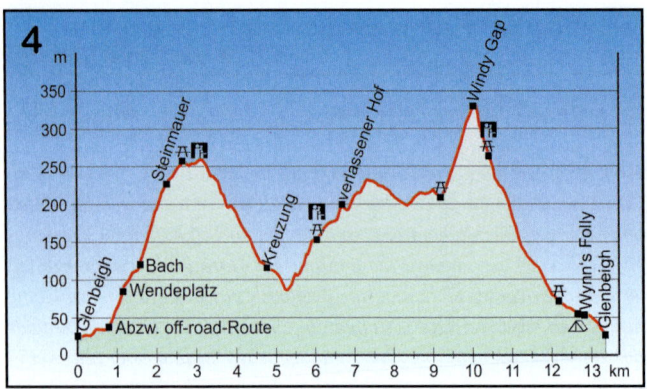

Sie starten zu Ihrer Rundwanderung auf der N70 an der St. James Church und wandern entlang der Hauptstraße in östliche Richtung. Nach knapp 800 m zweigt am Kerry Ocean Lodge B&B rechts ein unbefestigter Weg ab.

☺   Alternativ können Sie hier noch 1,3 km weiter entlang der N70 wandern und dann rechts auf eine Asphaltstraße einschwenken, die nach 2 km wieder auf die hier beschriebene Offroad-Route stößt. Dies bietet sich nach starken Regenfällen und vor allem bei schlechter Sicht sowie für Wanderer mit Buggys an.

Sie folgen diesem Weg aufwärts, klettern über eine Stiege und gelangen dann an einen kleinen Wendeplatz, wo der stark erodierte Fahrweg in einen Bergpfad übergeht, der über stellenweise sumpfige Schafsweiden führt. Hier treffen Sie auf den ersten Markierungspfosten. Schräg links ist schon der nächste zu erkennen. Sie hangeln sich nun von Pfosten zu Pfosten und erreichen einen Bach, den Sie auf Steinen überqueren. Auf der anderen Seite geht es steil bergauf. Fest gespannte Seile helfen bei dem kurzen steilen Stück.

Je höher Sie steigen, desto faszinierender wird der Blick nach Norden auf Rossbeigh Beach und Glenbeigh und über die Dingle Bay auf die Halbinsel mit den markanten Slieve Mish Mountains.

Schließlich stoßen Sie auf eine niedrige Steinmauer und 50 m weiter auf eine zweite. Beides könnten die Reste von Ställen oder Pferchen gewesen sein und beide bieten die erste Möglichkeit für eine Rast im Sitzen mit ebenfalls wunderbarem Ausblick.

Wer noch genug Atem hat, sollte sich mit einer Pause aber noch etwas gedulden, denn nur etwa 30 Höhenmeter weiter kommen Sie fast oben auf dem Sattel an eine richtige Bank. Ein herrlicher Platz für eine Rast mit grandioser Aussicht.

Hier stoßen Sie an eine Schotterpiste, der Sie nach links leicht bergauf folgen. Bald haben Sie den höchsten Punkt erreicht und Ihnen bietet sich nun ein völlig neuer Blick nach Osten auf die höchsten Berge Irlands, die Macgillycuddy's Reeks. Sie wandern auf der Piste abwärts und ignorieren

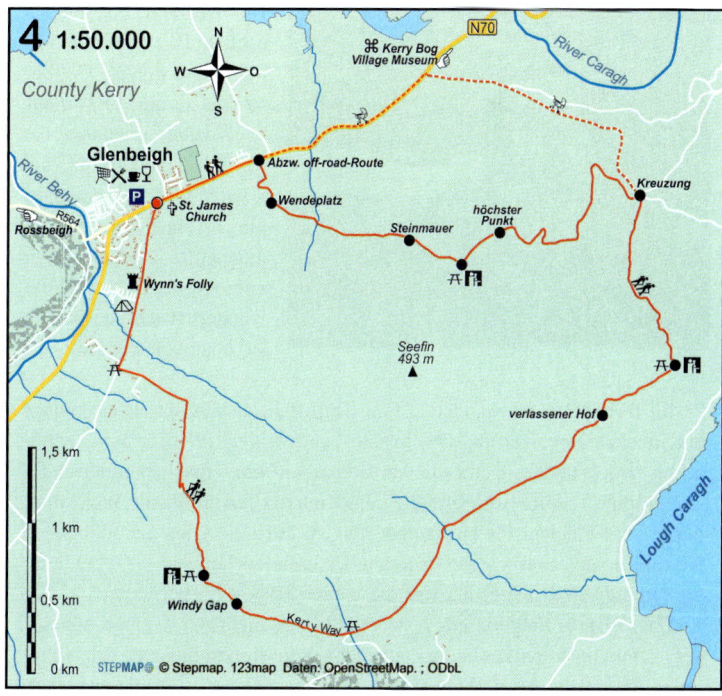

die links und rechts abgehenden Wege. Etwas tiefer kommt Lough Caragh in Sicht, ein schöner Anblick. Den großen See werden Sie jetzt fast bis zum Ende Ihrer Wanderung im Blickfeld haben.

Der Weg führt weiter abwärts, Sie übersteigen eine Stiege neben einem Gatter und erreichen an der Zufahrt zu einem Haus eine Kreuzung. Hier stößt von links die Route (*Kerry Way via road*) dazu, die entlang der Straße verläuft.

Sie folgen der schmalen Asphaltstraße nach rechts, zunächst noch abwärts in das Tal eines kleinen Baches. Dahinter geht es wieder aufwärts. Sie passieren einen Hof und dahinter einige Gebäude. Hinter dem letzten Haus erreichen Sie in einer Links-Rechts-Kurve der inzwischen unbefestigten Piste eine gute Rast-möglichkeit auf Steinen am Wegrand mit fantastischem Blick auf den See. Man kann gut die Halbinsel Madame O'Donoghue's Island erkennen, die den See scheinbar in zwei Hälften teilt. Auf der Insel gibt es einen Friedhof für ungetaufte Kinder, die hier vor allem während der Hungerkatastrophe im 19. Jh. begraben wurden.

Meist trifft man nur Schafe am Seefin Mountain

Im frühen 19. Jahrhundert waren Kartoffeln die Ernährungsgrundlage der irischen Bevölkerung. Das meiste Land gehörte reichen, meist englischen Großgrundbesitzern, die den Boden an Iren verpachteten und dafür den größten Teil der Ernte erhielten. Die Iren durften nur kleine, meist minderwertige Flächen für sich selbst nutzen, auf denen fast ausschließlich Kartoffeln angebaut wurden. Auf den besseren Flächen wurde Getreide für die Grundbesitzer angebaut, was diese nach England exportierten.

Das System funktionierte – jedenfalls aus Sicht der Großgrundbesitzer –, bis 1845 ein aus Amerika mit Saatgut eingeschleppter Pilz (Phytophthora infestans) zuschlug, der für die sogenannte Kartoffelfäule verant-

Seefin Mountain von Nordosten

wortlich war und praktisch die gesamte Kartoffelernte vernichtete, sodass die Iren nichts mehr zu essen hatten.

Der folgende Winter war schlimm, von den Großgrundbesitzern kam keine Hilfe, im Gegenteil, sie verlangten weiterhin die Pacht und saugten alles aus dem Land, was sie bekommen konnten. Die meisten Iren kamen gerade noch so über die Runden. Als dann aber in den nächsten Jahren die Ernten erneut ausfielen, kam es zur Katastrophe. Hunderttausende Iren verhungerten oder starben an den Folgen der Unterernährung, obwohl genügend Getreide vorhanden gewesen wäre, um die Not leidende Bevölkerung satt zu bekommen. Aber die Engländer exportierten weiterhin das Getreide in ihr Heimatland und setzten dies auch mit Waffengewalt durch, sodass Irland regelrecht ausgehungert wurde und ganze Landstriche entvölkert wurden. Bis 1852 raffte die Hungerkatastrophe, die in der irischen Geschichte als „Große Hungersnot" (*great famine*) eingegangen ist, eine Million Menschen hin, mehr als 10 % der gesamten Bevölkerung. Und es wären noch mehr geworden, wenn nicht zwei Millionen Iren den großen Sprung über den Atlantik gewagt hätten und in die USA ausgewandert wären.

Blick auf Glenbeigh, Rossbeigh Beach und dahinter die Dingle Halbinsel

Der Weg führt weiter aufwärts, an einem verlassenen Hof vorbei. Der Blick fällt nun nach Süden weit in ein grünes Tal, in dem sich der River Caragh seinen Weg bahnt. Etwa 1 km weiter, es geht inzwischen wieder abwärts, gelangen Sie an eine Gabelung, an der Sie sich links halten. Sie überqueren einen Bach und stoßen etwa 1 km weiter an einer Bank auf den von Glencar kommenden Kerry Way.

Rast an der Abzweigung nach Glencar

Hier beginnt auf einer Piste der steile, aber relativ kurze Aufstieg zur Windy Gap. Sie gehen rechts durch das Gatter auf den zunächst noch grasigen Weg. Je höher Sie kommen, desto beeindruckender wird der Blick nach Süden.

Bis zur Passhöhe haben Sie auf kurzer Strecke etwa 120 Höhenmeter zu überwinden. Oben angekommen werden Sie aber mit einem grandiosen Blick auf Glenbeigh, den links davon liegenden, lang gestreckten Rossbeigh Hill und weiter bis zur Dingle-Halbinsel belohnt – ein wahrhaft einzigartiges Panorama.

Beim Abstieg passieren Sie eine Bank (wenn sie nicht besetzt ist, ein exzellenter Rastplatz mit erneut überwältigender Aussicht). Bald hinter der Bank kommen Sie an die ersten Häuser. Über eine Stiege erreichen Sie eine Asphaltstraße, der Sie bis zu ihrem Ende an einer breiteren Asphaltstraße folgen. Rechts finden Sie einen Rastplatz mit Bank und Tisch.

Sie gehen an der Einmündung nach rechts, passieren einen Camping-platz und kurz dahinter die links liegende Ruine von Wynn's Folly, einer Burg aus dem frühen 19. Jahrhundert. Von hier ist es nur noch ein kurzer Weg die Asphaltstraße hinab, bis Sie an der N70 wieder Ihren Ausgangs-punkt erreicht haben.

In diesem Pub in Glenbeigh geht es irisch zu

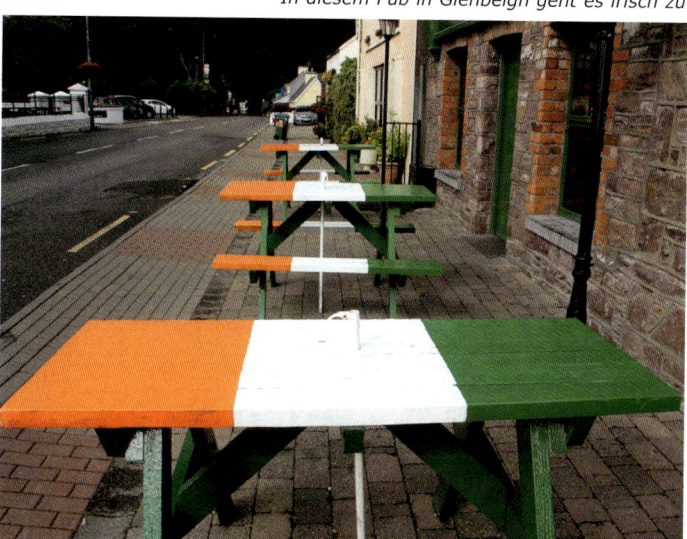

❺ Dunquin – Cruach Marthain   ✕ 🏠 ⌘

Tour für Cineasten und Liebhaber schöner Aussichten   👪 👪

Obwohl von unten betrachtet wenig spektakulär und mit knapp 400 m Höhe eher ein Hügel als ein Berg, gehört der Cruach Marthain doch zu den lohnendsten Wanderzielen der Dingle-Halbinsel, auch weil er im Gegensatz zu seinem höheren Nachbarn, dem Mount Eagle, weniger begangen wird.

Er ist leicht und schnell zu besteigen und bietet von seinem Gipfel aus einen wunderbaren 360-Grad-Rundumblick. Im Osten erstreckt sich die mächtige Gebirgskette des Mount Brandon. Im Südosten sehen Sie die Buchten von Dingle und Ventry. Dahinter bildet die Iveragh-Halbinsel mit den höchsten Bergen Irlands den Abschluss. Nur der Fernblick direkt nach Süden wird vom massigen Buckel des Mount Eagle versperrt. Aber schon rechts daneben öffnet sich der Blick auf den Atlantik mit den Blasket-Inseln und den kleinen Ort Dunquin. Im Nordwesten erstreckt sich eine Steilküste, die durch den Wechsel von schroffen Klippen und schönen Sandbuchten geprägt ist, und im Nordosten schließt sich der beeindruckende Naturhafen Smerwick Harbour an, hinter dem auf einer Landzunge die markanten Three Sisters liegen.

↻	Start/Ziel: Blasket Centre, GPS N 52°07.978' W 010°27.664'
➲	8,6 km
⧗	3 Std.
↑ ↓	395 m/395 m
⇧	5-390 m
✎	auf dem Dingle Way gelbe Richtungspfeile, sonst keine
⊼	keine Rastplätze, aber bei trockenem Wetter gute Rastmöglichkeit auf dem Gipfel (km 3,7)
✕	Restaurant/Café im Blasket Centre
WC	im Blasket Centre am Start/Ziel
👪	Der Weg ist auch für Familien mit Kindern geeignet und bietet mit dem Blasket Centre einen spannenden Abschluss.
🚼	Die Wanderung verläuft z. T. auf schmalen Pfaden und ist für Buggys ungeeignet.
🐕	Hunde sind auf einigen Abschnitten verboten.

Cruach Marthain

🅿   großer Parkplatz am Blasket Centre in der Straße am Blind Piper

☺   Wer Zeit hat, sollte einen Besuch des Blasket Centre in Erwägung ziehen. In dem modernen Zentrum erfahren Sie viel Wissenswertes über die Region, speziell über die vorgelagerten Blasket-Inseln.

☺   Kinoliebhaber werden sich an den Film „Ryan's Tochter" mit Robert Mitchum in der Hauptrolle erinnern, der 1960 in Dunquin gedreht wurde. Vom Set ist heute nur noch das Schulhaus erhalten. Vom inzwischen verfallenen Gebäude haben auch Nicht-cineasten einen wunderbaren Blick auf die Blasket-Inseln.

Vom Parkplatz am Blasket Centre folgen Sie dem Dingle Way nordwärts und überqueren die Hauptstraße (R559) an der Jugendherberge etwas nach rechts versetzt. Nach 500 m macht die Straße eine scharfe Rechtskurve, der Sie folgen. Der Dingle Way verläuft hier weiter geradeaus. Nach etwa 400 m endet die Straße an einem Gatter. Dahinter wandern Sie auf einem Feldweg weiter, der leicht ansteigend durch Heide führt. Rechts liegt der lang gezogene Rücken des Mount Eagle, zurück haben Sie einen wunderbaren Blick auf die Blasket-Inseln, und voraus ist der Gipfel zu sehen.

Die Blasket-Inseln sind eine Gruppe kleiner bis kleinster Inseln, die in Sichtweite relativ nah vor der Westspitze der Dingle-Halbinsel liegen. Die fünf größeren waren über Jahrhunderte hinweg bewohnt. Ihre Einwohner lebten vom Fischfang und in bescheidenem Maß von der Landwirtschaft. Die Lebensbedingungen waren sehr einfach und wurden von staatlichen irischen Stellen als menschenunwürdig eingestuft, sodass die Inseln ab Beginn des 20. Jahrhunderts mehr und mehr evakuiert wurden. Die letzten Bewohner verließen Great Blasket, die größte der Inseln, im Jahr 1953.

Blick auf Dunquin und die Blasket-Inseln

Weltweit bekannt wurden die Inseln durch Autobiografien mehrerer Inselbewohner. Am bekanntesten und zu einem Klassiker geworden ist das Buch „Die Boote fahren nicht mehr aus" von Thomas O'Crohan (1857-1937), das von Annemarie und Heinrich Böll ins Deutsche übertragen wurde.

Heute sind die Inseln ein Refugium für Seevögel wie z. B. Sturm-schwalben, Atlantiksturmtaucher oder Küstenseeschwalben, die hier bedeutende Brutkolonien bilden. Die sehr flache, nur gut 10 m hohe Insel Beginish ist bekannt für ihre großen Kegelrobbenkolonien.

Sie folgen dem Weg, der zwischenzeitlich schönes altes Kopfsteinpflaster hat, bis an die Westflanke des Berges. Dort führt ein Pfad, der zunächst auf einem Wall verläuft, aufwärts. Am Ende des Walls wird der Pfad steiler. Er verliert sich dann in einem kurzen, sehr steilen und mit Felsen durchsetzten Wegstück. Dahinter wird es wieder flacher und auf einem ausgetretenen Pfad erreichen Sie in wenigen Augenblicken den Gipfel mit seinem grandiosen Rundumblick.

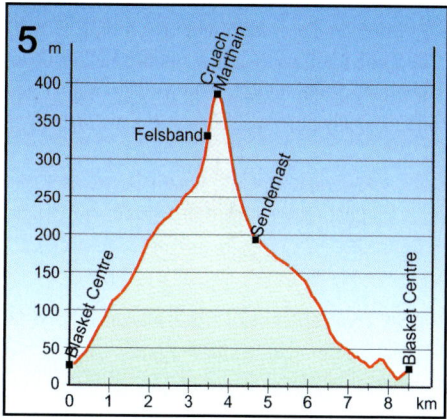

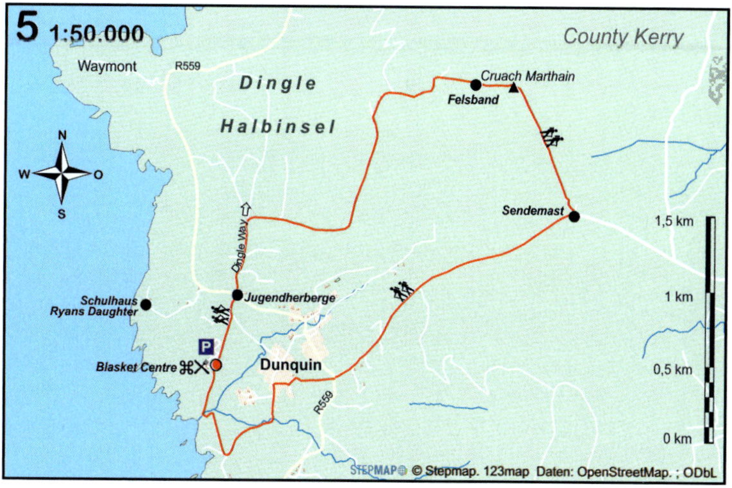

Sie verlassen den Gipfelbereich auf einem Pfad, der entlang eines Zaunes schnurgerade in südöstlicher Richtung verläuft, abwärts. Unten angekommen treffen Sie an einem Sendemast auf eine Asphaltstraße, der Sie nach rechts folgen, bis Sie nach ca. 2 km wieder an die R559 stoßen. Sie überqueren die Straße und gehen leicht links versetzt auf den unbefestigten Weg. Bei einigen Wohnhäusern stoßen Sie wieder auf eine Straße. Halten Sie sich an der ersten Gabelung rechts. Gut 100 m weiter am Ende der Straße gehen Sie nach links, bis Sie nach 700 m an einer Rechtsabzweigung wieder auf den Dingle Way stoßen. Sie wenden sich nach rechts und folgen dem Fernwanderweg bis zu Ihrem Ausgangspunkt.

⌘　　　Blasket Centre, Dún Chaoin, Dingle, ☎ +353 (0)66/915 64 44, 🚪 Anfang April bis Ende Oktober täglich 10:00-18:00, im Winter nach telefonischer Absprache möglich, ✗

Blick vom Gipfel des Cruach Marthain nach Süden

⑥ Smerwick – Three Sisters

Tour für Liebhaber von schönen Aussichten und Stränden

Die Wanderung führt Sie von der mittelalterlichen Festung Dun an Oir (Goldfort) entlang der Westküste von Smerwick Harbour auf den Binn Diarmada, den höchsten Gipfel der Hügelkette Three Sisters.

Obwohl von dem ehemaligen Fort, das vor 400 Jahren Schauplatz tragischer Ereignisse war, außer der Örtlichkeit nichts mehr zu sehen ist und nur noch ein Gedenkstein an das Geschehen erinnert, lohnt der Platz als Startpunkt, denn Sie haben von hier einen wunderbaren Blick über die große Bucht Smerwick Harbour hinüber zum Massiv des Mount Brandon (⇧ 952 m), eines der höchsten Berge Irlands. Auch das Ziel der Wanderung, der Gipfel des Binn Diarmada, ist zu sehen. Der Berg selbst zeigt sich von seiner Südseite sanft und zugänglich, ist aber auf der Nordseite schroff und abweisend und fällt fast 100 m senkrecht zum Atlantik hin ab. Dennoch ist der Gipfel ein Ort, den man bei gutem Wetter am liebsten nicht mehr verlassen möchte. Auf dem Rückweg können Sie noch einen Abstecher zum Beal Ban (white mouth), dem breiten, windgeschützten Strand südlich von Smerwick, machen.

⇄   Start/Ziel: Parkplatz Dun an Oir, GPS N 52°11.409' W 010°24.893'

⮌   7,2 km

⧖   2 Std. 30 Min.

↑ ↓   190 m/190 m

⇧   5-95 m

✎   keine Markierung

⊼   keine Rastplätze, aber bei trockenem Wetter gute Rastmöglichkeit auf dem Gipfel (km 3,3)

✕   mehrere Pubs in Ballyferriter (5,5 km entfernt)

🏊   Sandstrand Beal Ban (km 6,6)

👪   Wegen der Möglichkeit, den Strand Beal Ban in die Wanderung einzubeziehen, ist die Tour auch für Kinder gut geeignet. Sie sollten aber diszipliniert genug sein, genügend Abstand von den senkrechten Klippen zu halten.

🛒   Die Wanderung verläuft z. T. auf schmalen Pfaden und ist für Buggys ungeeignet.

🐕   Hunde sind auf einigen Abschnitten verboten.

🅿 Parkplatz Dun an Oir südlich von Smerwick

✋ Halten Sie genügend Abstand von den senkrecht abfallenden Klippen.

☺ Badesachen nicht vergessen!

☺ Einen Besuch wert ist Ballyferriter, der größte Ort westlich von Dingle, der das Zentrum der Gälisch sprechenden Bevölkerung ist. Versäumen Sie nicht den Besuch in einem der vier urigen Pubs des Ortes, in denen z. T. Livemusik geboten wird.

Auf dem Gipfel des Binn Diarmada

Die Geschichte der Festung Dun an Oir ist außerordentlich tragisch und steht exemplarisch für zahlreiche Begebenheiten in der meist leidvollen irischen Geschichte. Ende des 16. Jahrhunderts, während einer der zahlreichen Aufstände gegen die englischen Besatzer, hatten sich knapp 1.000 spanische, italienische sowie irische Soldaten und einige Zivilisten in dem Fort verschanzt. Sie wurden von englischen Truppen sowohl von Land als auch vom Wasser belagert. Nach Verhandlungen mit den Engländern und dem Versprechen auf „freies Geleit" ergaben sich die Eingeschlossenen kampflos. Was dann geschah, schildert der 1991 gestorbene irische Schriftsteller Sean O'Faolain in seinem Buch „The Great O'Neill": „Die eingeschlossene Garnison glaubte dem Versprechen der Engländer, dass sie geschont werden würden, wenn sie sich ergeben. Bei Tagesanbruch öffneten die Soldaten die Tore, marschierten mit gesenkten Flaggen hinaus und legten ihre Waffen ab. Die Engländer nahmen darauf die Offiziere als Geiseln und trieben den Rest der Garnison in die Festung zurück, darunter auch einige schwangere Frauen. Dann schickte der englische Befehlshaber seine Truppe in die Festung und ließ vor den Augen der Geiseln die Soldaten erstechen und aufschlitzen und die Frauen aufhängen. Anschließend wurden die Toten nackt ausgezogen und zur Schau aneinandergereiht auf die Erde gelegt."

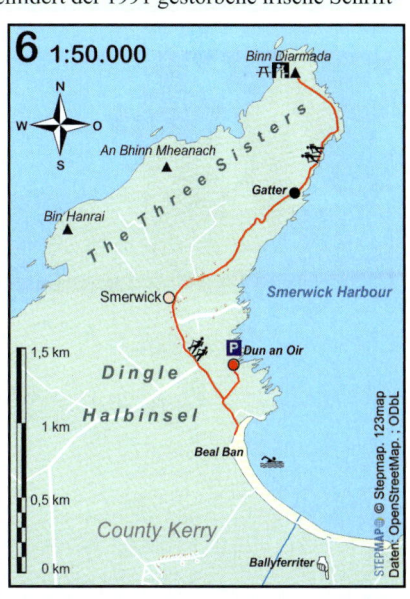

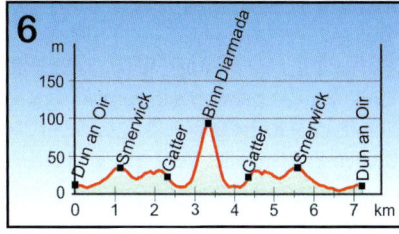

Vom Parkplatz gehen Sie zurück an die Straße und wenden sich dort nach rechts. Schon bald erreichen Sie die ersten Häuser von Smerwick. Sie durchqueren den Ort und wandern jetzt auf einem Feldweg weiter, der an einem Gatter endet. Hinter dem Gatter geht es auf einem Pfad immer dicht an der Steilküste weiter bis zum Fuß des Binn Diarmada (⇧ 95 m). Hier beginnt der kurze, steile Aufstieg auf den östlichen Gipfel der Three Sisters. Oben angekommen finden Sie zahlreiche schöne Rastplätze mit wunderbarer Fernsicht.

Blick auf den Binn Diarmada

Der Rückweg erfolgt auf derselben Route. Sie gehen allerdings nicht direkt zum Ausgangspunkt zurück, sondern halten sich an der Abzweigung zum Parkplatz rechts, wo Sie nach gut 200 m an die Nordseite des langen, breiten Sandstrandes Beal Ban gelangen.

Von dort gehen Sie auf dem bekannten Weg zurück zum Parkplatz.

Mittelwesten

Regenbogen über Cross Lough (Tour 15)

❼ Doolin – Cliffs of Moher

Ŧ ✕ ☕ WC 🔢 ⌘ 📱 🚌

Tour für Liebhaber dramatischer Küstenformationen, Vogelfreunde und Fans traditioneller irischer Musik   🚶🚶 🚶🚶

Die Cliffs of Moher sind, obwohl bei Weitem nicht die höchsten und spektakulärsten Klippen Irlands, eine der touristischen Hauptattraktionen der Grünen Insel. Zahlreiche Besucher aus der ganzen Welt wollen einen Blick auf die bekanntesten Steilklippen Europas werfen, die stellenweise über 200 m senkrecht in den Atlantik abfallen und für viele Arten von Seevögeln ein idealer Brutplatz sind.

Die Wanderung führt zunächst auf einem schmalen Pfad immer dicht entlang der Klippen bis kurz vor Doolin und dann im Landesinneren auf asphaltierten Straßen zurück. Eine gute Alternative für alle, denen 25 km zu lang sind, bietet der Shuttle-Bus, der Sie von Doolin wieder zu Ihrem Ausgangspunkt zurückbringt.

↻	Start/Ziel: Cliffs of Moher Coastal Walk Car Parc, GPS N 52°56.604' W 009°27.272'
↪	25,5 km (12,5 km bis Doolin)
⧖	8 Std.
↑ ↓	510 m/510 m
⇧	20-200 m
🏷	blaue Pfeile bis Doolin
Ŧ	Rastplatz am Besucherzentrum (km 5,7), außerdem mehrere gute Rastmöglichkeiten, z. B. Pat's View (km 8,8)
✕	Kiosk (km 2,9), Besucherzentrum (km 5,7), mehrere Pubs in Doolin (km 12,5, ↳ Abstecher)
🚶	Nicht nur für Kinder bietet das Besucherzentrum spannende Informationen.
🚼	Die Wanderung verläuft z. T. auf schmalen Pfaden und ist für Buggys ungeeignet.
🐕	Hunde sind auf dem ersten Abschnitt bis Doolin verboten.
🅿	Cliffs of Moher Coastal Walk Car Parc (bewachter Parkplatz, € 2 Gebühr)
🚌	Shuttle-Bus von Doolin zum Start/Ziel. Die Haltestelle befindet sich in Doolin an der Brücke über die Aille. Der Bus verkehrt von April bis September täglich mehrmals.
✋	Halten Sie genügend Abstand von den senkrecht abfallenden Klippen und verlassen Sie den Pfad nicht.

☺   Wer große Menschenmengen vermeiden möchte, sollte so früh wie möglich aufbrechen. Besonders in der Nähe des Besucherzentrums herrscht ab 10:00 extrem viel Betrieb.

☺   Den besten Blick auf die Klippen haben Sie vom Wasser aus. Vom Hafen in Doolin starten täglich Bootstouren.

Sie beginnen die Wanderung am Parkplatz und gehen auf der einspurigen Asphaltstraße, die später in einen unbefestigten Feldweg übergeht, in nordwestliche Richtung. Hinter einer niedrigen Mauer gelangen Sie am Hag's Head an die Ruinen eines Wachturms.

Der Weg wird jetzt zu einem Pfad, der in nordöstlicher Richtung mehr oder weniger nah an der Klippenkante verläuft. Er bietet atemberaubende Blicke auf die Steilküste. Voraus können Sie bald O'Brien's Tower sehen, der nahe am Besucherzentrum hoch über dem Meer thront. Spektakulär ist auch der Blick auf eine markante Felsnadel, die unterhalb des Besucherzentrums der Brandung trotzt.

O'Brien's Tower am Besucherzentrum

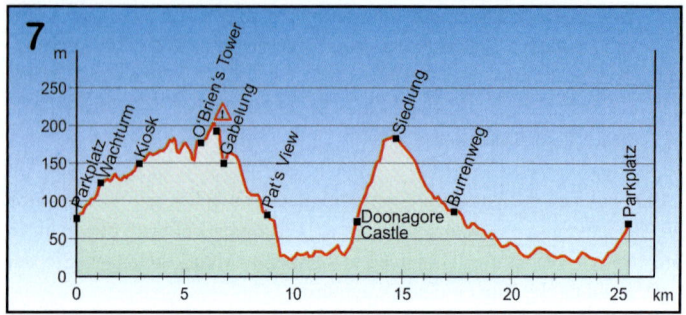

Sie folgen weiter dem Pfad und passieren einen Kiosk, der allerdings nur in der Saison geöffnet ist. Gegenüber finden Sie auf einem Felsen zahlreiche Steinmännchen.

Die Menschenmengen werden jetzt größer und stellenweise kommt es zu Gedränge und Staus. Bald erreichen Sie die Abzweigung zum Besucherzentrum.

🛈 ⌘   Cliffs of Moher Visitor Experience, Liscannor, Co. Clare, ☎ +353 (0)65/708 61 41,
       🕒 täglich ab 9:00, Juli und August bis 21:00, Juni bis 19:30, Mai und September bis
       19:00, April bis 18:30, März und Oktober bis 18:00, Januar, Februar, November und
       Dezember bis 17:00, ✗

Der Wanderweg führt daran vorbei hinauf zu O'Brien's Tower.

Das Gebäude wurde 1835 von einem weitsichtigen Landbesitzer als Aussichtsturm für Touristen errichtet. Schon damals kamen zahlreiche Besucher, um sich die einmalige Landschaft anzuschauen. Vom Dach des Turmes (Eintritt: € 2) haben Sie einen schönen Blick auf die Aran-Inseln und bei klarer Sicht fällt der Blick im Norden auf die Twelve Pins in Connemara und im Süden auf die Macgillycuddy's Reeks, die höchsten Berge Irlands.

Hinter dem Turm folgen Sie weiter dem Pfad. Nach etwa 600 m gelangen Sie an ein sehr steiles Wegstück, das nach Regenfällen extrem rutschig ist. Bleiben Sie hier unbedingt auf dem Treppenweg, wenn Sie nicht für die anderen Besucher ein lustiges Schauspiel abgeben und selbst keine schmerzhaften Erfahrungen machen wollen.

Das steile Stück ist nur kurz und gleich dahinter halten Sie sich an der Gabelung rechts, gehen bis zur Hauptstraße und dort links. Der Wanderweg führt hier links zwischen dem Gebäude und dem Gatter entlang (✋ nicht durch das Gatter gehen).

Blick auf die Klippen unterhalb O'Brien's Tower

Das Gelände wird nun flacher. Sie erreichen wieder die Klippenkante und wenden sich dort nach rechts. Etwa 900 m weiter erreichen Sie Pat's View, einen wunderbaren Rastplatz im Gras direkt am Rand der Klippen mit atemberaubender Aussicht.

Sie folgen weiter dem Pfad, der mehr oder weniger nah an der Klippenkante verläuft und schließlich auf eine Schotterpiste stößt, wo Sie nach links gehen. Gut 1 km weiter erreichen Sie eine schmale Asphaltstraße. Hier haben Sie mehrere Möglichkeiten:

Wer mit dem Bus zurückfahren und/oder das kleine, sehenswerte Dorf Doolin besuchen möchte, geht hier weiter geradeaus in nordöstliche Richtung. Nach knapp 500 m erreichen Sie den Ort mit seinen bunten Häusern, Pubs und Geschäften an der Brücke über den River Aille. Hier finden Sie auch die 🚌 Bushaltestelle.

Der kleine Fischerort Doolin ist eines der Zentren traditioneller irischer Musik, die fast täglich live in einem der Pubs gespielt wird. In den letzten Jahren ist der Ort mehr und mehr gewachsen, zahlreiche Gästehäuser und

B&Bs sind entstanden. Dennoch reichen die Kapazitäten vor allem in der Hochsaison nicht immer aus, und das sehenswerte Zentrum um die Brücke ist dem gestiegenen Autoverkehr oft nicht gewachsen. Vom Hafen verkehren regelmäßig Fähren zu den Aran-Inseln.

Vielfach fotografiertes Motiv in Doolin

Wer die Rundwanderung fortsetzen möchte, geht rechts Richtung Süden. Voraus ist der Turm einer Burg zu sehen. An der Gabelung unterhalb der Burg halten Sie sich rechts und gehen gut 100 m weiter an der Abzweigung geradeaus. Folgen Sie hier nicht den Wanderwegweisern, die Sie zur stark befahrenen Hauptstraße führen würden.

Es geht nun steil bergauf, Sie passieren die Burg und überqueren die Hauptstraße. Etwa 700 m dahinter haben Sie den zum Teil sehr steilen Anstieg geschafft. Von hier können Sie zurück nochmals einen einmaligen Blick auf die Küste genießen.

Kurz darauf gelangen Sie in eine kleine Siedlung, wo Sie die Kreuzung geradeaus überqueren. Nun geht es wieder bergab und Sie haben nach

Süden einen schönen Blick auf Lahinch und Liscannor. Nach 2 km erreichen Sie die nächste Siedlung. An der Kreuzung 600 m weiter stoßen Sie
auf den Burren-Weg; folgen Sie hier den Wegweisern nach rechts. Sie bleiben etwa 2,2 km an der Straße, bis Sie an eine Gabelung gelangen. Dort
halten Sie sich rechts. Folgen Sie der Straße, bis sie nach etwas mehr als
2 km an die von Liscannor kommende Hauptstraße R478 stößt. Gehen Sie
nach rechts und entlang der Straße 1 km bis zu einer Rechtskurve, wo Sie
gleich die erste Abzweigung links nehmen (Wegweiser zum Cliffs of
Moher Coastal Walk Car Parc). Sie folgen der Straße, gehen nach knapp
2 km an der Abzweigung nach rechts und erreichen Ihren Ausgangspunkt
etwa 800 m weiter.

Lachmöwen sind weit verbreitet und kommen auch in Irland vor

❽ Fanore – Durch die einzigartige Landschaft des Burren

WC 〰️

Tour für Liebhaber unwirtlicher Karstlandschaften, Botaniker, Archäologen und Strandfans   👫 👫

Die fast 20 km lange Wanderung führt durch den wie eine Mondlandschaft wirkenden Burren, eine auf den ersten Blick lebensfeindliche, karstige Landschaft im Nordwesten des County Clare. Der Rundweg verschafft Ihnen einen guten Eindruck von dem etwa 250 km² großen Kalksteingebiet, das nicht nur mit seiner ungewöhnlichen Landschaftsform beeindruckt, sondern auch auf eine lange, interessante Geschichte zurückblicken kann. Start und Ziel ist der schöne große Sandstrand von Fanore, der u. a. wegen seiner guten Erreichbarkeit zu einem beliebten Ausflugsziel auch außerhalb der Saison geworden ist.

Ein Teil des Burren ist seit 1991 als Nationalpark ausgewiesen und Besucher werden aufgefordert, nichts zu verändern. Das gilt insbesondere auch für die Lage der Steine, die an ihrem Platz gelassen werden sollen. Deshalb werden Sie entlang des Wanderweges auch keine Steinmännchen vorfinden.

↻ Start/Ziel: Fanore, Strand, GPS N 53°07.052' W 009°17.188'

⟳ 19,8 km

⧖ 6 Std.

↑ ↓ 450 m/450 m

⇧ 12-260 m

✎ Der Weg ist im ersten Teil sehr gut mit violetten (Black Head Loop) und im zweiten mit roten (Caher Valley Loop) Richtungspfeilen auf Holzpfosten markiert. Darüber hinaus finden Sie gelbe Richtungspfeile mit stilisierten Wanderern (Burren Way).

🛖 keine Rastplätze, aber mehrere Rastmöglichkeiten auf Felsen oder Mauern, besonders schön auf dem Pass (km 9,4) und an den Wasserfällen (km 17,8)

✗ Pub in Craggagh an der R477 (2,2 km südlich)

🚉 in Craggagh

WC am Start/Ziel

〰️ Strand am Start/Ziel

🛉🛉🛉   Der eigentliche Wanderweg ist mit fast 20 km für Kinder möglicherweise zu lang, bietet aber an Start/Ziel mit dem Strand von Fanore ein Highlight, das nicht nur Kinder begeistern dürfte.

🛒   Wegen des stellenweise sehr schmalen Pfades ist die Wanderung für Buggys ungeeignet.

🐕   Hunde sind auf dem Weg nicht erlaubt.

🅿   Parkplatz am Start/Ziel am Strand von Fanore

☺   Badesachen nicht vergessen!

☺   Wer will, kann die Tour um knapp 5 km verlängern (☞ unten).

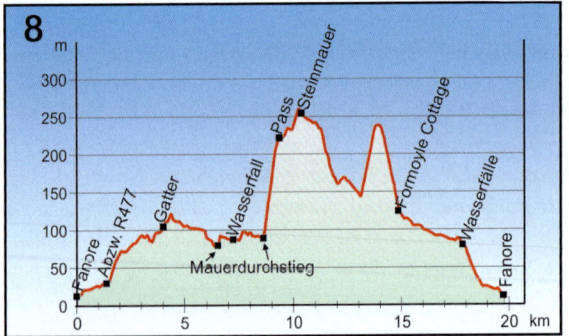

Der Burren zählt zu den eindrucksvollsten Landschaften Irlands. Die fast baumlose, steinige Karstlandschaft ist einzigartig auf der Grünen Insel. Auf den ersten Blick völlig unwirtlich und lebensfeindlich beherbergt sie doch eine überaus reiche Pflanzenwelt, die in den Spalten und Gräben zwischen den nackten Felsplatten Nischen gefunden hat. Von den knapp 1.500 in Irland vorkommenden Pflanzenarten gedeihen hier mehr als 1.000, darunter alpine, arktische und mediterrane Arten.

Kaum vorstellbar, dass die Landschaft nach der letzten Eiszeit noch bewaldet war. Aber nach dem Abholzen der Wälder durch frühe Menschen gab es keinen Schutz mehr für die dünne Humusschicht, die durch Erosion bis auf Reste in geschützten Vertiefungen mehr oder weniger vollständig abgetragen wurde.

Auch der Hobbyarchäologe findet zahlreiche Zeugnisse der langen, bewegten Geschichte des Kalksteingebietes. Über 500 Anlagen unter-

schiedlicher Typen aus verschiedenen Zeitaltern sind bekannt. Am eindrucksvollsten ist das weltberühmte, mehr als 5.000 Jahre alte Megalithgrab Poulnabrone-Dolmen (☞ 📷 S. 75).

Wenn man den Erzählungen Einheimischer glauben darf, dann hat der Schriftsteller J. R. R. Tolkien die Idee für seine Trilogie „Der Herr der Ringe" in dieser Landschaft entwickelt.

Sie gehen auf der Zufahrtsstraße zum Parkplatz zur R477 und dort nach links. 700 m weiter überqueren Sie den Caher River und wandern noch

300 m weiter entlang der in der Saison stark befahrenen Straße. Dann zweigt rechts eine Straße ab, die weiter zu einigen neu gebauten Ferienhäusern führt. Sie wählen aber nicht die Zufahrt, sondern nehmen den Feldweg aufwärts, der zunächst noch parallel zur Straße verläuft.

Am letzten Haus gehen Sie links über eine Mauer auf eine *green road*, einen alten, meist mit Gras bewachsenen Weg. Er verläuft zwischen Trockensteinmauern und bietet großartige Blicke auf die Küste. Sie folgen dem Weg, bis Sie nach etwas mehr als 2 km an ein Gatter stoßen. Dahinter führt der Weg ein kurzes Stück relativ steil bergauf. Sie befinden sich jetzt auf der Höhe des Black Head und haben einen wunderbaren Blick auf die Südküste Galways.

Unwirtlich aber faszinierend: Die Karstlandschaft des Burren

Der Weg schwenkt nach Südosten und die breite *green road* wird zu einem Pfad. Sie wandern bis zu einer Mauer, die Sie durch einen schmalen Durchstieg passieren. Gleich dahinter gabelt sich der Pfad. Sie wählen die rechte Möglichkeit, die einige Meter steil aufwärts zu einer Mauer führt, hinter der Sie links weiterwandern. Der Pfad zwischen Mauer und Gebüsch ist stellenweise sehr eng und morastig.

Auf der green road im Burren

Sie wandern ohne nennenswerte Steigungen hoch über dem Dorf Aghaglinny und überqueren auf einer Brücke an einem kleinen Wasserfall einen Bach. Östlich von Aghaglinny sehen Sie nahe an der Küste den Turm von Gleninagh Castle, einem aus dem 16. Jahrhundert stammenden, L-förmigen Turmhaus.

Etwa 1,3 km hinter dem Wasserfall gelangen Sie erneut an eine Mauer mit einem engen Durchstieg. An der Gabelung gleich dahinter halten Sie sich rechts. Der breite Weg führt steil aufwärts bis zu einer Mauer auf dem Pass zwischen dem Gleninagh Mountain (⇧ 317 m) im Westen und dem Cappanawalla (⇧ 312 m) im Südosten. Von hier haben Sie einen besonders schönen Blick nach Norden über die Galway Bay auf die Küste und nach Süden in das fruchtbare Tal des Rathborney River.

Der Wanderweg führt entlang der Mauer weiter Richtung Osten. Nach gut 200 m übersteigen Sie eine quer verlaufende Mauer und wandern dahinter gleich schräg rechts auf einen Pfad aufwärts. Oben angekommen haben Sie nochmals einen außergewöhnlich schönen Blick Richtung Norden.

Sie folgen dem im Gelände teilweise kaum zu erkennenden Pfad, aber zahlreiche Markierungspfosten helfen bei der Orientierung.

Der Pfad endet an einer hohen Steinmauer, die Sie durch einen Spalt neben einem Gatter durchschreiten. Dahinter folgen Sie dem Feldweg, der an der Westflanke des Cappanawalla verläuft, bis Sie nach etwa 800 m erneut an eine Steinmauer stoßen, die Sie durchqueren. Dahinter führt der Feldweg in einigen Serpentinen abwärts in das Tal des Rathborney River, wo Sie auf einen Schotterweg stoßen. Diesem folgen Sie nach links.

Sie passieren ein verlassenes Haus und gelangen 650 m weiter in Höhe eines Hauses an eine Kreuzung. Der Black Head Loop, dem Sie folgen, zweigt hier rechts ab. Sie wandern zwischen saftgrünen Weiden steil aufwärts. Oben angekommen haben Sie einen schönen Blick in das Tal des River Caher bis hin zum Atlantik.

Der Weg führt nun wieder abwärts und endet unmittelbar vor dem Formoyle Cottage an einer einspurigen Asphaltstraße. Sie gehen nach rechts und gelangen nach wenigen Schritten an eine Abzweigung nach links.

Wer möchte und noch genügend Reserven hat, kann dem Black Head Loop hier nach links folgen. Die Wanderung verlängert sich dadurch um knapp 5 km.

Fortsetzung Black Head Loop
Der Black Head Loop zweigt am Formoyle Cottage links ab. Nach etwa 150 m überqueren Sie den River Caher und biegen gleich dahinter rechts auf die *green road* ab. Der Weg führt aufwärts auf einen knapp 300 m hohen Berg, von dem Sie einen hervorragenden Ausblick auf die Umgebung haben.

Während der Anstieg stellenweise steil war, geht es beim Abstieg nur leicht abwärts. Sie erreichen eine Asphaltstraße, der Sie nach rechts folgen. Nach etwas mehr als 3 km biegen Sie in einer scharfen Linkskurve der Straße rechts in eine als Sackgasse ausgeschilderte Straße ab, auf der Sie zwischen Einfamilienhäusern hindurch an der Schule von Fanore an die R477 gelangen. Sie gehen nach rechts und erreichen 200 m weiter die Abzweigung zum Parkplatz, wo Sie die Tour begonnen haben.

Alle anderen folgen der Asphaltstraße geradeaus durch das Tal des River Caher, der zunächst links von der Straße verläuft. Nach 1,7 km überqueren Sie auf einer Steinbogenbrücke den Fluss, der dahinter etwas abseits der Straße fließt. Circa 1 km weiter gelangen Sie wieder direkt an das Ufer des River Caher. Hier beginnt ein besonders schöner Wegabschnitt. Voraus haben Sie einen fantastischen Blick durch das Tal auf den Atlantik und wenig weiter rauscht der Fluss über mehrere kleine Wasserfälle talwärts. Dort finden Sie etwas abseits der Straße auch direkt am Flussufer eine sehr gute Rastmöglichkeit.

Sie folgen der Asphaltstraße weiter abwärts, passieren kurz vor der Hauptstraße die schlichte Kirche von Fanore und wenden sich an der Hauptstraße nach links. Auf dem bereits bekannten Weg erreichen Sie nach etwa 1 km Ihren Ausgangspunkt.

Der Poulnabrone-Dolmen

⑨ Roundstone – Gurteen Bay und Dogs Bay

禾 ☕ 🌊

Tour für Freunde schöner Strände und felsiger Küsten   👪 👪 👪

Die Halbinsel mit den beiden beliebten Buchten Gurteen Bay und Dogs Bay ist ein gutes Beispiel für die zahlreichen ausgezeichneten Sandstrände, die die lange Küste der Grafschaft Galway zu bieten hat. Der Rundweg verläuft über die gesamte Strecke immer nahe am Wasser. Feinsandige, teilweise ausgedehnte Sandbuchten wechseln sich mit felsigem Gelände ab. Während Sie vor allem im Sommer sowohl die Gurteen Bay als auch die Dogs Bay mit anderen teilen müssen, werden die etwas abgelegeneren Buchten nur wenig besucht. Hier können Sie auch während der Saison Robinson spielen.

Vergessen sollten Sie auch nicht, einen Blick nach Norden zu werfen. Dort erhebt sich majestätisch der Errisbeg, mit knapp 300 m Höhe eigentlich nur ein Hügel, aber die einzige nennenswerte Erhebung in der Umgebung.

↻	Start/Ziel: Parkplatz Gurteen Bay, GPS N 53°22.874' W 009°57.210'
➲	7,1 km
⧗	2 Std.
↑ ↓	unwesentlicher An-/Abstieg
⇧	0-15 m
✎	keine Markierung
禾	Rastplatz am Start/Ziel, ansonsten diverse Rastmöglichkeiten im Sand an den Stränden oder auf Felsen und Steinen entlang der felsigen Abschnitte
✗	in der Saison Einkehrmöglichkeit auf dem Gurteen-Campingplatz nahe dem Start/Ziel, mehrere Einkehrmöglichkeiten in Roundstone (3 km entfernt)
🛒	mehrere Einkaufsmöglichkeiten in Roundstone (3 km entfernt)
🌊	mehrere Strände am Weg
👪	Wegen der zahlreichen Strandabschnitte mit guten Spiel- und Bademöglichkeiten ist die relativ kurze Tour für Kinder besonders geeignet.
🚼	Für Buggys ist der Weg wegen der langen Abschnitte am Strand ungeeignet.
🐕	Hunde dürfen nicht mitgeführt werden.
🅿	Parkplatz direkt an der Gurteen Bay unterhalb vom Campingplatz

☺   Die Tour lässt sich gut an einem Tag mit der Wanderung auf den Errisbeg (☞ Tour 10) verbinden, von wo Sie einen ausgezeichneten Blick auf die Halbinsel mit ihren Buchten haben.

Vom Parkplatz gehen Sie vorbei am Rastplatz hinunter zum Strand. Nach kurzer Zeit versperrt Ihnen bei höheren Wasserständen ein Fels den Weg. Sie können ihn rechts am Friedhof vorbei umgehen. Hinter dem Friedhof kehren Sie wieder zum Strand zurück, an dem Sie bis zu seinem Ende bleiben. Weiter geht es auf blankem Fels oder grasigen Abschnitten. Ein Pfad ist nicht zu sehen, aber die Orientierung fällt leicht. Halten Sie sich immer möglichst nah am Wasser. Von Zeit zu Zeit passieren Sie Sandbuchten, die je nach Tide mehr oder weniger groß sind.

Der Tidenhub, der Unterschied zwischen Hoch- und Niedrigwasser, kann an Irlands Küste 5 m und mehr betragen. An der Küste Galways

Gurteens Bay

beträgt er normalerweise etwa 4-5 m. Das bedingt, dass die Küstenlinie einem ständigen, periodischen Wechsel unterworfen ist. Bei Niedrigwasser kommen stellenweise ausgedehnte, weitläufige Sandstrände zum Vorschein, die bei Hochwasser völlig verschwunden sein können, sodass sich ein ganz anderes Bild der Landschaft ergibt.

Hoch- und Niedrigwasser wechseln sich in einem Rhythmus von etwas mehr als sechs Stunden ab. Verursacht werden die Tiden (= Gezeiten) durch die Gezeitenkräfte von Mond und Sonne, wobei der Mond den deutlich größeren Einfluss ausübt. Ein besonders großer Tidenhub ergibt sich bei Voll- und Neumond. Sonne, Erde und Mond liegen dann auf einer Linie und die einzelnen Kräfte addieren sich. In diesem Fall spricht man von Springtide. Am geringsten ist der Tidenhub bei Halbmond (Nipptide).

Die beiden Begriffe Ebbe und Flut werden vielfach falsch benutzt. So bezeichnet Ebbe nicht den Zeitpunkt des tiefsten Wasserstandes (Niedrigwasser), sondern den Zeitraum und Vorgang des ablaufenden Wassers. Wer also Ebbe in der Kasse hat, muss noch nicht arm sein, verliert aber laufend Geld. Entsprechendes gilt für den Begriff Flut.

Wer sich über die Wasserstände bei Roundstone informieren möchte, findet im Internet z. B. unter 🖥 https://tidesnear.me/tide_stations/3435 aktuelle Hinweise.

Der Weg schwenkt dann in südwestliche Richtung und Sie treffen auf eine tiefe Felsspalte, die Sie rechts umgehen können. Folgen Sie weiter der Küstenlinie. Der Trail wechselt wieder die Richtung und führt nun nach Norden. Sie passieren einen rechts liegenden, größeren See, an dessen Ostseite Sie auf Felsen eine gute Rastmöglichkeit finden.

Am Wegesrand bieten zahlreiche Felsen Sitzmöglichkeiten

Sie bleiben weiter an der Küstenlinie und gelangen in eine große, nach Süden ausgerichtete Sandbucht. Dahinter wandern Sie weiter durch nun wieder felsiges Gelände, halten sich an die Küstenlinie und stoßen, nachdem der Weg sich wieder Richtung Osten gewendet hat, an eine tief ins Landesinnere eingeschnittene, schöne Sandbucht – ebenfalls ein wunderbarer Platz für eine längere Rast.

Sie folgen einem jetzt gut sichtbaren Pfad, der Sie in die Dogs Bay bringt. Am Ende der langen Bucht gelangen Sie auf einen befestigten Weg, gehen durch eine Holzsperre und gleich darauf rechts auf einen Wiesenweg, dem Sie bis zum Friedhof folgen. Von dort ist es nur noch ein kurzes Wegstück zurück zu Ihrem Ausgangspunkt.

⌂ ✕ Gurteen Bay Caravan and Camping Park, Gurteen, Roundstone, Co. Galway, ☏ +353 (0)95/358 82, 🗓 Mai bis September täglich 10:00-18:00

Die große Bucht im Süden ist meist menschenleer

⑩ Roundstone – Auf den Errisbeg

Tour für Bergfreunde, Pfadfinder und Genießer schöner Aussichten

👪👪 👪👪👪

Die Tour liegt im südlichen Teil Connemaras, einer Landschaft in der Grafschaft Galway, die sich bis nach Mayo erstreckt. Während der nördliche Teil von Connemara durch hohe Berge gekennzeichnet ist, ist der Süden flach und besteht hauptsächlich aus unbewohnten Heide- und Moorgebieten.

Der mehrgipflige, knapp 300 m hohe Errisbeg ist der einzige Berg weit und breit und bietet daher von seinen Gipfeln einen ausgezeichneten Überblick über die einzigartige, einsame Landschaft Connemaras.

Besonders beeindruckend ist der Blick nach Süden auf die Halbinsel mit den Buchten Gurteen Bay und Dogs Bay, über die ☞ Tour 9 verläuft.

↻	Start/Ziel: Parkbucht an der R341, GPS N 53°23.482' W 009°58.717'
➲	6,2 km
⧗	3 Std.
↑ ↓	280 m/280 m
⇧	28-288 m
✎	Auf- und Abstieg sind unmarkiert und teilweise pfadlos, gutes Orientierungsvermögen ist Voraussetzung.
⅂⅂	kein Rastplatz, aber unterwegs immer wieder gute Rastmöglichkeiten auf Steinen oder Felsen, z. B. am Hauptgipfel (km 1,9), am Nebengipfel (km 2,1) oder an der Bachschlucht (km 3,7)
✗	keine Restaurants o. Ä. entlang der Route, in der Saison Einkehrmöglichkeit auf dem Gurteen-Campingplatz (2,5 km entfernt), mehrere in Roundstone (5 km entfernt)
🏪	nächstgelegene Einkaufsmöglichkeit in Roundstone (5 km entfernt)
👪	Die relativ kurze Tour ist auch für Familien mit Kindern geeignet. Es macht besonders Spaß, sich im unmarkierten, teilweise pfadlosen Gelände zu orientieren und als Pfadfinder zu agieren.
🛺	Der Trail ist für Buggys völlig ungeeignet.
🐕	Hunde dürfen nicht mitgeführt werden.
🅿	Parkmöglichkeit am Start/Ziel neben der R341. Fahren Sie von Roundstone kommend auf der R341 Richtung Westen, vorbei am Campingplatz Gurteen Bay. Etwas

Blick auf den Errisbeg von Westen

mehr als 2 km hinter dem Campingplatz finden Sie in einer Linkskurve der Straße neben einem Gatter Platz für bis zu vier PKW. Nicht das Gatter zuparken!

✋ Planen Sie mehr Zeit als üblich für die Wanderung ein, da Sie durch kleinere Umwege und die Suche nach dem richtigen Weg mehr Zeit benötigen werden als gedacht.

☺ Die Wanderung lässt sich gut an einem Tag mit Tour 9 verbinden, wo Sie mit zahlreichen herrlichen Sandbuchten eine andere Seite Connemaras kennenlernen können.

Von der Parkbucht gehen Sie durch das Gatter auf die Schotterpiste. Nach etwa 30 m verlassen Sie die Schotterpiste nach rechts auf einen kaum sichtbaren Pfad, auf dem Sie nach knapp 100 m einen kleinen Bach überqueren. Kurz dahinter gelangen Sie an einen kleinen, idyllisch in der Landschaft liegenden See, den Sie auf der linken Seite umgehen.

Vom See laufen Sie in gerader, nordöstlicher Richtung weiter und kommen schnell in felsiges Gelände, wo der eigentliche Aufstieg beginnt. Ein Pfad ist nur stellenweise zu erkennen, aber mit etwas alpiner Erfahrung ist im Gelände eine begehbare Aufstiegsroute gut auszumachen.

Auf einer Höhe von etwa 230 m passieren Sie eine kurze Felsschlucht. Gleich dahinter wandern Sie links aufwärts und müssen dann nach etwa 100 m vor einem markanten, allein stehenden Felsen rechts gehen.

Erneut 100 m weiter erreichen Sie den Rand des Gipfelbereiches. Hier fällt die Orientierung leichter, weil Sie die einzelnen Gipfel des Berges sehen können. Sie wandern zunächst in nordöstlicher Richtung auf den Hauptgipfel des knapp 300 m hohen Berges, der an der Vermessungssäule zu erkennen ist. Von dort haben Sie eine einmalige 360-Grad-Rundumsicht auf Connemara und den Atlantik. Eine schöne Rastmöglichkeit, wenn das Wetter mitspielt.

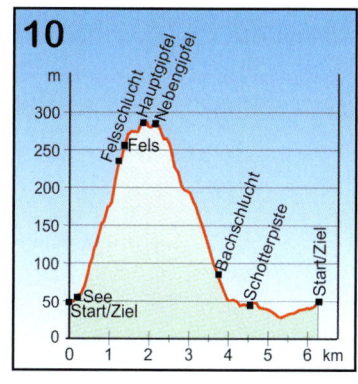

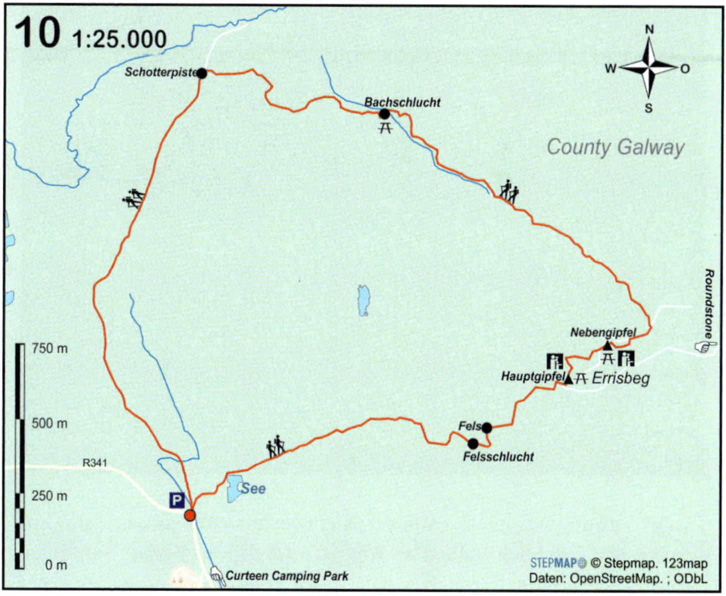

Etwas nordöstlich sehen Sie einen weiteren Gipfel mit einer großen Steinpyramide, den Sie in kurzer Zeit erreichen. Auch von hier haben Sie eine wunderbare Aussicht, die jetzt auch Roundstone mit einschließt.

Die robusten Connemara-Pferde leben halbwild am Fuß des Errisbeg

Der Abstieg erfolgt in östlicher Richtung hinunter in das Tal. Dort wenden Sie sich nach links. Der Weg ist zunächst noch klar; Sie folgen dem Tal abwärts und erreichen bald einen Bach, dem Sie bis zu einer kleinen, idyllischen Schlucht folgen. Auch hier bietet sich eine schöne Rastmöglichkeit. Sie können die Schlucht rechts umgehen, müssen dahinter aber gleich den Bach überqueren.

Sie befinden sich nun im Roundstone Bog, einem sumpfigen Gelände auf der Nordwestseite des Errisbeg.

Die Orientierung ist jetzt schwieriger. Sie müssen zahlreichen Wasserlöchern und -rinnen ausweichen, ein Weg ist nicht zu erkennen. Pfadfinderkenntnisse sind in diesem Gelände von großem Wert. Gut zu wissen, dass sich westlich in etwa 600 m Entfernung (Luftlinie) ein fester Weg befindet. Halten Sie sich also in westlicher Richtung, bis Sie auf eine feste Schotterpiste stoßen. Diese bringt Sie nach links zu Ihrem Ausgangspunkt zurück.

Diese Schotterpiste führt zum Ausgangspunkt zurück

⑪ Letterfrack – Im Connemara-Nationalpark auf den Diamond Hill   ㋡ ☕ WC 🚹 ⌘

Tour für Naturliebhaber und Bergfreunde   👪 👪 🏃 🐕

*Der 1980 gegründete Connemara-Nationalpark ist einer von sechs irischen Nationalparks. Moore und Heiden sind die wesentlichen Vegetationstypen des fast 3.000 Hektar großen Parks. Er bietet zahlreichen seltenen Pflanzen- und Tierarten Lebensraum. Dominantes Gewächs ist das Blaue Pfeifengras (*Molinia caerulea)*, das der Landschaft das ganze Jahr über die charakteristische Färbung verleiht. Herausragend sind die Berge, von denen einige zu den berühmten Twelve Bens gehören. Der Diamond Hill ist zwar keiner von ihnen, von seinem Gipfel aus haben Sie aber eine einmalige Aussicht auf die Berge.*

Die Wanderwege um das Besucherzentrum sind vorbildlich ausgebaut und markiert. Im Zentrum selbst erwarten Sie eine interessante Ausstellung zu Natur und Landschaft der Region, eine Caféteria sowie ein Rast- und ein Spielplatz.

↻   Start/Ziel: Parkplatz am Nationalpark-Besucherzentrum,
      GPS N 53°33.028' W 009°56.726'

➲   7,2 km

⧗   3 Std.

↑ ↓   370 m/370 m

⇧   52-424 m

✎   rote, gelbe und blaue Pfeile

㋡   großer Rastplatz am Start/Ziel, Rastplatz mit einmaliger Aussicht während des Aufstiegs auf dem Bergrücken (km 2,5), Rastmöglichkeiten auf Felsen im Gipfelbereich (km 3,2)

✗   Caféteria im Besucherzentrum, weitere Einkehrmöglichkeiten in Letterfrack (1 km entfernt)

🏪   mehrere Einkaufsmöglichkeiten, u. a. ein Supermarkt, in Letterfrack (1 km entfernt)

WC   WC im Besucherzentrum

👪   Die Tour ist relativ kurz und auch für Kinder geeignet und bietet mit der Ausstellung im Besucherzentrum ein lohnenswertes Ziel. Die ganz Jungen freuen sich über den großen Spielplatz.

🚼 Für Buggys ist der steile Pfad auf den Berg nicht geeignet (rote Markierung). Wer nicht auf den Gipfel will, findet unterhalb sehr gute, buggytaugliche Wege (gelbe und blaue Markierung).

🐕 Hunde dürfen an der Leine mitgeführt werden.

🅿 großer Parkplatz oberhalb des Besucherzentrums nahe Letterfrack

ℹ Connemara National Park Visitor Centre, Letterfrack, C. Galway, ☎ +353 (0)76/100 25 28, 🚪 Visitor Centre und Tea Room März bis Oktober täglich 9:00-17:30, ✗

Das Connemara Nationalpark-Besucherzentrum

Vom Parkplatz gehen Sie an dem kleinen Staubecken vorbei zum Besucherzentrum und wandern dahinter, den Markierungen folgend, zwischen Rast- und Spielplatz einen breiten Schotterweg leicht aufwärts. Vorbei an einer Weide mit Connemara-Ponys erreichen Sie in einer Spitzkehre einen Aussichtspunkt, der einen guten Blick über das Gelände bietet.

Kurz darauf kommen Sie an eine Abzweigung. Der gelb markierte, kürzeste Weg führt hier geradeaus weiter zurück zum Besucherzentrum. Sie folgen den roten und blauen Markierungen nach links und wandern weiter leicht aufwärts. Sumpfige Abschnitte werden mit einem Holzplankenweg überbrückt.

An einem markanten großen Stein erreichen Sie die nächste Abzweigung. Hier geht der rot markierte Weg, der auf den Gipfel führt, nach links ab. 🚼 Wanderer mit Buggys müssen dem gelb markierten Weg zurück zum Besucherzentrum folgen.

Nach 400 m gabelt sich der Weg. Halten Sie sich an die vorgeschlagene Wanderrichtung (im Uhrzeigersinn) und gehen Sie nach links. Der viel begangene Pfad wird sehr schmal, ein Passieren entgegenkommender Wanderer ist stellenweise nur unter Schwierigkeiten möglich.

Sie folgen dem Pfad, der in nördlicher Richtung auf die Westflanke des Berges führt. Dort schwenkt der Bergpfad nach Osten und wird steiler. Sie wandern die Flanke hinauf und erreichen einen wunderbaren Aussichtspunkt etwas abseits des Weges. Dahinter wird der Weg noch einmal steiler. In Serpentinen führt er hinauf auf den Kamm.

Der Gipfel, gekennzeichnet durch mehrere Steinpyramiden, liegt im Osten des Kammes. Von ihm haben Sie eine herrliche Aussicht. Besonders der Blick auf die Berge der Umgebung, die Twelve Bens, ist beeindruckend. Auf Felsen finden Sie gute Sitzmöglichkeiten. Bei gutem Wetter möchte man sich von diesem Platz nicht mehr trennen.

Blick auf die Twelve Bens in Connemara

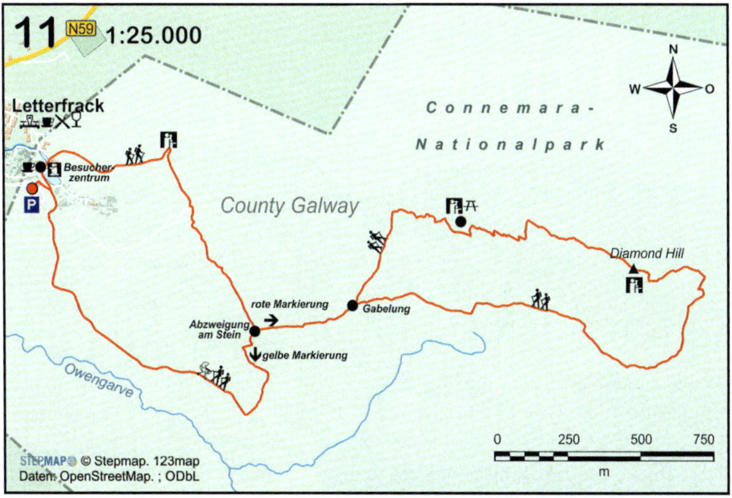

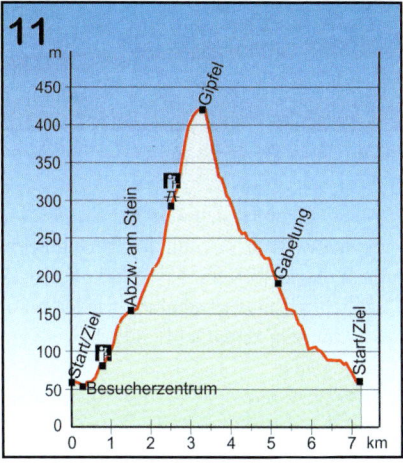

Die Twelve Bens oder Twelve Pins, wie sie im Englischen genannt werden (irisch *Na Beanna Beola*), sind eine markante Gruppe von Erhebungen in der flachen Moor- und Heidelandschaft Connemaras. Mit Höhen von knapp über 700 m (höchster Gipfel ist der Binn Bhán mit 729 m) sind sie nicht besonders hoch, bieten aber aus allen Himmelsrichtungen spektakuläre Postkartenansichten.

Die aus Quarzit bestehenden Berge eröffnen sowohl Bergwanderern als auch Bergsteigern hervorragende Möglichkeiten. Sie liegen dicht beisammen, sodass sehr sportliche Wanderer alle zwölf Gipfel an einem Tag erklimmen können.

Der Gipfel des Diamond Hill

Gleich hinter dem Gipfel geht es auf einem gut ausgebauten Pfad erst in östlicher, dann in südlicher Richtung steil bergab. Der Pfad wendet sich dann nach Westen, wird breiter und fällt nur noch leicht ab. Er trifft schließlich an der Gabelung wieder auf die vom Hinweg bekannte Strecke. Sie wandern abwärts bis zur Abzweigung an dem markanten Stein, wo Sie links gehen.

Folgen Sie dem breiten, geschotterten Wanderweg, der Sie wieder zurück an Ihren Ausgangspunkt bringt. Kurz vor dem Ziel haben Sie noch einmal über ein kleines Tal hinweg einen besonders schönen Blick auf den soeben von Ihnen bestiegenen Berg. Besonders schön ist es im Herbst, wenn die rot leuchtenden Früchte der zahlreichen Ebereschen reif sind.

⑫ Leenaun – Killary Harbour

Tour für Liebhaber von Meeresfrüchten und spektakulärer Landschaft 👪

Die Wanderung führt auf der Südseite von Killary Harbour zunächst auf einer green road*, dann auf einem Pfad bis zur kleinen Siedlung Rosroe mit ihrem Fischereihafen, der Basis für die zahlreichen Muschelzuchten im Fjord und daher zu bestimmten Zeiten sehr betriebsam ist. Von dort wandern Sie über einen Pass wieder zur* green road*, auf der Sie den Rückweg antreten. Während der Wanderung bieten sich imposante Blicke über den Fjord auf die nördlich angrenzenden hohen Berge. Direkt am Weg liegt die Killary Sheep Farm, wo Sie einen Einblick in die Arbeitsweise einer Schafsfarm erhalten können.*

⇄	Start/Ziel: Parkmöglichkeit an der N59, GPS N 53°35.020' W 009°46.679'
⟳	15,6 km
⧖	4 Std. 30 Min.
↑ ↓	280 m/280 m
⇧	2-134 m
✎	keine Markierung
⊤⊤	keine Rastplätze
✕	am Wanderweg keine Einkehrmöglichkeit, mehrere in Leenaun (6,6 km entfernt)
🏪	nächster Laden in Leenaun (6,6 km entfernt)
👪	Die Tour ist lang, bietet Kindern allerdings mit der Killary Sheep Farm (wenn geöffnet) ein besonderes Erlebnis.
🛒	Mit Buggys kann man nur bis zum Ende der green road ohne Probleme laufen.
🐕	Hunde dürfen nicht mit auf die Wanderung.
🅿	Parkmöglichkeit auf einem kleinen Platz an der Tullyconnor Bridge über den Bunowen River. Von Leenaun kommend erreichen Sie die Brücke nach etwa 6,5 km auf der N59. Die Parkmöglichkeit befindet sich knapp 100 m hinter der Brücke auf der linken Straßenseite.
✋	Der steile Abstieg vom Salrock Pass ist bei nassem Untergrund stellenweise sehr rutschig.

Sie gehen an der N59 Richtung Letterfrack/Cliffden, biegen aber schon knapp 100 m weiter rechts in eine einspurige Asphaltstraße ab. Voraus

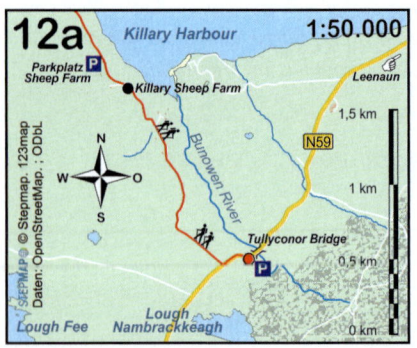

sehen Sie schon den Fjord mit zahlreichen Muschelfarmen. Das Nordufer beherrscht der gut 800 m hohe Mweelrea, der höchste Berg der Grafschaft Mayo.

Sie folgen der Straße und gelangen an die Killary Sheep Farm. Hier können Sie den Farmern bei der Schafschur zusehen, Schäferhunde bei der Arbeit beobachten oder Torf stechen (🖳 www.killarysheepfarm.com, 🗓 April bis September, Eintritt € 10).

Sie halten sich an der Gabelung rechts, an der nächsten ebenso. Sie passieren den Parkplatz der Sheep Farm (nur für Besucher der Farm) und gelangen etwa 800 m weiter an ein Gatter. Dahinter führt der Weg abwärts vorbei an einem kleinen Privathafen mit Bootshaus und Slip dicht an das Ufer des Fjordes.

Killary Harbour ist der einzige „echte" geomorphologische Fjord Irlands. Geologen definieren einen Fjord als einen weit ins Festland hinein-reichenden Meeresarm, der durch einen seewärts wandernden Talgletscher entstanden ist. Auf diese Weise ist in Irland im Laufe der Jahrtausende nur Killary Harbour entstanden.

Der Fjord ist 15 km lang und bis zu 45 m tief. Zahlreiche Muschel-züchter nutzen das saubere Gewässer, um Miesmuscheln zu produzieren.

Darüber hinaus gibt es einige Lachsfarmen. Von Leenaun aus befahren Ausflugsdampfer den Fjord, bei gutem Wetter ein lohnender Ausflug. Auch ein Abstecher nach Leenaun und zum etwas nördlich vom Ort liegenden Aasleagh-Wasserfall ist empfehlenswert. Leenaun, Wasserfall und Fjord dienten als Kulisse für das 1990 erschienene irische Filmdrama „The Field", in dem Richard Harris die Hauptrolle spielt.

Interessant ist auch der kleine Fischerhafen Rosroe am Ende des Fjords, vor allem, wenn gerade Muscheln angelandet oder verladen werden. Die Arbeiter sind gern bereit, eine Handvoll der Schalentiere zum Probieren zu verschenken.

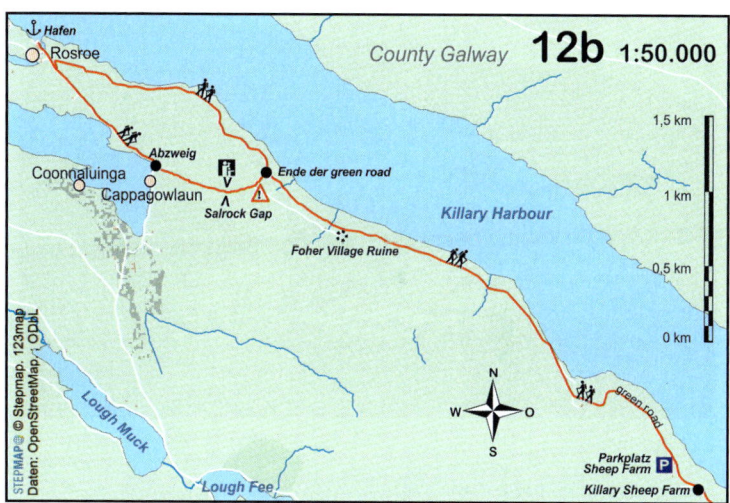

Sie wandern weiter auf der *green road*, passieren die Ruinen von Foher Village, das Mitte des 19. Jahrhunderts aufgrund der Hungersnot verlassen wurde, und erreichen an einer Mauer das Ende des breiten Weges.

Hier werden Sie auf dem Rückweg von links kommend wieder auf den Weg stoßen. Sie gehen nun geradeaus auf einem Pfad weiter, der gut im Gelände zu erkennen ist. Bei nassem Wetter ist er stellenweise tief morastig. Folgen Sie dem Pfad, bis Sie an eine Mauer stoßen, an der Sie sich links halten. Ca. 200 m weiter erreichen Sie an einem Haus eine

Asphaltstraße, die rechts in den Hafen der kleinen, abseits gelegenen Siedlung Rosroe führt. Die ehemalige Jugendherberge direkt am Hafen wird jetzt als Hostel mit Selbstverpflegung genutzt (🖥 www.killaryharbourhostel.com). Sie gehört zu den am schönsten gelegenen Unterkünften Irlands. Der österreichisch-britische Philosoph Ludwig Wittgenstein hat hier eine Zeitlang gelebt, um in Ruhe arbeiten zu können.

Der Hafen von Rosroe ist Basis der Muschelzüchter

Wittgenstein (1889-1951) war einer der einflussreichsten Philosophen des 20. Jahrhunderts. Er war sein Leben lang auf der Flucht vor der Uni, weil er fürchtete, dass das ewige Nachdenken ihn in den Wahnsinn treiben könnte.

Sie verlassen den Hafen und wandern auf der Asphaltstraße durch das winzige Dorf. Rechts liegt die Bucht Killary Little. Nach etwas mehr als 1 km beschreibt die Straße eine rechtwinklige Rechtskurve. Links sehen Sie ein Tal, das links von einer steilen Felswand begrenzt ist. Hier verlassen Sie die Straße und gehen durch ein Holztor auf einen Pfad, der steil auf-

Blick auf Killary Harbour nach Osten

wärts führt. Er ist im Gelände nicht immer zu sehen, aber die Stromleitung gibt die Richtung vor.

Der Anstieg ist heftig, aber kurz, und oben auf dem Salrock Pass werden Sie mit einer wunderbaren Aussicht belohnt. Besonders der Blick auf Killary Harbour und die dahinterliegenden Berge ist faszinierend.

So steil wie der Aufstieg ist auch der Abstieg. Bei nassem Wetter sollten Sie vorsichtig sein, manche Stellen können sehr glatt und rutschig sein. Sie wandern abwärts, bis Sie auf den vom Hinweg bekannten Pfad stoßen. Dort gehen Sie rechts über die Mauer und gelangen auf demselben Weg zu Ihrem Ausgangspunkt zurück, auf dem Sie gekommen sind.

⑬ Croagh Patrick – Auf den heiligen Berg Irlands ✕ WC 🚻 🛈 ✝

Tour für Pilger und Liebhaber schöner Aussichten 👪 🐕 🐕

Der 763 m hohe Croagh Patrick ist Irlands meistbestiegener Berg. Jedes Jahr erklimmen mehr als 100.000 Wanderer und Pilger den Gipfel, zur Wallfahrt am letzten Wochenende im Juli sind es bis zu 30.000 – manche barfuß oder auf Knien rutschend! Kaum zu glauben, wenn man selbst auf dem steinigen Weg gewandert ist.

Der Berg ist dem irischen Nationalheiligen, Schutzpatron und Missionar St. Patrick gewidmet, der auf seinem Gipfel Mitte des 5. Jahrhunderts 40 Tage gebetet und gefastet haben soll. Dabei soll er nebenbei mit einer Glocke auch noch sämtliche Schlangen von der Insel verbannt haben. Und tatsächlich: Irland ist heute frei von diesen Tieren.

Schon von Weitem ist der Weg, der sich wie eine breite Schneise den Berg hochzieht, gut zu sehen. Wer das Glück (oder Pech) hat, am letzten Juliwochenende zu kommen, sollte auf eine Besteigung verzichten und sich das Spektakel aus der Ferne anschauen. Sie werden gebannt auf den Lindwurm aus Menschenleibern schauen, der sich am Berg bewegt.

⇄	Start/Ziel: Croagh Patrick Visitor & Craft Centre, GPS N 53°46.697' W 009°38.386'
↻	7,1 km
⏳	4 Std.
↑ ↓	760 m/760 m
⇧	24-763 m
✎	Es gibt keine Markierung, der Weg ist aber sehr breit und gut sichtbar, sodass Orientierungsprobleme ausgeschlossen sind.
⃡	Rastmöglichkeit am See (km 2,1 bzw. km 5) und auf dem Gipfel (km 3,5)
✕	Cafétéria im Visitor Centre, weitere Einkehrmöglichkeit in Murrisk und Westport (8 km östlich)
WC	Toilettenhäuschen am Weg (km 2,3 bzw. km 4,8)
🏬	zahlreiche Einkaufsmöglichkeiten in Westport (8 km östlich)
👪	Die relativ kurze Tour ist auch für Familien mit Kindern geeignet, wenn sie der Anstieg nicht abschreckt, bietet dem Nachwuchs aber keine besonderen Highlights.
🚼	Für Buggys ist der Weg vollkommmen ungeeignet.

Croagh Patrick, auf dem Gipfel kann man die weiße Kapelle erkennen

🐕 Hunde dürfen mitgeführt werden. Im unteren Teil bietet ein Bach eine Trinkmöglichkeit.

🅿 großer Parkplatz in Murrisk direkt an der R335 am Croagh Patrick Visitor & Craft Centre

✋ Der Weg ist stellenweise stark erodiert und teilweise mit losem Geröll und Steinen belegt. Bei nassem Wetter kann es sehr rutschig sein.

Sie starten am Croagh Patrick Visitor & Craft Centre, das wenige Schritte südlich des Parkplatzes liegt.

ℹ Croagh Patrick Visitor & Craft Centre mit vielen Informationen zur Geschichte des Berges, Teach na Miasa, Murrisk, Co Mayo, ☎ +353 (0)98/641 14, ✉ info@croagh-patrick.com, 🕐 Juni bis August 10:00-19:00, April und Mai 10:00-18:00, September und Oktober 11:00-17:00, in der übrigen Zeit nach Absprache über E-Mail

Zwischen Mauern und Fuchsienhecken wandern Sie entlang der asphaltierten, schmalen Straße nach Süden. Am Ende der Straße gehen Sie den

Stufenweg aufwärts und passieren das weiße St.-Patrick-Denkmal. Sie folgen dem Weg an einem Bach entlang, zunächst noch leicht, dann aber steil ansteigend, bis Sie einen Sattel erreichen. Hier können Sie auf kurzer Strecke ohne nennenswerte Steigung verschnaufen. Links liegt ein kleiner See. Mehrere Wanderer haben mit weißen Steinen um das Gewässer herum einzelne Worte und ganze Sätze ausgelegt. Es ist ein schöner Platz, der sich bei gutem Wetter für eine Rast anbietet.

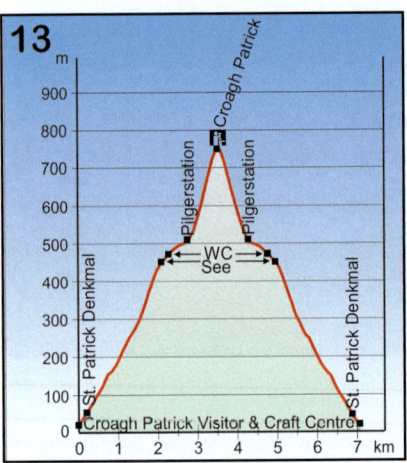

Wenig weiter passieren Sie ein Toilettenhäuschen. Sie gehen weiter auf die graue Gipfelpyramide zu und gelangen am Fuß des Gipfels in einer Höhe von etwa 500 m an die erste Pilgerstation.

Für gläubige Katholiken gibt es mehrere Pilgerstationen, an denen unterschiedliche Aufgaben erledigt werden müssen, um Vergebung der Sünden zu erlangen. So soll z. B. die erste Station sieben Mal umrundet werden, wobei sieben Vaterunser, sieben Ave Maria und ein Glaubensbekenntnis gesprochen werden müssen. Reuige Sünder finden weitere Handlungsanweisungen auf Tafeln an den einzelnen Stationen. Auch wer drei Auf- und Abstiege am Tag schafft, dem sollen die Sünden erlassen werden. Eine andere Version besagt, dass dann eine Seele in den Himmel kommt, wenn man intensiv an sie denkt.

Hier beginnt der sehr steile Endanstieg. Etwa 250 Höhenmeter sind auf einem stark erodierten, breiten Weg voller Geröll und loser Steine zu überwinden. Es geht ohne Kurven gerade bergauf.

Auf dem Gipfelplateau angekommen finden Sie eine kleine, mehr als 100 Jahre alte Kapelle, die natürlich dem Nationalheiligen geweiht ist. In ihrem Innern ist ein Stein zu sehen, auf dem St. Patrick so lange gebetet haben soll, bis sich seine Knie in den Stein drückten. Der Abdruck ist heute noch zu entdecken. Auf dem Gipfel sehen Sie außerdem einige platte Steine hinter einer Metallabsperrung, das Bett des Heiligen. Genau hier soll er vor nun fast 1.600 Jahren während seiner Fastenzeit geschlafen haben.

Wem das zu platt ist, der wird sich über die grandiose, atemberaubende 360-Grad-Rundumsicht freuen, die man vom Gipfel aus genießen kann. Besonders schön ist der Blick nach Norden in die Clew Bay mit ihren angeblich 365 Inseln, eine für jeden Tag des Jahres. Im Süden können Sie die Sheefry Hills sehen und

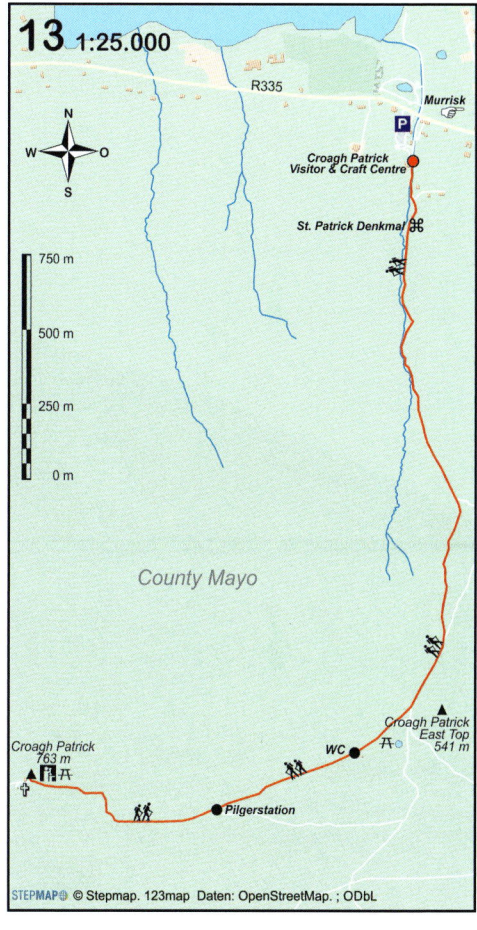

dahinter, mehr im Südwesten, die Gipfel der Twelve Bens. Im Westen ragt Clare Island aus dem Atlantik und nördlich davon ist Achill Island zu erkennen.

Wenn Sie sich an der Aussicht sattgesehen und für den Rückweg gestärkt haben, treten Sie ihn auf derselben Route an.

Der Weg auf den Croagh Patrick ist breit und steinig

⑭ Achill Island – Über den Slievemore zum verlassenen Dorf ⴖ ✕ 🏠 ≋

Tour für an Geschichte Interessierte, Liebhaber schöner Aussichten und Strandfans 🚶🚶🚶 🐕

Die Rundtour über den Slievemore ist nur eine von mehreren schönen Wanderungen, die man auf Achill Island unternehmen kann. Die Tour beginnt und endet am Silver Strand, einer malerischen Sandbucht zu Füßen des Berges, und führt dann durch Heide- und Moorlandschaft auf seinen Gipfel. Nach dem Abstieg wandern Sie durch ein verlassenes Dorf, von dem schon Heinrich Böll fasziniert war. Am Ausgangspunkt können Sie sich dann bei einem Bad im Atlantik erfrischen oder einfach das Strandleben genießen.

↻	Start/Ziel: Park- und Rastplatz Silver Strand, GPS N 54°00.671' W 010°01.415'
➲	11,2 km
⧖	4 Std. 30 Min.
↑↓	710 m/710 m
⇧	2-671 m
✎	keine Markierung
ⴖ	großer Rastplatz am Start/Ziel, Rastmöglichkeit mit hervorragender Aussicht auf dem Gipfel (km 2,5)
✕	Einkehrmöglichkeit in Doogort in der Nähe von Start/Ziel und mehrere in Keel (6 km entfernt)
🏛	Einkaufsmöglichkeit in Keel (6 km entfernt)
≋	Silver Strand am Start/Ziel
🚶	Die Tour ist wegen des verlassenen Dorfes und des wunderbaren Strandes auch für Kinder interessant.
🛒	Für Buggys ist der Weg über den Berg völlig ungeeignet.
🐕	Hunde müssen an der Leine geführt werden.
🅿	großer Park- mit Rastplatz am Silver Strand in Doogart

Slievemore ist mit seiner Höhe von 671 m der zweithöchste Berg auf Achill Island. Der markante Berg erstreckt sich von Ost nach West auf der Nordseite der Insel. An seiner Südseite liegt ein langes Straßendorf, das schon vor etwa 150 Jahren verlassen wurde und heute als *deserted village* (verlassenes Dorf) eine Touristenattraktion ist, die sogar Einzug in die Literatur gefunden hat.

Achill Island ist mit 150 km² die größte Insel Irlands. Fast 90 % des Landes sind mit Torfmooren bedeckt, sodass es nicht verwundert, dass das Eiland nur etwa 2.500 Einwohner hat, die vor allem in den touristisch geprägten Küstenorten leben.

Die Insel hat eine ganze Reihe herausragender Sandstrände zu bieten. Zu ihnen gehören auch Silver Strand und Golden Strand bei Doogort. Ein absoluter Topstrand, der zu den schönsten irischen Stränden gehört, befindet sich im äußersten Westen der Insel in der Keem Bay, die nur über eine kurvenreiche Anfahrt zu erreichen ist.

Wer die Insel mit dem Pkw besucht, kann sie relativ schnell erreichen. Eine Brücke verbindet sie mit dem Festland. Das war zu Bölls Zeiten noch anders. Damals war Achill Island nur mit dem Schiff zu erreichen und Autofähren gab es zunächst auch nicht. Pkw mussten umständlich auf Frachtschiffe verladen werden, um die kurze Meerenge zu überwinden.

Slievmore, im Vordergrund Silverstrand

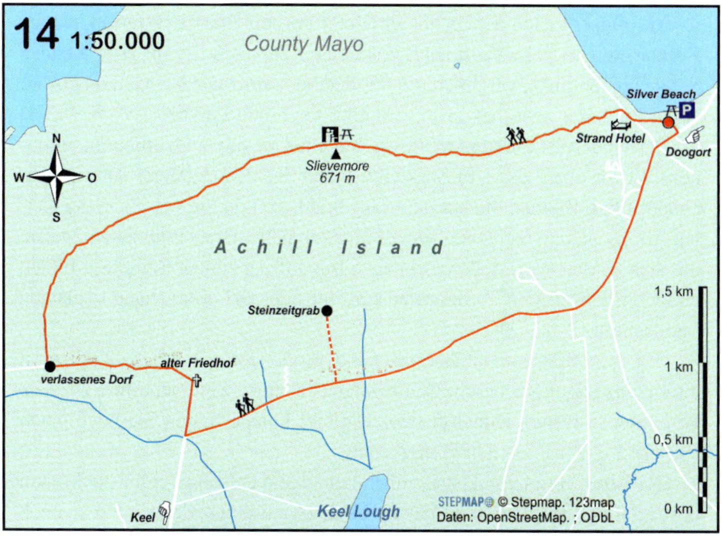

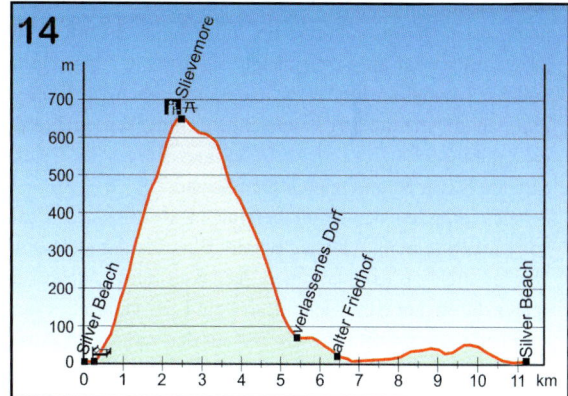

Am Strand entlang wandern Sie Richtung Westen auf das Strand Hotel zu, vor dem Sie eine asphaltierte Straße erreichen.

✕ Strand Hotel, Doogort, Achill, Co. Mayo, ☎ +353 (0)98/432 41, 🗓 April bis Oktober täglich

Auf dieser gehen Sie rechts am Hotel vorbei. Knapp 100 m hinter der Zufahrt zum Hotel zweigt nach links eine Asphaltstraße ab. Hier wenden Sie sich nach links, verlassen die Straße aber sofort wieder nach rechts auf einen Pfad, der zwischen zwei Strommasten hindurchführt.

Der Boden ist anfangs morastig, ein Pfad ist nur undeutlich zu erkennen. Weiter oben wandern Sie durch dichte Heide auf einem dann deutlicheren Pfad. Bleiben Sie auf dem Weg und kommen Sie vor allem der steilen Abbruchkante rechts des Weges nicht zu nahe. Die vereinzelten Felsen, die sich in den Weg stellen, umgehen Sie auf der linken Seite. Sie bilden einen willkommenen Vordergrund für Fotos der tief unter Ihnen liegenden Landschaft.

Das Gipfelplateau ist überraschend groß. Der eigentliche Gipfel ist durch eine trigonometrische Säule gekennzeichnet. Seit Neuestem wird sie von einer goldenen Kugel geziert. Darüber hinaus finden Sie noch einen kreisförmigen, steinernen Wetterschutz.

Der Blick vom Gipfel ist atemberaubend und entschädigt für die Mühen des Aufstiegs. Im Westen erblicken Sie den Croaghaun, der mit 688 m noch etwas höher ist als der Slievemore und dessen senkrechte Klippen zu den höchsten in Europa gehören. Im Süden sehen Sie auf die Bucht von Trawmore mit einem ausgezeichneten Sandstrand. Davor glitzert das Wasser von Keel Lough in der Sonne und rechts neben der Bucht liegt Keel. Weit draußen im Atlantik ist Clare Island zu entdecken. Im Norden sehen Sie auf die Halbinsel Mullet und zu Füßen des Berges im Osten auf die beiden Strände Silver Strand und Golden Strand.

Sie verlassen den Gipfelbereich in westlicher Richtung. Achten Sie auch hier wie beim Aufstieg darauf, dass Sie der steilen Abbruchkante im Norden nicht zu nahe kommen. Der Weg führt zunächst durch Heide und später durch mooriges Gelände auf ein Plateau, wo Sie sich, noch bevor es steil nach Westen abfällt, südwärts auf das verlassene Dorf zuwenden. Dort erreichen Sie eine Schotterpiste, auf der Sie nach links gehen.

Heinrich Böll bezeichnete das verlassene Dorf in seinem Werk „Das irische Tagebuch" als Skelett einer menschlichen Siedlung, eine Einschätzung, die man bei der Wanderung durch die Ruinen durchaus teilen kann. Das Straßendorf, das eigentlich aus drei Dörfern bestand, erstreckt sich auf einer Länge von 1,5 km am Südhang des Slievemore.

Das verlassene Dorf

Mitte des 19. Jahrhunderts hatte es fast 150 Häuser. Damit gehörte es für die damalige Zeit durchaus schon zu den größeren Ortschaften. Die ersten Siedler zogen während der großen Hungerkatastrophen Mitte des 19. Jahrhunderts fort. Aber erst Jahre später wurde das Dorf ganz verlassen: Die Bewohner konnten die Pacht nicht mehr bezahlen, die Böden waren ausgelaugt und der Staat bot finanzielle Anreize, an die Küste nach Dooagh zu ziehen und dort ein Fischerboot zu erwerben. Heute können Sie noch 84 Häuser in unterschiedlichen Stadien des Verfalls im *deserted village* sehen.

Sie wandern durch das Dorf und treffen am Ende auf den neuen Friedhof, hinter dem Sie auf eine Asphaltstraße stoßen. Dort gehen Sie nach rechts, links liegt der alte Friedhof. An der nächsten Abzweigung etwa 350 m weiter wenden Sie sich nach links. Etwas mehr als 1 km weiter führt links ein Pfad zwischen Gebüsch aufwärts. Hier können Sie einen Abstecher zu einem Steinzeitgrab machen, das Sie nach 500 m erreichen.
Wieder zurück an der Straße gehen Sie links in östliche Richtung, passieren ein Kitesurfer-Zentrum und wandern weiter auf der Straße, auf der Sie zu Ihrem Ausgangspunkt zurückkommen.

Schon früh war Heinrich Böll, deutscher Schriftsteller und Nobelpreis-
träger, von Achill Island fasziniert. 1958 kaufte er ein Cottage, in dem er
viel Zeit verbrachte. Hier entstand sein halb dokumentarischer Reisebericht
„Das irische Tagebuch". Heute gehört das Cottage der Heinrich Böll Association und wird als Gästehaus für irische und internationale Künstler
genutzt.

Heute ist Heinrich Bölls Cottage ein Gästehaus für Künstler

⑮ Belmullet – Cross Loop Walk   ⊼ 🌊 ✝

Tour für Naturliebhaber, Ornithologen und Strandfans

👫👫👫 👫👫👫 👫👫👫 (🛒 🛒 🛒) 🐕

Der Cross Loop Walk führt von den Ruinen der Cross Abbey, die von Mönchen der nahe gelegenen Insel Inishglora gegründet worden sein soll, zunächst zum Cross Lough, einem Süßwassersee, der für seine vielfältige Vogelwelt bekannt ist. Besonders auffallend sind Gänse, Enten und Schwäne, die das Gewässer fast das ganze Jahr bevölkern. Darüber hinaus können Sie hier viele Watvögel entdecken. Aber auch scheue und sehr seltene Arten, wie z. B. der Wachtelkönig, finden hier einen geeigneten Lebensraum.

Der zweite Teil des Weges verläuft an einem Sandstrand des Atlantiks. Je nach Tide ist er mehr oder weniger breit. Sollte er einmal ganz unter dem Hochwasser verschwunden sein, können Sie auf einer Variante (blaue Markierungspfeile) Cross Lough umrunden.

↺	Start/Ziel: Parkstreifen an der Klosterruine, GPS N 54°12.528' W 010°04.962'
➦	5,7 km
⏳	1 Std. 30 Min.
↑ ↓	unwesentlicher An-/Abstieg
⇧	1-12 m
✎	grüne und blaue (Variante) Richtungspfeile
⊼	Rastplatz am Strand am Start/Ziel, weitere Rastmöglichkeiten mit Bank und Tisch auf der Westseite des Sees (km 1,2 und km 1,6), gute Rastmöglichkeiten am Sandstrand
✕	am Weg keine Einkehrmöglichkeit, zahlreiche in Belmullet (9 km entfernt)
🏬	Die nächsten Einkaufsmöglichkeiten (u. a. Supermärkte) finden Sie in Belmullet (9 km entfernt).
🌊	Strand zwischen km 3,3 und km 5,7
👫	Die Wanderung ist kurz und führt zu einem großen Teil am Strand entlang, daher ist sie für Familien mit Kindern sehr gut geeignet.
🛒	Für Buggys ist der Weg entlang des Strandes nicht passierbar. Als Alternative bietet sich eine Rundtour um den See an, die dafür sehr gut geeignet ist.
🐕	Hunde sind nur an der Leine erlaubt.

🅿 In Belmullet fahren Sie auf der Hauptstraße (R313) Richtung Norden, überqueren auf der Brücke den Kanal und folgen 400 m weiter der R313 nach links. Nach weiteren 5 km gelangen Sie in An Geata Mor an eine Kreuzung, wo Sie rechts dem grünen Hinweisschild Richtung Cross Loop folgen. Nach 3,5 km erreichen Sie den Friedhof am ehemaligen Kloster am Cross Point. Hier finden Sie entlang der Straße begrenzt Parkmöglichkeiten.

✋ Bei Hochwasser ist die Tour entlang des Strandes nicht immer möglich. Nutzen Sie dann die Alternative für eine Rundtour um Cross Lough.

✋ Achten Sie auf die großen grünen Pfeile am Rand der Dünen, wenn Sie die Tour in umgekehrter Richtung machen wollen, damit Sie den Ausstieg vom Strand nicht verpassen.

Der Cross Loop Walk ist sehr gut markiert

Am Friedhof an der Klosterruine wandern Sie entlang der Asphaltstraße ein Stück Richtung Belmullet zurück. An der Gabelung nach 600 m gehen Sie rechts. Etwa 400 m weiter am Nordende des Sees zweigt nach links eine asphaltierte Straße ab. Hier verläuft die Variante, die östlich den See umrundet.

Sie wandern weiter geradeaus dicht am Ufer des Sees entlang. Am Ende der Asphaltstraße gehen Sie rechts durch ein Gatter und folgen der Fahrspur auf der Weide bis zu einem Holztor, das etwas mehr als 200 m voraus liegt. Sie durchqueren das Tor, wandern dahinter auf einem sandigen Pfad über eine Düne und

Schwäne gehören zu den auffälligsten Vögeln auf dem Cross Lough

gelangen danach an ein weiteres Holztor, hinter dem eine schmale Asphaltstraße beginnt. Dieser folgen Sie bis zur nächsten Abzweigung. Dort gehen
Sie nach rechts und wandern auf der Straße zum Strand, den Sie nach
knapp 400 m erreichen. Sollte der Wasserstand zu hoch sein, laufen Sie
zurück und umrunden den See auf der östlichen Variante.

Am Strand gehen Sie nach rechts. Im Atlantik können Sie nur knapp
2 km Luftlinie entfernt eine Reihe von Inseln sehen, die seit dem frühen
20. Jahrhundert unbewohnt sind. Die größte der Gruppe ist Inishglora.

Auf Inishglora sollen die Children of Lir (☞ Tour 17) nach ihrer 900
Jahre dauernden Verwandlung in Schwäne wieder ihre menschliche Gestalt
angenommen haben. Angeblich wurden sie dort vom heiligen Brendan
getauft, zerfielen dann aber wegen ihres hohen Alters sofort zu Staub.

Ihre Strandwanderung endet nach etwa 2,5 km wieder am Friedhof an
den Ruinen der Cross Abbey.

Die fotogenen Ruinen von Cross Abbey mitten im Friedhof stammen von einer frühchristlichen mittelalterlichen Kreuzkirche. Über die Geschichte des Klosters ist wenig bekannt. Wahrscheinlich wurde es im 10. Jahrhundert gegründet, 600 Jahre später aber wieder aufgegeben.

Ruine von Cross Abbey

⑯ Belmullet – Erris Head Loop   WC

Tour für Liebhaber rauer Küstenabschnitte, Angler und Ornithologen

Die Halbinsel Mullet gehört zu den dünn besiedelten Gebieten Irlands. Der Zugang erfolgt über einen schmalen Isthmus bei Belmullet, dem mit gut 1.000 Einwohnern größten Ort der Region. Die Halbinsel bietet zahlreichen Vögeln Lebensraum, darunter Schneeeulen und Odinshühnchen. Auch bei Anglern ist sie sehr beliebt: Nicht umsonst heißt die Halbinsel Mullet, was im Englischen „Meeräsche" bedeutet.

Die kurze Rundwanderung führt an die äußerste, meist sturmgepeitschte Nordspitze der Halbinsel. Nahezu auf der gesamten Strecke haben Sie fantastische Ausblicke auf Klippen, felsige Buchten, Felsinseln und den Atlantik.

↻	Start/Ziel: Parkplatz Erris Head, GPS N 54°17.312' W 009°59.315'
⭢	5 km
⧖	1 Std. 30 Min.
↑ ↓	150 m/150 m
⇧	16-82 m
✎	sehr gut mit violetten Richtungspfeilen auf Holzpfosten markiert
⅂	keine Rastplätze, aber Rastmöglichkeit an der Beobachtungshütte (km 2,9)
✕	zahlreiche Einkehrmöglichkeiten in Belmullet (9 km entfernt)
🏪	mehrere Einkaufsmöglichkeiten (u. a. Supermärkte) in Belmullet (9 km entfernt)
WC	am Start/Ziel
👪	Der Weg bietet Kindern keine besonderen Anreize.
👶	Wegen der Stiegen und des stellenweise sehr schmalen Pfades ist die Wanderung für Buggys ungeeignet.
🐕	Hunde sind auf dem Weg nicht erlaubt.
🅿	Parkplatz am Start/Ziel
✋	Halten Sie von den Klippen, die teilweise senkrecht abfallen, genügend Abstand. Die Region um die Nordspitze ist meist starken bis stürmischen Winden ausgesetzt. Der Pfad ist nach Regenfällen stellenweise morastig.

Vom Parkplatz bringt Sie eine Stiege auf einen breiten, geschotterten Wanderweg, der bald in einen grasigen Pfad übergeht und über eine weitere

Stiege führt. Knapp 200 m weiter gelangen Sie an eine dritte Stiege, hinter der es rechts auf einem nun etwas erhöhten grasigen Pfad, der früher die Grenze zwischen zwei Gemeinden markierte, schnurgerade in nördliche Richtung weitergeht.

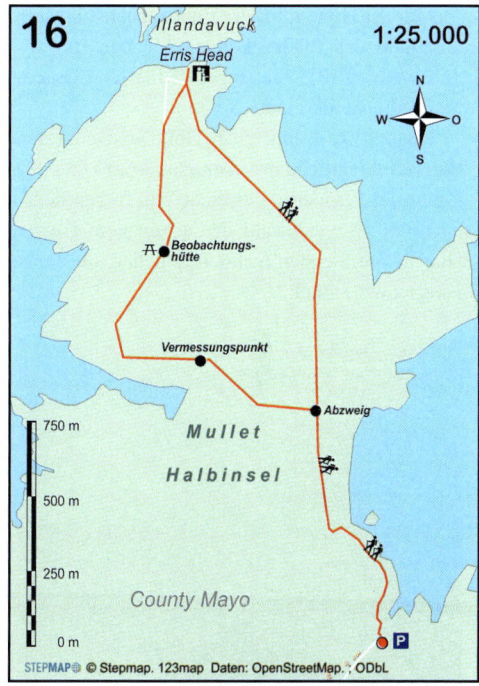

Gut 400 m weiter erreichen Sie eine Abzweigung nach links. Von dort stoßen Sie auf dem Rückweg wieder auf den Pfad. Sie gehen jetzt weiter Richtung Norden. Der Pfad schwenkt dann Richtung Nordwesten und voraus können Sie schon Erris Head, die Nordspitze der Mullet-Halbinsel, sehen.

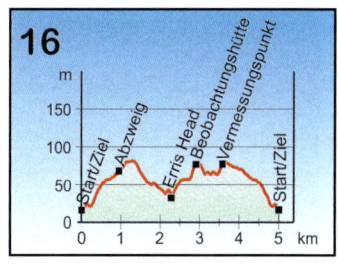

Dort angelangt haben Sie einen atemberaubenden Blick auf die Felsküste, die nur durch einen schmalen Kanal von der Halbinsel getrennte Felseninsel Illandavuck und weitere kleine, sich gegen die Brandung stemmende Felsen.

Vom Head führt der Wanderweg in südlicher Richtung aufwärts auf eine ehemalige Beobachtungshütte der Küstenwache zu, die bei guter Sicht einen grandiosen Ausblick und bei schlechtem Wetter einen willkommenen Schutz bietet.

Von der Hütte führt der Pfad zunächst in südwestliche Richtung. Rechts unterhalb des Pfades können Sie den mit weißen Steinen ausgelegten Schriftzug „EIRE", sehen, der alliierten Fliegern im Zweiten Weltkrieg als Navigationshilfe diente.

Knapp 400 m hinter der Hütte schwenkt der Weg nach Osten auf eine Betonsäule mit einem Vermessungspunkt zu. Hier haben Sie den höchsten Punkt der Wanderung erreicht. Sie folgen dem Pfad nun abwärts, bis Sie nach 450 m wieder auf den schon vom Hinweg bekannten Pfad treffen. Hier halten Sie sich rechts und gehen auf demselben Weg zu Ihrem Ausgangspunkt zurück.

Am Erris Head

Auf dem Erris Head Loop

Meeräschen kommen in über 70 Arten weltweit vor, allein 44 davon gelten als gute Speisefische. In den Gewässern um Irland lebt u. a. die Dicklippige oder Graue Meeräsche (*Chelon labrosus*), die bei Anglern sehr beliebt ist. Die knapp 1 m lang werdenden Fische haben einen dunkelgrauen bis kräftig blauen Rücken und silbergraue Flanken mit 4-5 dunklen Längsstreifen.

Übrigens sind Meeräschen die ältesten Zuchtfische der Welt. Vor Venedig werden sie seit Jahrhunderten in eigens dafür abgesperrten Lagunen gezüchtet.

⑰ Carrowteige – Black Ditch Loop 🏛️ ℹ️ 🏊 🏰

Tour für Liebhaber ausgedehnter Klippenküsten, Strandfans und Torfstecher　　　　　　🚶🚶 🚶🚶 👶👶

Die aussichtsreiche Rundwanderung verläuft im äußersten Nordwesten Mayos auf der dünn besiedelten Halbinsel Dún Chaocháin. Sie zählt zu den schönsten Küstenwanderungen, die man in Irland unternehmen kann, und bietet vor allem im ersten Teil bis zum Children of Lir Monument atemberaubende Ausblicke auf die Küste und den Atlantik. Strandfans kommen ebenfalls auf ihre Kosten: Der Wanderweg führt an zwei schönen Sandbuchten vorbei. Wer sich für das Torfstechen interessiert, hat vielleicht Glück und kann Arbeitern beim Abbau des auch heute noch begehrten Brennmaterials zuschauen. Zu Pyramiden aufgetürmte Torfsoden finden sich überall in der Gegend.

　　Die hier vorgestellte Wanderung ist nicht die einzige in der Region. Um den Tourismus anzukurbeln, wurden rund um den winzigen Ort Carrowteige mehrere vorbildlich markierte Wanderwege eingerichtet.

↻	Start/Ziel: an der alten Schule in Carrowteige, GPS N 54°18.788' W 009°48.773'
⟳	11 km
⧗	3 Std. 30 Min.
↑ ↓	300 m/300 m
⇧	4-183 m
✎	Der Weg ist sehr gut mit roten Richtungspfeilen auf Pfosten in kurzen Abständen markiert; die grünen und blauen Richtungspfeile kennzeichnen kürzere Varianten.
ⵟ	keine Rastplätze
✗	keine Einkehrmöglichkeit
🏛️	Lebensmittelgeschäft (Garvins Shop) am Start/Ziel
🏊	Strand zwischen km 2 und km 2,3
👪	Der Weg bietet Kindern mit dem Strandabschnitt ein besonderes Highlight. Mit über 11 km ist er aber nicht gerade kurz. Außerdem sollten junge Wanderer von den steil abfallenden Klippen ferngehalten werden.
👶	Bei trockenem Wetter gibt es bis auf den Bachübergang für Buggys keine größeren Hindernisse.
🐕	Hunde sind auf dem Weg nicht erlaubt.

P	Parkplatz zwischen Garvins Shop und alter Schule in Carrowteige
🖐	Halten Sie von den Klippen, die teilweise senkrecht abfallen, genügend Abstand. Die Region ist oft starken bis stürmischen Winden ausgesetzt.
☺	Strandsachen nicht vergessen!
ℹ	Information in der alten Schule (in der jetzt ein Kindergarten untergebracht ist); bitte klingeln, wenn geschlossen ist.

Von der alten Schule leitet Sie der rote Richtungspfeil entlang der Asphaltstraße in westliche Richtung. Schon nach wenigen Metern halten Sie sich an der ersten Gabelung links. Sie folgen der Straße abwärts, gehen an der nächsten Kreuzung geradeaus weiter und erreichen an einer Marienstatue den Friedhof des Ortes.

An der Gabelung gleich hinter dem Friedhof wenden Sie sich nach links und laufen auf dem sandigen Weg durch die Dünen. Links liegt ein schöner Sandstrand, der je nach Tide mehr oder weniger breit ist. Sie erreichen eine Asphaltstraße, die links in den kleinen, auf einer Landzunge (Binroe Point)

Das Children of Lir Monument

gelegenen Fischerhafen führt. Gehen Sie geradeaus weiter, kommen Sie in eine weitere Sandbucht. Der Wanderweg setzt sich aber rechts weiter fort.

Nach 300 m entlang der Asphaltstraße biegen Sie links auf einen unbefestigten Weg ab, der Sie zu einem ehemaligen Begrenzungswall, dem Black Ditch, führt, auf dem Sie in westlicher Richtung weiterwandern.

Der Weg schwenkt dann nach Norden und führt steil aufwärts auf die Klippen bei Alt Breac. Von hier haben Sie eine besonders schöne Aussicht.

Sie folgen dem Wall und erreichen einen Bach, der sich im Laufe der Zeit ein tief gelegenes Bett geschaffen hat. Richtungspfeile weisen Ihnen hier den Weg zum besten Übergang. Hinter dem Bach folgen Sie weiter dem Wall. Voraus liegt die kleine Insel Kid Island, umgeben von mehreren kleineren und größeren Felseninseln, auf die Sie einen schönen Blick haben.

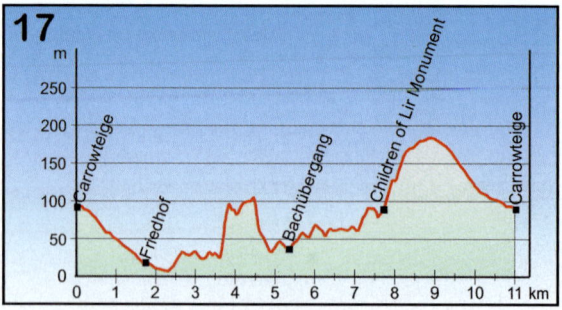

In Höhe der Insel schwenkt der Weg nach Osten und führt zum Children of Lir Monument, das an die Auswanderung der Iren nach Amerika erinnern soll.

Die tragische Geschichte der Kinder Lirs ist eine der bekanntesten irischen Legenden. Der irische Herrscher Lir hatte vier Kinder aus erster Ehe, die er so sehr liebte, dass seine zweite Frau eifersüchtig wurde. Sie verwandelte die Kinder in Schwäne, die 900 Jahre auf verschiedenen Gewässern Irlands leben mussten. Um seine Kinder zu schützen, verbot Lir das Jagen

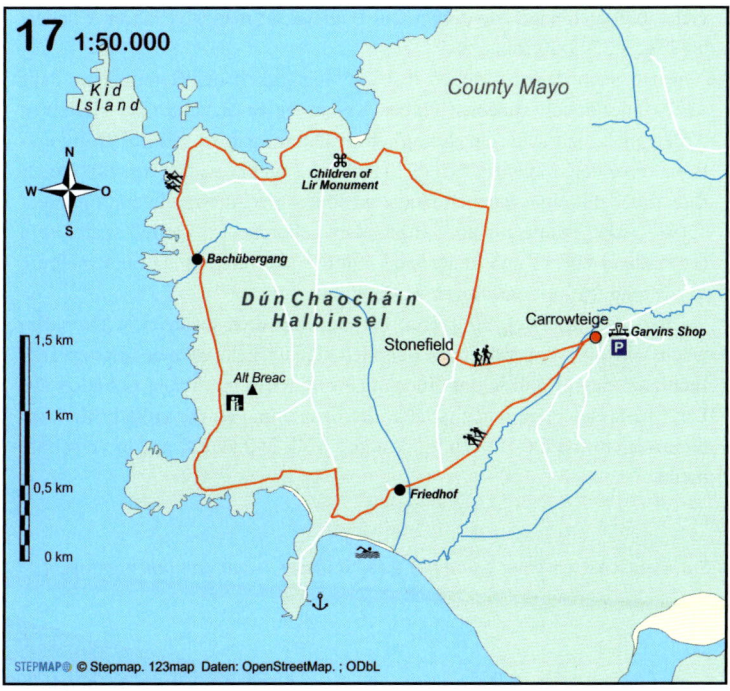

und Töten von Schwänen, ein Verbot, das auch heute noch gilt. Am Ende der Frist erhielten die Kinder ihre menschliche Gestalt zurück, starben aber kurz darauf (☞ Tour 15).

Ab Mitte des 16. Jahrhunderts stand Irland völlig unter englischer Herrschaft. Das Land gehörte fast ausschließlich englischen Großgrundbesitzern, Iren durften keinen eigenen Boden besitzen. Auch als dieses Gesetz 1778 aufgehoben wurde, änderte sich nichts, denn die Iren waren bitterarm und hatten kein Geld, um sich Land zu kaufen. Die wenigen Industriebetriebe wurden durch englische Zollauflagen in den Ruin getrieben, sodass es außerhalb der Landwirtschaft, die fest in englischer Hand war, keine Verdienstmöglichkeiten gab. Viele Iren verließen deshalb die Insel, um anderswo zu (über)leben. Die meisten gingen nach Nordamerika, viele aber auch nach Australien und England. In manchen Jahren wanderten bis zu 250.000 Iren aus.

Auch nach dem Erreichen der Unabhängigkeit der Republik im Jahr 1922 änderte sich zunächst nichts. Der junge Staat hatte kein Geld, um Arbeitsplätze zu schaffen. Lediglich in Dublin gab es mit der Guinness-Brauerei einen Industriebetrieb. Irland war nichts weiter als ein großer Bauernhof mit einer eigenen Brauerei, sodass der Auswandererstrom nicht abriss. Jeder zweite im 20. Jahrhundert geborene Ire verließ später sein Heimatland und es gab kaum eine Familie, die nicht einen oder mehrere Verwandte im weit entfernten Ausland hatte.

Erst in den letzten 30 Jahren hat sich mit dem rasanten Wirtschaftswachstum grundlegend etwas geändert. Heute geht es den meisten Iren finanziell besser und kaum einer muss aus wirtschaftlichen Gründen das Land verlassen. Geblieben ist aber die Erinnerung an die großen Auswandererwellen und die Hoffnung, dass das Volk in Zukunft davon verschont bleibt.

Im Windschatten einer Düne hat es sich dieses Schaf gemütlich gemacht

Hinter dem Denkmal folgen Sie den roten Pfeilen steil aufwärts, bis Sie einen Bach erreichen. Der Weg führt auf der rechten Seite des Gewässers weiter, verläuft durch ein Torfmoor und stößt schließlich auf einen Feldweg, auf dem Sie bis zu seinem Ende an einer quer verlaufenden Schotterpiste wandern.

Überall in der Landschaft finden sich aus Torf aufgeschichtete Hügel

Der Black Ditch Loop führt rechts abwärts und erreicht nach 1 km an einer Kreuzung eine Asphaltstraße, auf der Sie nach links nach einem weiteren Kilometer wieder Ihren Ausgangspunkt erreichen.

⑱ Killala – Lackan Trail

Tour für Geschichtsinteressierte, Naturliebhaber und Strandfans

Die Rundwanderung verläuft durch eine Region, die schon von alters her besiedelt ist. Sie ist reich an historischen Monumenten, die von der frühen Steinzeit über das Mittelalter bis in die Neuzeit reichen.

Der Trail führt durch unterschiedlichstes Gelände: Moor, nasses Grasland, Heide, Wald, Sanddünen und Salzmarschen bieten abwechslungsreiche Lebensräume für Flora und Fauna, sodass auch Naturliebhaber auf ihre Kosten kommen. Last but not least gehört Lackan Strand zu den schönsten Stränden in Irland – für Strandfans hat der Weg also auch etwas zu bieten.

↻	Start/Ziel: Picknickgelände an der Kirche, GPS N 54°16.433' W 009°15.484'
↻	11,7 km
⧖	3 Std. 30 Min.
↑ ↓	225 m/225 m
⇧	2-157 m
✎	Der Weg ist sehr gut mit grünen und blauen Richtungspfeilen auf Pfosten markiert; die grünen Richtungspfeile kennzeichnen eine um 2,5 km kürzere Variante.
⊼	am Start/Ziel großes Picknickgelände mit mehreren Bänken und Tischen, sehr schöne Rastmöglichkeit am Gazebo (km 10,5)
✗	keine Einkehrmöglichkeit entlang der Route, mehrere in Killala (11 km entfernt)
⚒	nächstgelegene Einkaufsmöglichkeit in Killala (11 km entfernt)
〰	Lackan Strand (km 0,2)
♙	Der abwechslungsreiche Weg ist auch für Kinder interessant und zum Abschluss winkt ein Strandaufenthalt.
⛊	Der Trail ist für Buggys gut geeignet.
⚞	Hunde können auf dem Weg mitgeführt werden, es gibt unterwegs aber keine Trinkmöglichkeit.
🅿	großer Parkplatz am Picknickgelände an der Kirche
☺	Strandsachen nicht vergessen! ✋ Wegen der starken Strömungen sollten Sie nicht in der Nähe des schmalen Wasserdurchlasses schwimmen!

Vom Picknickgelände gehen Sie auf der Asphaltstraße Richtung Strand. Die Straße schwenkt nach links und führt nah am Lackan Strand nach Norden.

Denkmal für Michael Heffernan,
der bei einer Rettungsaktion ums Leben kam, am Lackan Pier

Jedes Jahr Anfang Mai/Ende Juni werden am Lackan Strand Pferderennen ausgetragen. Der Renntag mit einem vielfältigen Rahmenprogramm für Erwachsene und Kinder zählt nicht nur für Pferdeliebhaber zu den Top-Events in Irland.

Sie folgen der einspurigen Straße und erreichen eine Abzweigung nach rechts. Hier können Sie einen kurzen Abstecher zum Lackan Pier, einem kleinen Fischerhafen, machen, wo Sie Denkmäler für Fischer sowie einen Taucher sehen können, die ihr Leben im Meer gelassen haben.

Wieder zurück an der Straße gehen Sie nach rechts. Etwa 300 m weiter können Sie gegenüber einem Hof auf der rechten Seite der Straße einen runden Friedhof für ungetaufte Kinder (Cillin) sehen.

Ein Cillin ist ein ungesegneter Friedhof, auf dem in der Regel Kinder bestattet wurden, die vor, während oder kurz nach der Geburt gestorben sind und nicht mehr getauft werden konnten. Solche Friedhöfe, die meist rund oder oval sind, gibt es in Irland in großer Zahl. Sie wurden vom Frühmittelalter bis in die Neuzeit genutzt. Während der großen Hungersnot wurden dort auch Erwachsene bestattet.

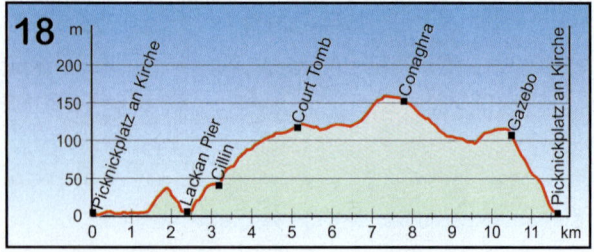

Wenige Meter hinter dem Friedhof gehen Sie links steil aufwärts auf eine ebenfalls einspurige Straße. Sie überqueren eine Asphaltstraße geradeaus und passieren im moorigen Gelände ein kleines Waldstück. An einer Kreuzung schwenkt der jetzt unbefestigte Weg in südliche Richtung. Sie erreichen einen rechts liegenden Nadelwald und gelangen 150 m weiter am Ende des Waldes an ein großes, gut erhaltenes Steinzeitgrab, ein sogenanntes *court tomb*.

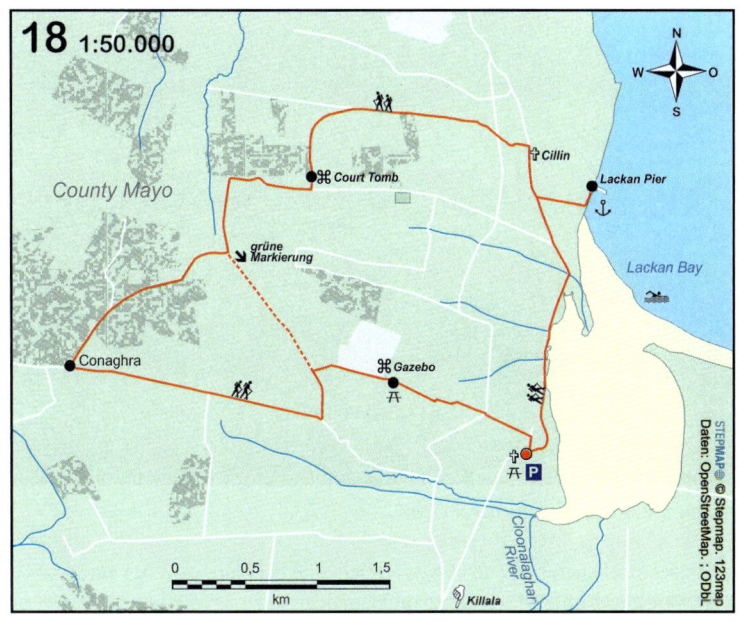

Court tombs sind typisch für die Britischen Inseln. Die meisten dieser Grabanlagen stammen aus der Jungsteinzeit, sind also über 5.000 Jahre alt. In Mayo sind fast 40 dieser historischen Bestattungsanlagen, die bis zu 60 m lang sein können, bekannt. Das 1990 ausgegrabene Lackan Court Tomb hat drei Kammern und einen kreisrunden Hof. Es gehört zu den am besten erhaltenen steinzeitlichen Grabanlagen Irlands.

Am Steinzeitgrab folgen Sie dem Fahrweg weiter, bis er nach etwa 100 m in eine Asphaltstraße mündet, die Sie nach rechts weiter durch mooriges Gelände führt. Die Straße schwenkt dann wieder nach Süden und Sie erreichen eine Abzweigung. Die grünen Pfeile weisen geradeaus und kennzeichnen eine um etwa 2,5 km kürzere Variante, die nach ca. 1 km wieder auf die Hauptstrecke stößt.

Die Hauptroute führt nach rechts. Sie wandern durch einen Wald und erreichen bei Conaghra eine quer verlaufende Asphaltstraße. Hier haben

Das Steinzeitgrab am Lackan Trail

Sie den höchsten Punkt des Trails erreicht und bei klarem Wetter eine wunderbare Sicht über Mayo, Sligo und Donegal.

Sie folgen der Straße nach links und gelangen knapp 2 km weiter in Höhe eines großen Hauses an eine Abzweigung, an der Sie nach links gehen. Gut 300 m weiter erreichen Sie eine Abzweigung nach rechts. Hier stößt die kürzere Variante wieder auf die Hauptroute. Sie gehen rechts auf den unbefestigten Fahrweg, der Sie nach etwa 550 m an den Zugang zum Castlelackan Gazebo bringt, der wenige Schritte links liegt. Der Ursprung dieses ungewöhnlichen Gartenpavillons mit seinen zwei Steinbögen liegt im Dunkeln. Manche sagen, er wurde Ende des 18. Jahrhunderts errichtet, andere datieren die Entstehung auf die Zeit der Hungerkatastrophe Mitte des 19. Jahrhunderts. Wie dem auch sei: An dem eigenwilligen Gebäude, das lange Zeit auch als Seezeichen diente, finden Sie eine gute Rastmöglichkeit mit sehr schönem Blick auf Lackan Strand.

Sie folgen dem grasigen Feldweg zwischen Steinmauern weiter abwärts, passieren eine Bank, überqueren eine Asphaltstraße geradeaus und erreichen die 1969 erbaute Kirche des Ortes Lackan, hinter der Sie rechts nach wenigen Metern wieder an Ihren Ausgangspunkt kommen.

⑲ Sligo – Queen Maeve Trail auf den Knocknarea ⊼ ✕ 🪑

Tour für Archäologen und Liebhaber grandioser Aussichten 👪

   Die Tour auf den Knocknarea bietet nicht nur fantastische Ausblicke, sondern führt Sie auch zu einer einmaligen archäologischen Stätte, einer mehr als 5.000 Jahre alten steinzeitlichen Grabanlage, auf dem Gipfel des Berges. Der Weg wird viel begangen und ist daher stellenweise stark erodiert. Um weiteren Schäden vorzubeugen, wurden zunächst auf der Strandhill-Seite Holztreppen und schmale Holzplankenwege errichtet, die nicht unbedingt auf die Gegenliebe aller Wanderer stoßen.

   Wer den Rückweg von Strandhill über die asphaltierten, allerdings wenig befahrenen Straßen vermeiden möchte, geht auf dem Hinweg wieder zum Ausgangspunkt zurück.

↻	Start/Ziel: Parkplatz in Grange North, GPS N 54°15.194' W 008°33.480'
➲	8,5 km
⧖	3 Std.
↑ ↓	330 m/330 m
⇧	31-327 m
✎	rote Richtungspfeile
⊼	mehrere Rastplätze und Bänke entlang des Weges, besonders schöne Rastmöglichkeit auf einer Bank mit Blick auf Strandhill beim Abstieg (km 2,1), guter Rastplatz am Ende des Plankenweges (km 2,5)
✕	Kiosk mit dem netten Namen Basecamp mit Getränken, Eis und Crêpes am Start/Ziel, in Strandhill im Supermarkt (km 3,9), zahlreiche Einkehrmöglichkeiten in Sligo (6 km entfernt)
🪑	Supermarkt direkt am Weg in Strandhill (km 3,9), diverse Einkaufsmöglichkeiten in Sligo (6 km entfernt)
👪	Die Tour bietet Kindern keine besonderen Attraktionen.
🚼	Für Buggys ist der Weg ungeeignet.
🐕	Hunde sind auf einigen Abschnitten des Weges nicht erlaubt.
🅿	Parkplatz in Grange North am Fuß des Berges. Die Anfahrt ist gut ausgeschildert.
✋	Der Weg ist bei Nässe, insbesondere beim Abstieg, stellenweise tief morastig und rutschig.

☺   Einen Besuch wert ist das nur 3 km entfernte Gräberfeld von Carrowmore im Osten des Berges. Es ist der größte steinzeitliche Friedhof in Irland und einer der bedeutendsten in ganz Europa. Auf einer Fläche von 4 km² sind von ursprünglich mehr als 100 Gräbern heute noch 65 erhalten. Das älteste wird auf eine Zeit um 5500 v. Chr. datiert und könnte damit das älteste „Gebäude" der Welt sein.

✗   Kiosk Basecamp, 🕐 täglich von 10:00-16:00, im Winter geschlossen

Vom Parkplatz gehen Sie den roten Pfeilen folgend den Weg zwischen Steinmauer und Zaun hinauf bis zu einem Tor. Hier werden Wanderer auf einer Infotafel nochmals darauf hingewiesen, dass es sich bei diesem Berg um einen uralten Bestattungsplatz handelt, dem mit Würde und Respekt begegnet werden sollte. Insbesondere ist das Klettern auf den Steinhügel untersagt.

Der Knocknarea ist ein 327 m hoher Kalksteinberg wenige Kilometer westlich von Sligo, der schon von Weitem auffällt und als Hausberg Sligos gilt. Das Besondere an ihm ist der riesige Steinhügel auf seinem flachen Gipfelplateau, bei dem es sich um eine Grabanlage aus der Steinzeit handelt. Der von Menschen aufgeschichtete Grabhügel wurde etwa 3200 v. Chr. errichtet. Er hat einen Durchmesser von fast 60 m und eine Höhe von 10 m und soll 27.000 Tonnen – anderen Angaben zufolge sogar bis zu 40.000 Tonnen – wiegen. Das Material dafür haben die Steinzeitmenschen aus einem Steinbruch etwa 300 m entfernt geholt.

Dicht am Hügel finden Sie zwei große Steine, von denen man annimmt, dass sie einen räumlichen Bezug zu den Gräbern in Carrowmore haben. Im Nordosten des Gipfelplateaus liegen Reste der Grundmauern von fünf Steinhütten. Bei Ausgrabungen fanden Archäologen hier mehrere Hundert Sternwerkzeuge, Pfeilspitzen und eine Steinaxt, die um das Jahr 3000 vor unserer Zeitrechnung in Gebrauch waren. Darüber hinaus liegen auf dem Berg und an seinen Flanken zahlreiche weitere archäologische Stätten, wie Steinhügel, -reihen und -kreise.

Hinter dem Tor beginnt der eigentliche Aufstieg auf einem gut sichtbaren und markierten Pfad, der stellenweise steil bergauf führt. Auf der linken Seite können Sie die Ruinen eines verlassenen Dorfes sehen.

Verlassene Dörfer wie dieses gibt es in Irland zuhauf. Meist wurden sie während der großen Hungerkatastrophe Mitte des 19. Jahrhunderts aufgegeben. Das gilt auch für dieses Dorf, in dem bis zu zehn Familien gelebt haben.

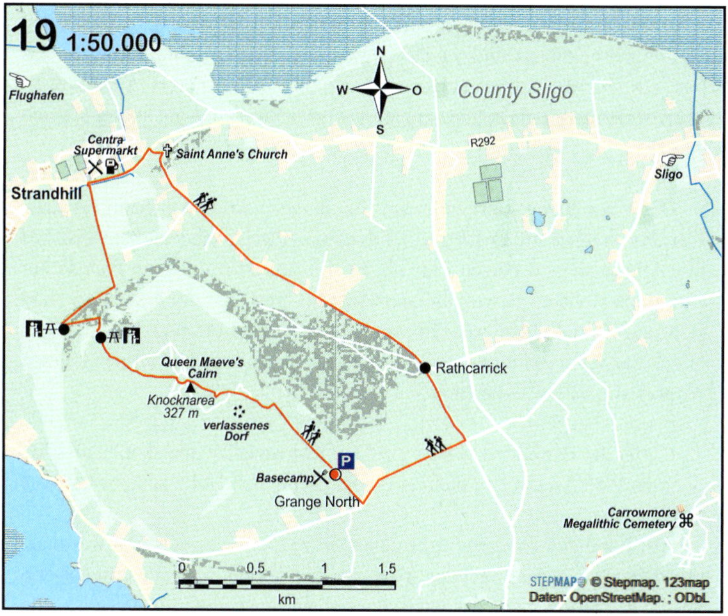

Kurz vor dem Gipfel wird der Weg flacher und breiter und der Steinhügel kommt in Sicht. Nur

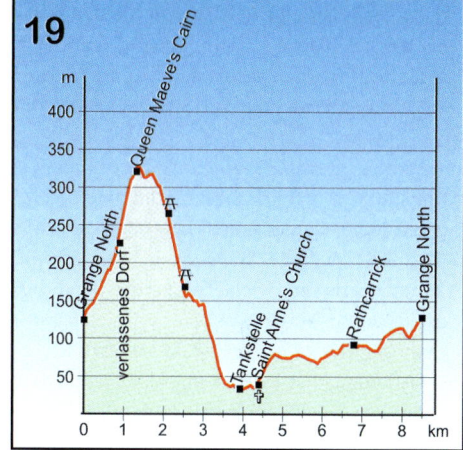

noch leicht ansteigend erreichen Sie den Fuß des imposanten Grabhügels, der Queen Maeve's Cairn genannt wird. Auf dem Gipfelplateau gibt es mehrere Pfade, auf denen man das Gelände um die steinzeitliche Grabanlage erkunden und die Aussicht genießen kann.

Eine Legende besagt, dass die keltische Königin Maeve, die eine wichtige Rolle in der irischen Mythologie spielt, aufrecht in voller Rüstung unter dem Hügel begraben liegt. Sie war schön, kriegerisch und hintertrieben, hatte mehrere Männer und war sich nicht zu schade, mit weiteren anzubändeln, ihre Töchter anzubieten und sogar zu töten, um ihre Ziele zu erreichen. Ihr Verhängnis war ein Stück harter Käse, der, von einem Rächer geworfen, sie so hart traf, dass sie starb.

Allerdings ist es sehr unwahrscheinlich, dass die sagenhafte Königin unter dem Steinhügel begraben wurde, da dieser viel älter ist. Darüber hinaus streiten sich noch mehrere andere Orte um Maeves Grab.

🖐 Kennt man von früher noch Fotografien von Touristen, die auf den Steinhügel gekraxelt sind, ist das heute nicht mehr erlaubt, um die einmalige Struktur des archäologischen Denkmals zu bewahren. Auch sollten keine weiteren Steine auf den Hügel geworfen werden. Bitte halten Sie sich daran.

Der Wanderweg führt links am Steinhügel vorbei, weiterhin rot markiert. Sie steigen auf einem gut sichtbaren, bei Regen aber stellenweise tief morastigen und rutschigen Pfad ab, bis Sie auf einem kleinen Plateau auf eine Bank stoßen. Ein wunderbarer Platz für eine Rast mit grandioser Aussicht auf Strandhill, die Bucht von Sligo und den offenen Atlantik. Wer Glück hat, kann tief unten ein Flugzeug beim Landeanflug auf den kleinen Airport von Sligo beobachten.

Hinter der Bank wird es sehr steil. Es geht zunächst über Stufen abwärts in einen Wald hinein und dann auf einem schmalen Holzplankenweg ohne Geländer weiter.

Am Ende des Plankenweges gelangen Sie an einen schönen Rastplatz mit nochmals hervorragender Aussicht. Sie folgen dem gut ausgebauten Weg geradeaus weiter, der nach einer Rechtskurve eben weiterführt. Sie

Die steinzeitliche Grabanlage auf dem Gipfel des Knocknarea

passieren die Ruine eines Hauses und gehen 150 m weiter durch ein Tor links abwärts, bis Sie an der Hauptstraße (R292) an einen Rastplatz mit Bank und Tisch kommen.

Sie überqueren die Straße und gehen rechts auf dem Fußweg weiter, vorbei an der Tankstelle mit Supermarkt.

Caféteria im Centra Supermarkt, Strandhill, Co. Sligo, Mo bis Fr 7:30-22:00, Sa und So 8:00-22:00

Hinter der Tankstelle müssen Sie die Straßenseite wechseln und auf einem Fahrradstreifen weitergehen. Zum Glück ist der Weg an der viel befahrenen Straße nur kurz. 250 m weiter biegen Sie bei der ersten Möglichkeit noch vor der Kirche rechts ab und wenden sich knapp 100 m weiter erneut nach rechts.

Sie folgen der Asphaltstraße die nächsten 2,5 km. Nach rechts haben Sie einen schönen Blick auf den Knocknarea, der mit seinen steilen Flanken von dieser Seite einen ganz neuen Eindruck vermittelt, und nach links schauen Sie Richtung Sligo.

Der stellenweise steile Abstieg nach Strandhill ist vorbildlich ausgebaut

In Rathcarrick gelangen Sie an eine Kreuzung. Rechts liegt ein größerer Parkplatz, von dem aus einige Waldwanderungen starten. Sie gehen an dieser Kreuzung noch weiter geradeaus und biegen dann an der nächsten gut 500 m weiter rechts ab. Die Asphaltstraße führt wieder aufwärts und Sie kommen in eine kleine Siedlung. In einem gepflegten Vorgarten können Sie eine mächtige Kanone bewundern.

Etwa 250 m weiter, kurz vor einer Rechtskurve, gehen Sie rechts ab und erreichen nach 300 m Ihren Ausgangspunkt am Parkplatz.

⑳ Ballintrillick – Gleniff Horseshoe   ⌂

Tour für Liebhaber spektakulärer Landschaften   🚶🚶 🚶🚶 🚲🚲🚲 🐕

Der Gleniff Horseshoe ist ein Rundweg in einer spektakulären Landschaft. Eingerahmt von den Dartry Mountains Tievebaun (⇧ 620 m) und Truskmore (⇧ 647 m) im Osten, Benwiskin (⇧ 514 m) im Westen sowie den Cliffs of Annacoona im Süden verläuft er in einem natürlichen Amphitheater durch Wiesen, Moore und Nadelwald.

Die Gegend war lange Zeit durch den Abbau von Baryt (Schwerspat, ein Mineral) geprägt. Stolleneingänge und Reste einer Seilbahn sind heute noch an den Hängen zu sehen. Am Start und Ziel wurde auf dem Gelände einer ehemaligen Barytmühle ein kurzer Rundgang eingerichtet, auf dem man viele interessante Informationen erhält.

Der Weg verläuft durchgängig auf einer wenig befahrenen, einspurigen Asphaltstraße. Entschädigt werden Sie für das Pflastertreten durch ständig wechselnde Ausblicke in die atemberaubende Landschaft. Nicht unterschätzen sollte man auch, dass dies einer der wenigen Wanderwege in Irland ist, auf dem man auch nach heftigen Regenfällen trockenen Fußes wandern kann.

↻	Start/Ziel: Parkmöglichkeit an der alten Mühle, GPS N 54°23.885' W 008°23.999'
⟳	9,4 km
⧖	3 Std.
↑ ↓	190 m/190 m
⇧	75-240 m
✎	keine Markierung
⌂	sehr schöner Rastplatz am Start/Ziel
✕	Am Weg gibt es keine Einkehrmöglichkeit, die nächste finden Sie in Cliffoney an der N15 (6 km entfernt) oder im Badeort an der Küste (8 km entfernt).
🛒	nächste Einkaufsmöglichkeit in Cliffoney an der N15 (6 km entfernt) oder im Badeort an der Küste (8 km entfernt)
🚶	Der Mühlenrundgang am Start/Ziel ist auch für Kinder interessant.
🚲	Der Weg ist für Buggys sehr gut geeignet.
🐕	Hunde sind wegen der vielen Schafe an der Leine zu führen.
P	Von Sligo kommend biegen Sie auf der N15 etwa 1,5 km hinter Cliffoney an der Kreuzung rechts ab. Nach etwas mehr als 5 km erreichen Sie den Ausgangspunkt.

Sie beginnen die Wanderung am Rastplatz an der alten Industriemühle. Rechts fließt idyllisch der Ballaghnatrillick River, links ein kleiner Zufluss. Sie folgen der Straße, die zunächst für etwa 1 km relativ steil aufwärts führt. Schon gleich zu Beginn zeigt sich, dass die Region heute den Schafen gehört, die Sie auf Ihrer Tour auf Schritt und Tritt verfolgen werden. Seitdem die Barytgruben geschlossen wurden, ist Schafzucht die einzige Einnahmequelle in dieser Gegend.

Abbau und Verarbeitung des Baryts (Bariumsulfats) begannen in Gleniff im Jahr 1858. Der Standort der Barytmühle am Eingang des Tales war ideal, die Wege zu den Minen waren kurz und Wasser in Hülle und Fülle vorhanden. Das Baryterz wurde in der Mühle gebrochen, gewaschen und schließlich gemahlen. Als weißes Pulver wurde es nach Sligo oder in nahe gelegene Häfen transportiert, um es dann nach Liverpool zu verschiffen.

In den Anfangsjahren wurde das Erz mühselig auf dem Rücken von Eseln von den Minen zur Mühle gebracht. Später erleichterten die Eisenbahn und die Seilbahn, von der noch ein Mast im Talschluss zu sehen ist, den Transport.

Baryt, auch Schwerspat genannt, ist ein weißliches Mineral, das auch heute noch vielfältige Anwendung in der Industrie findet, z. B. in der Tiefbohrtechnik, bei der Herstellung von Dämmmatten und Kunststoffen, beim Strahlenschutz oder in der Medizin als Kontrastmittel. Obwohl die Nachfrage weltweit groß ist und jährlich bis zu 10 Millionen Tonnen, vor allem in China, abgebaut werden, waren die Minen in Gleniff schon Mitte des vorigen Jahrhunderts nicht mehr rentabel, sodass der Betrieb dort bereits 1979 eingestellt wurde.

Voraus sehen Sie den Truskmore, der an den Antennen zu erkennen ist. Er ist der höchste Berg in der Grafschaft Sligo. Links liegt der Tievebaun, der das Tal nach Osten begrenzt.

Sie wandern weiter, bis Sie die Ostseite des Talschlusses erreichen. Hier führt eine Fahrstraße auf den Truskmore und gleich dahinter überqueren Sie einen Bach, der sich tief in den Hang eingegraben hat und mit dem alten Steinhaus im Vordergrund ein schönes Bild abgibt.

Sie folgen der Straße, die jetzt mehr in westlicher Richtung verläuft und in einen Nadelwald hineinführt. Bald haben Sie einen wunderbaren Blick auf die senkrechten Klippen von Annacoona, die das Tal nach Süden abschließen. Gut zu erkennen ist der Spalt in den Klippen, durch den die Seilbahn führte, mit der das Baryt in den Talgrund transportiert wurde. Wer gute Augen hat, kann auch noch einige Stolleneingänge entdecken.

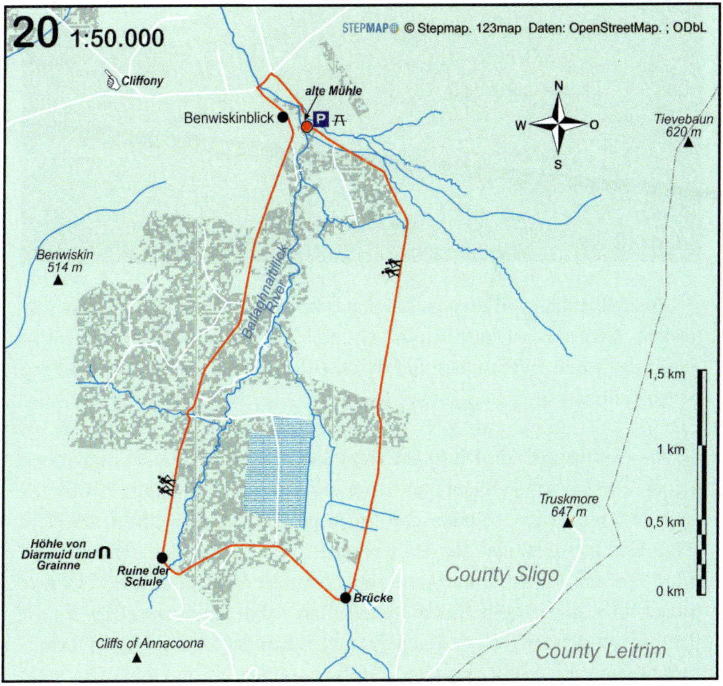

Der Weg schwenkt dann nach Norden und gleich hinter der Kurve stoßen Sie auf

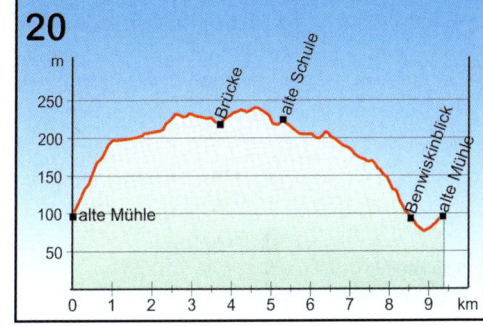

die Ruine des alten Schulhauses, in dem die Kinder der Minenarbeiter unterrichtet wurden. Nicht nur die Schule zeigt, dass das heute fast menschenleere Tal früher besiedelt war, sondern auch zahlreiche Ruinen von Wohnhäusern, an denen Sie im Laufe Ihrer Wanderung vorbeikommen.

Die Ruine des alten Schulhauses, oben rechts erkennt man die Höhle

Hoch über dem verfallenen Schulhaus können Sie eine große Höhle entdecken. Hier sollen Diarmuid und Grainne ihre letzte gemeinsame Nacht verbracht haben, bevor Diarmuid durch einen wilden Bären oder Eber (so genau weiß das niemand) getötet wurde.

Die Geschichte von Diarmuid und Grainne gehört zu den ältesten und bekanntesten irischen Sagen und wird in vielen Abwandlungen erzählt. Es ist eine komplizierte romantische Liebesgeschichte, in welcher der Held seine Geliebte Grainne, die den gealterten König Finn heiraten soll, entführt. Auf der Flucht vollbringt er unglaubliche Heldentaten. So bleibt er Sieger im Kampf gegen drei Bluthunde und 1.000 feindliche Krieger oder kann sich mit einem weiten Hechtsprung über Belagerer hinweg in Sicherheit bringen. Finn gibt aber die Verfolgung nicht auf und kann Diarmuid schließlich mithilfe eines verzauberten Ebers (oder war es doch ein Bär?) zur Strecke bringen. Eine Geschichte, die stark an Tristan und Isolde erinnert.

Sie folgen weiter der Straße, die bald wieder in einen Wirtschaftswald hineinführt. Dahinter haben Sie einen schönen Blick bis hin zum Atlantik. Die Straße schwenkt dann nach links. Hier sollten Sie Ihren Blick nach links auf den Benwiskin richten, dessen einzigartige, spektakuläre Gestalt von hier besonders gut zu sehen ist. Nach Norden können Sie mit bloßem Auge Classiebawn Castle erkennen, ein großes Herrenhaus aus dem 19. Jahrhundert, das auf der Mullaghmore-Halbinsel liegt.

Wenig weiter endet die Straße an einer anderen, quer verlaufenden. Sie gehen nach rechts, überqueren den Ballaghnatrillick River und wenden sich an der nächsten Kreuzung erneut nach rechts. Etwas mehr als 400 m weiter sind Sie wieder an Ihrem Ausgangspunkt angelangt.

Die Klippen von Annacoona

Beim Abstieg vom Slieve League hat man einen schönen Blick auf die zerklüftete Küste (Tour 21)

Nordwesten

㉑ Teelin – Auf dem Pilgrims Path auf den Slieve League   🔥 🏠

Tour für Alpinisten   🐐

Der viel begangene Wanderweg führt auf einen der beliebtesten Berge Donegals und bietet spektakuläre Ausblicke auf Land und Atlantik von einer der höchsten Seeklippen Europas. Die 600 m nahezu senkrecht in den Atlantik abfallenden Klippen werden in Irland nur noch von denen auf Achill Island übertroffen. Sie sind ein absolutes Muss als Ausflugsziel in Donegal. Schon St. Assicus, Gefährte des heiligen Patrick, verbrachte längere Zeit als Einsiedler auf dem Berg. Später wurde nahe am Gipfel ein Kloster errichtet, von dem noch einige Ruinen zu sehen sind.

Der Pilgerpfad ist nicht der einzige Weg auf den Berg. Von Bunglass führt eine weitere Route, die meist dicht an der Kliffkante verläuft und über einen sehr schmalen Grat führt, auf den Slieve League. Dieser Weg ist derzeit (März 2017) wegen großer Erosionsschäden gesperrt.

⇆	Start/Ziel: Parkplatz Pilgrims Path, GPS N 54°38.500' W 008°39.629'
⟳	8,5 km
⧖	3 Std. 30 Min.
↑ ↓	450 m/450 m
⇧	150-601 m
✎	blaue Markierungen im unteren Teil, gelbe Farbe auf Felsen und Steinen sowie Holzpfosten im oberen Teil
🔥	Rastplatz am Start/Ziel, auf dem Weg keine Rastplätze, aber Rastmöglichkeit an der Steinhütte (km 3)
✗	Einkehrmöglichkeiten in Carrick (4 km entfernt), Tí Linn Café im 🏠 Slieve League Cliff Centre auf dem Weg zum Parkplatz Bunglass
👫	Der Weg bietet Kindern keine besonderen Anreize.
🛒	Die Wanderung verläuft im oberen Teil auf schmalen, teilweise stark erodierten Pfaden und ist dort für Buggys ungeeignet.
🐕	Es gibt mehrere Trinkmöglichkeiten für Hunde, die aber von der gefährlichen Kliffkante ferngehalten werden sollten.
🅿	kleiner Parkplatz am Start/Ziel

Halten Sie an der Kliffkante, die mehrere Hundert Meter steil abfällt, genügend Abstand. Oft weht ein heftiger Wind auf dem Berg. Auch kann sich das Wetter in der Region extrem schnell ändern. Der Pfad im mittleren Teil ist stark erodiert, stellenweise morastig und rutschig. Wer hier wandert, sollte über ein wenig Erfahrung verfügen und gut ausgerüstet sein.

Auf dem Weg zum Slieve League

Sie starten am kleinen Parkplatz und wandern die Schotterpiste an einem See vorbei aufwärts. Schon jetzt bieten sich Ihnen atemberaubende Ausblicke. Nach etwa 1,2 km erreichen Sie an einem kleinen Wasserfall eine weitere Möglichkeit, das Auto abzustellen. Ab hier ist das Befahren der Schotterpiste verboten.

Der Weg wird nun steiler und hinter einer Rechtskurve überqueren Sie einen Bach. Rechts rauscht ein schöner Wasserfall die Felsen hinab. Eine Hinweistafel informiert darüber, dass der Weg nun schwieriger wird und nur noch von erfahrenen Wanderern mit entsprechender Ausrüstung begangen werden darf.

Die Schotterpiste endet und geht in einen stark erodierten Bergpfad über, der nach Regenfällen stellenweise sehr morastig ist und steil aufwärts

Markierungen am Slieve League

führt. Nach knapp 1 km haben Sie fast 200 Höhenmeter überwunden und den Bergrücken erreicht. Der Weg wird nun deutlich besser. Er wendet sich nach Südwesten und führt zu einer halbkreisförmigen Trockensteinmauer und einem ehemaligen Steiniglu der Mönche (sogenannte Bienenkorbhütte), in der gerade eine Person Platz findet. Darüber hinaus können Sie noch die Reste einer Kapelle des ehemaligen Klosters sehen.

St. Assicus war ursprünglich Kupfer- und Silberschmied. Vom Nationalheiligen Patrick zum christlichen Glauben bekehrt, wurde er einer seiner engsten Vertrauten und ca. 450 n. Chr. zum ersten Bischof des Klosters in Elphin im County Roscommon ernannt. Assicus, der heute als Schutzpatron der Kupferschmiede gilt, hat während seiner Zeit als Bischof weiter Kupfer- und Silberschmiedearbeiten, u. a. für St. Patrick, angefertigt. Einige Stücke können in der Kathedrale in Sligo besichtigt werden.

St. Assicus war Zeit seines Lebens bescheiden und demütig. Oft beschlich ihn das Gefühl, dem hohen Kirchenamt nicht würdig zu sein, was dazu führte, dass er sein Amt niederlegte, nach Donegal ging und mehrere Jahre als Einsiedler auf dem Slieve League verbrachte. Erst nach sieben Jahren (ca. 490 n. Chr.) fanden Mönche seines Klosters den inzwischen kranken Mann und überredeten ihn, wieder nach Elphin zurückzukehren. Er starb noch während der Reise und wurde in einem kleinen Dorf zwischen Ballyshannon und Donegal begraben.

Von hier sind es nur noch wenige Schritte leicht aufwärts bis zur Klippenkante, vor der eine Tafel nochmals auf die Gefahren hinweist. Von links stößt die derzeit gesperrte Alternativroute dazu.

Schon hier bietet sich Ihnen ein grandioser Ausblick auf den Atlantik. Sie

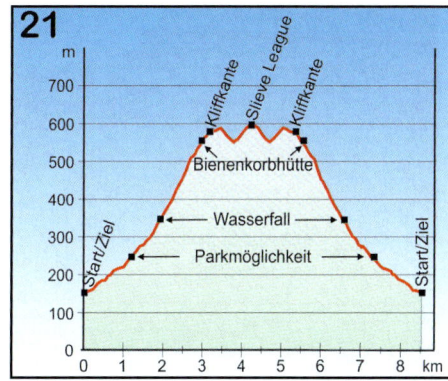

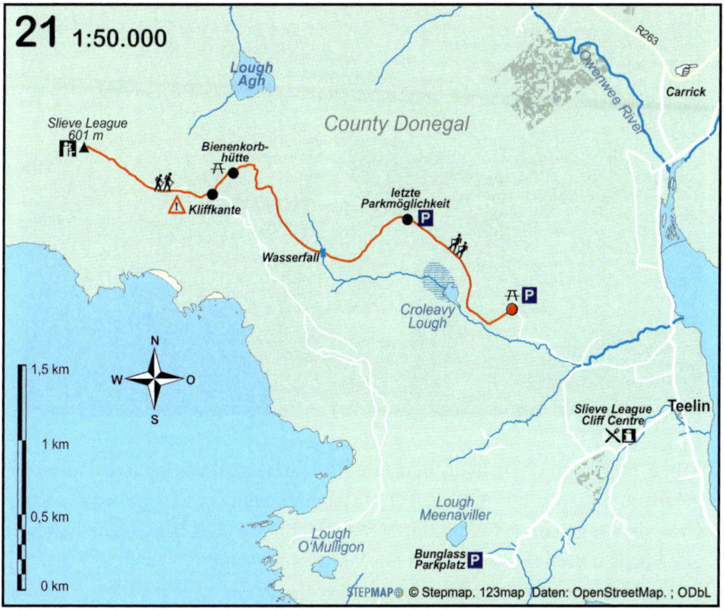

Wasserfall am Wegrand des Pilgrim Paths

haben hier aber noch nicht den Gipfel des Berges erreicht. Auf diesen gelangen Sie jetzt nur noch leicht ansteigend nach etwa 1 km über einen Grat, den sogenannten One Man's Path, wenn Sie sich hier rechts halten. Die höchste Stelle kennzeichnet ein Vermessungspunkt.

Den Rückweg treten Sie auf derselben Route an.

🕮 Dunfanaghy – Durch Wald und Dünen zu einer wunderbaren Sandbucht ♨ 🏊

Tour für Liebhaber von Wald, Dünen und Sandstrand

Auf dieser einzigartigen Rundwanderung präsentiert sich das ansonsten raue Donegal von einer ganz anderen, sanfteren Seite. Hier zeigt sich eine Landschaft, die man so im hohen Norden nicht erwartet hätte: dichter Wald und hohe, kilometerbreite Sanddünen.

 Ziel ist eine herrliche, breite Bucht, die sich zwischen zwei felsigen Kaps über 2,5 km erstreckt. Da sie nur zu Fuß zu erreichen ist, hat man die riesige Bucht oft für sich allein – ein idealer Platz nicht nur für Familien mit Kindern.

Die Bucht bei Dunfanaghy ist nur zu Fuß zu erreichen

↻   Start/Ziel: Parkplatz bei Dunfanaghy, GPS N 55°11.124' W 007°59.224'

⟳   5,5 km

⧖   1 Std. 30 Min.

↑ ↓   140 m/140 m

⇧   0-90 m

✎   schwarze Richtungspfeile auf grünem Grund

⃡   Rastplatz (km 0,3 bzw. 5,2), gute Rastmöglichkeiten am Strand

✗   Einkehrmöglichkeiten in Dunfanaghy (1,3 km entfernt)

🌊   Sandstrand bei km 3,4

👪   Der Weg ist vor allem wegen des Sandstrandes für Kinder bestens geeignet.

🛺   Der Weg ist stellenweise schmal und verläuft auf sandigen Pfaden, daher ist er für Buggys nur bedingt geeignet.

🐕   Für Hunde ist der Weg gut geeignet, es gibt allerdings bis auf den Bach keine Trinkmöglichkeiten.

🅿   Parkplatz am Start/Ziel

☺   Strandsachen nicht vergessen! ✋ Beim Baden ist wegen starker Strömungen äußerste Vorsicht angesagt.

Napfschnecken, Seepocken und Muscheln am Felswatt

Vom Parkplatz gehen Sie durch das Tor in den Wald hinein. Nach etwa 300 m auf einem breiten Waldweg kommen Sie an einen kleinen Rastplatz mit Bank und Tisch. Voraus können Sie schon die Dünen sehen. Der Weg führt aber zunächst nach rechts weiter durch den Wald. Sie folgen dem Pfad, der

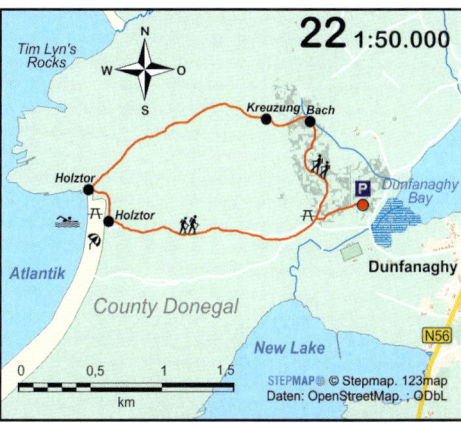

mehr oder weniger nah neben einem Bach verläuft. Nach etwa 300 m gabelt sich der Pfad. Wählen Sie hier die rechte Möglichkeit.

Kurz darauf wandern Sie durch ein Gebiet, in dem es vor einigen Jahren gebrannt hat. Schließlich überqueren Sie den Bach, der Pfad

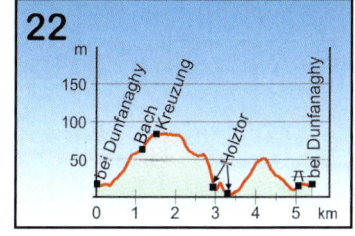

schwenkt jetzt nach Westen. Sie verlassen den Wald und gelangen in offenes Dünengelände mit wunderbarem Blick auf den Atlantik und die gut 10 km vor der Küste liegende Insel Tory Island.

An der Kreuzung folgen Sie dem gut sichtbaren Pfad (Richtungspfeil) weiter in westliche Richtung durch die Dünen. Der Weg schwenkt nach Südwesten und bald kommt die Bucht in Sicht. Oberhalb der Bucht gehen Sie durch ein Holztor weiter auf dem Pfad. Nach etwa 50 m gabelt sich der Weg; halten Sie sich hier links. Die rechte Möglichkeit endet an einer sehr steil in die Bucht hinabführenden, sandigen „Rutschbahn".

Knapp 100 m weiter erreichen Sie eine weitere „Sandrutsche". Widerstehen Sie auch hier der Versuchung, schnellstmöglich in die verlockende Bucht zu gelangen, denn erstens schädigt eine Rutschpartie die Dünen nachhaltig und zweitens finden Sie kurz darauf einen ganz einfach begehbaren Zugang zum Strand.

Blick von den Dünen auf die etwa 10 km entfernte Tory Island

Knapp 200 m weiter gelangen Sie erneut an ein Holztor. Nach links führt der Rückweg zum Parkplatz, rechts kommen Sie nach wenigen Schritten an den kilometerlangen, breiten Sandstrand, den Sie oft ganz für sich allein haben.

Den Rückweg treten Sie durch das Holztor an. Sie folgen dem Pfad 1,5 km durch die Dünen, bis er am Rastplatz wieder auf den Wald stößt. Von dort geht es auf dem bekannten Weg zurück zum Parkplatz.

㉓ Horn Head –
Zum nördlichsten Punkt der Halbinsel

Tour für Naturliebhaber und Hobbyornithologen

Die Halbinsel Horn Head beeindruckt durch steile Felsklippen und sandige Buchten (☞ Tour 22). Die Klippen im Norden der Halbinsel fallen fast 200 m nahezu senkrecht in den Atlantik und beherbergen zahlreiche Brutkolonien von Seevögeln, darunter Krähenscharben und Tordalken. Die Kliffs sind heute als Europäisches Vogelschutzgebiet geschützt. Die aussichtsreiche Wanderung führt durch stellenweise mooriges Heideland auf den nördlichsten Zipfel der Halbinsel.

⇆	Start/Ziel: Parkplatz Horn Head, GPS N 55°12.893' W 007°58.701'
⟳	3,1 km
⧖	1 Std. 15 Min.
↑ ↓	145 m/145 m
⇧	145-220 m
✎	Es gibt keine Markierung, aber die Pfade sind im Gelände gut auszumachen.
⍴	Sie finden zwar keine Rastplätze, aber eine gute Rastmöglichkeit an der ehemaligen Telegrafenstation (km 1 bzw. km 2).
✕	Einkehrmöglichkeiten in Dunfanaghy (5,5 km entfernt)
⛗	Der Weg bietet Kindern keine besonderen Anreize.
🛒	Die Wanderung ist für Buggys ungeeignet.
🐕	Hunde sind auf der Wanderung erlaubt, Sie müssen allerdings mit einem nach der Tour reichlich verschmutzten Hund rechnen.
🅿	kleiner Parkplatz unterhalb des Coast Guard Hill am Start/Ziel
✋	Die Pfade sind nach Regen teilweise tief morastig. Bei starken Winden und/oder schlechter Sicht sollten Sie nicht weiter als bis zur Ruine der Telegrafenstation wandern.
☺	Bei der Anfahrt zum Ausgangspunkt der Wanderung sollten Sie sich an der Straßengabelung gut 1 km hinter der Horn Head Bridge entgegen den Wegweisern zum Horn Head rechts halten. Auf dieser Strecke passieren Sie einige spektakuläre Aussichtspunkte.

Sie beginnen die Wanderung am kleinen Parkplatz unterhalb des Coast Guard Hill. Am Ende des Parkplatzes folgen Sie dem unbefestigten Weg, der zunächst noch breit und trocken ist und schließlich in einen schmalen Pfad übergeht. Sie passieren eine Gedenktafel für einen jungen Mann, der hier im vergangenen Jahrhundert von den Klippen stürzte und zu Tode kam.

Auf dem Weg zum Horn Head

Der Pfad verzweigt sich mehrfach. Gehen Sie auf die Ruine der ehemaligen Telegrafenstation zu und suchen Sie sich den trockensten Weg hinauf auf das grasige Plateau, auf der die Ruine steht. Hier finden Sie eine gute Rastmöglichkeit mit wunderbarer Aussicht.

Hinter der Ruine folgen Sie dem Pfad weiter, bis er nach ca. 500 m am Horn Head endet. Auch hier bieten sich Ihnen fantastische Ausblicke.

Bis zur Ruine verläuft der Rückweg auf derselben Route. Dort schlagen Sie eine mehr westliche Richtung ein und folgen den Pfaden, die direkt auf

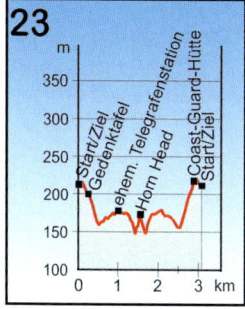

den Coast Guard Hill mit seiner kleinen Beobachtungshütte zuführen, sich zwischendurch verzweigen und wieder zusammenführen. Der Pfad führt steil bergan. Sie verlieren die Hütte aus den Augen, können sich aber am Pfadverlauf orientieren. Erst kurz unterhalb des Gipfels kommt das Gebäude wieder in Sicht, das Sie in wenigen Schritten erreichen. Genießen Sie hier nochmals die grandiose Aussicht (im Westen Tory Island, im Osten die zerklüftete Küste bis Malin Head, dem nördlichsten Punkt der Insel, und im Süden die Berge Donegals), bevor Sie sich wieder hinab zum Parkplatz begeben.

Horn Head

㉔ Stroove – Inishowen Head Loop

🍴 WC 🚻 〰

*Tour für Liebhaber einsamer Landschaften, Freunde grandioser
Aussichten und Strandfans*   👪👥👪 🛒🛒 🐕

*Im äußersten Norden der Republik Irland liegt die Halbinsel Inishowen, im
Osten durch Lough Foyle, im Westen durch Lough Swilly und im Norden
durch den Atlantik begrenzt. Die dünn besiedelte Halbinsel wird von einigen als „Ireland en miniature" bezeichnet. Malin Head ist der nördlichste
Punkt von Inishowen und damit auch von Irland. Er übt auf viele Touristen
eine magische Anziehungskraft aus, bietet aber Wanderern nicht viel. Einzig ein kurzer Spaziergang ist am Kap möglich.*

*Im Gegensatz dazu gibt es in anderen Regionen der Halbinsel, die nur
durch den Lough Foyle vom britischen Nordirland getrennt ist, mehrere
gute Wanderwege. Einer der schönsten ist der hier vorgestellte, aussichtsreiche Rundweg, der durch eine einsame, menschenleere Gegend führt und
atemberaubende Ausblicke gewährt. Nicht zuletzt wartet am Start/Ziel mit
dem Stroove Beach eine der schönsten Buchten Irlands mit feinsandigem
Strand.*

↻	Start/Ziel: Parkplatz am Strand von Stroove, GPS N 55°13.613' W 006°55.733'
➲	9,4 km
⧖	3 Std. 30 Min.
↑ ↓	320 m/320 m
⇧	8-285 m
✎	violette Richtungspfeile
🍴	Rastplatz am Start/Ziel, weitere gute Rastplätze mit Bank und Tisch am Weg (km 4,8 und km 7,5)
✕	am Weg keine Einkehrmöglichkeit, mehrere Restaurants, Pubs und Cafés in Green- castle (4,5 km entfernt) und Moville (9 km entfernt)
WC	WC am Parkplatz am Start/Ziel
🛒	Einkaufsmöglichkeiten in Greencastle (4,5 km entfernt) und Moville (9 km entfernt)
〰	Stroove Beach am Start/Ziel
👪	Die Wanderung ist vor allem wegen des fantastischen Strandes am Start/Ziel auch für Familien mit Kindern sehr gut geeignet.

🏃 Der Weg ist für Buggys gut geeignet.

🐕 Hunde sind nur an der Leine erlaubt.

🅿 Von Moville kommend fahren Sie auf der Küstenstraße (R241) über Greenville direkt bis zum Parkplatz am Strand von Stroove, etwas nördlich des Leuchtturmes.

Vom Parkplatz am Strand von Stroove folgen Sie der Asphaltstraße nach rechts bis zu einer Gabelung nach gut 300 m, an der Sie sich links halten. Sie wandern 800 m entlang der Straße und biegen am Rose Cottage, einem schönen weißen Haus mit roter

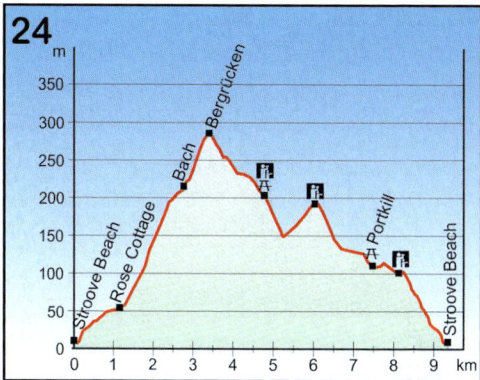

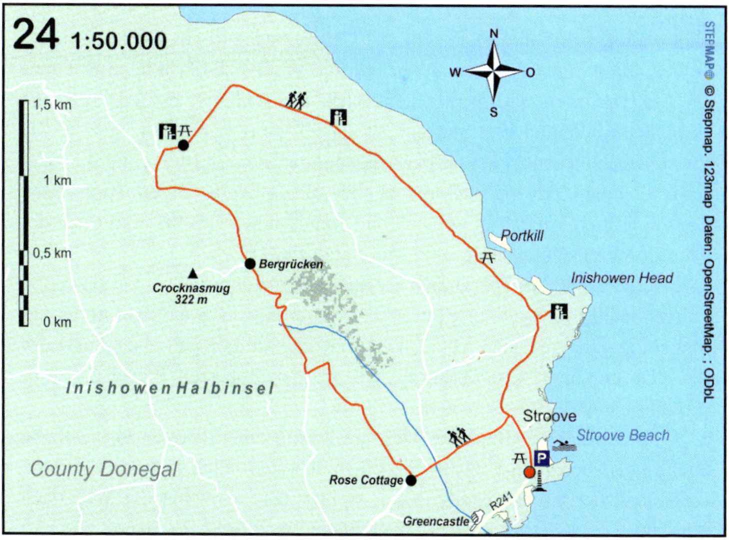

Wegweiser auf dem Inishowen Head Loop,
links hinten das verlassene Farmhaus

Tür, rechts ab auf eine Asphaltstraße (Carrowtrasna Road), der Sie bergauf folgen. Bald endet die Bebauung, und die Wellblechgebäude einer Farm, die Sie passieren, sind das letzte Zeichen menschlicher Besiedelung. Die Asphaltstraße endet hier und geht in eine Schotterpiste über, auf der Sie zwischen Fuchsienhecken aufwärtsgehen, bis Sie auf eine weitere Schotterpiste stoßen, der Sie nach rechts ebenfalls aufwärts folgen. Hier lassen Sie die grünen Weiden hinter sich und wandern nun fast bis zum Ende der Tour durch einsame Heide- und Moorlandschaft.

Nach etwa 400 m überqueren Sie auf einer Betonbrücke einen Bach und halten sich an der Gabelung gut 100 m weiter links. Etwa 500 m hinter der Gabelung gelangen Sie an einer Wegkreuzung auf den östlichen Ausläufer des 322 m hohen Crocknasmug, wo Sie den höchsten Punkt der Tour erreicht haben.

Vom Bergrücken führt der Weg abwärts in einem Bogen in westliche Richtung. Nach rechts haben Sie einen schönen Blick auf den Atlantik, links liegt der Crocknasmug. Nach einiger Zeit schwenkt der Weg nach Norden. Sie passieren zwei Abzweigungen nach links, an denen Sie sich

Steil fällt die Küste nördlich von Stroove ab

Sie bleiben auf der Asphaltstraße und erreichen etwas weiter einen Parkplatz am Inishowen Head. Hier können Sie einen kurzen Abstecher über eine Schafweide zu einem Beobachtungsturm aus dem Zweiten Weltkrieg machen. Auch hier haben Sie eine einmalige Aussicht.

Wieder zurück auf der Straße wandern Sie weiter abwärts. Voraus sehen Sie den Strand und Leuchtturm von Stroove und hinter der Bucht blicken Sie auf Nordirland, ein sehr schöner Anblick.

Die Straße trifft schließlich an einer Abzweigung wieder auf die vom Hinweg bekannte Route. Gehen Sie dort nach links, bis Sie am Parkplatz am Strand von Stroove Ihren Ausgangspunkt wieder erreicht haben.

jeweils rechts halten. Im Nordwesten könn[en]
ein seit Jahren verlassenes Farmhaus, das ei[ne]
Besiedelung in dieser abgelegenen Gegend. Etw[a]
Gabelung erreichen Sie an einer Brücke über ei[nen]
den Rastplatz mit Bank und Tisch und sehr schöne[r]
tik.

Vom Rastplatz führt der Weg abwärts, bis er an ei[ne]
schwenkt. Dort wandern Sie zwischen zwei Zäunen
erreichen bald den Scheitelpunkt – ein guter Aussichts
Blick weit über den Atlantik schweift, leider ohne geeig[nete]
keit. Von hier führt der Weg bis zum Ziel nur noch abwär[ts]
auf einer Brücke einen Bach und gelangen oberhalb de[r]
Portkill an einen schönen Rastplatz mit Bänken und Tisc[h]
Infotafeln und einer exzellenten Aussicht, die an klaren Tag[en]
Inseln der schottischen Westküste (Hebriden) reicht. Von Port[kill]
es eine heilige Quelle gibt, soll St. Columba nach Schottland au[fgebrochen]
sein.

St. Columba von Iona, ein irischer Mönch und Missionar, wurde A[nfang]
des 6. Jahrhunderts in Donegal geboren. Er gehört zu den sogena[nnten]
„Zwölf Aposteln" Irlands, die im 6. Jahrhundert lebten und zu den S[chü]
lern des heiligen Finians gehörten. Columba verließ Irland, um in Sch[ott]
land die Pikten zu missionieren. Er starb 75-jährig im Jahr 579 in Scho[tt]
land auf der Insel Iona.

Die Schotterpiste führt nun als schmale Asphaltstraße weiter. Nach
knapp 300 m zweigt nach links ein unbefestigter Weg ab. Zwei Tafeln
informieren über Dohlen und das Lough Foyle im Zweiten Weltkrieg.

Im Zweiten Weltkrieg war der Hafen von Derry im Lough Foyle ein
wichtiger Marinestützpunkt der Amerikaner, die hier ihre Atlantikkonvois
versorgten. Am Ende des Krieges fuhren mehr als 40 deutsche U-Boote
unter schwarzer Flagge, dem Zeichen der Kapitulation, ins Lough Foyle
und ergaben sich den Alliierten. Viele von ihnen wurden von hier zu
ihrer letzten Reise auf den Atlantik geschleppt, wo die Engländer sie ver-
senkten.

Besuchen Sie uns doch einmal auf unserer Homepage.

Dort finden Sie ...

... aktuelle Updates zu diesem OutdoorHandbuch und zu unseren anderen Reise- und OutdoorHandbüchern,

... Zitate aus Leserbriefen und Pressestimmen,

... interessante Links,

... unser komplettes und aktuelles Verlagsprogramm, auch zum Download & viele interessante Sonderangebote für Schnäppchenjäger.

www.conrad-stein-verlag.de

Buchtipps aus dem Conrad Stein Verlag

Irland: Kerry Way

Hartmut Engel
OutdoorHandbuch Band 62
Der Weg ist das Ziel
160 Seiten ▸ 42 farbige Abbildungen
18 farbige Karten und 22 Höhenprofile

ISBN 978-3-86686-554-9

>> **Outdoor-Magazin:**
„Ein zuverlässiger Begleiter für alle, die zu Fuß die Grüne Insel entdecken möchten."

Irland: Dingle Way

Diana Rudolf
OutdoorHandbuch Band 329
Der Weg ist das Ziel
80 Seiten
33 farbige Abbildungen
19 farbige Karten und Höhenprofile

ISBN 978-3-86686-429-0

>> **gehlebt.at**: *„Kompakter und ganz frischer Wanderführer für den Dingle Way"*

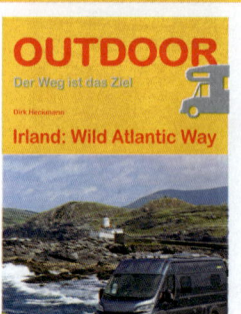

Irland: Wild Atlantic Way

Dirk Heckmann
OutdoorHandbuch Band 297
Der Weg ist das Ziel
224 Seiten ▸ 69 farbige Abbildungen
27 farbige Karten

ISBN 978-3-86686-497-9

>> **Besprechungsdienst für öffentliche Bibliotheken:** *„der einzige Führer für eine mobile Outdoor-Reise entlang der offiziellen Straßenbezeichnung"*